DATA SCIENCE

Éditions Eyrolles
61, bd Saint -Germain
75240 Paris Cedex 05
www.editions-eyrolles.com

© Éditions Eyrolles, 2018
ISBN : 978-2-212-67410-1

Massih-Reza Amini • Renaud Blanch • Marianne Clausel
Jean-Bapstiste Durand • Eric Gaussier • Jérôme Malick
Christophe Picard • Vivien Quéma • Georges Quénot

DATA SCIENCE

Cours et exercices

EYROLLES

Table des matières

Table des figures

Liste des algorithmes

Chapitre 1
Introduction

La science des données est la discipline qui traite de la collecte, de la préparation, de la gestion, de l'analyse, de l'interprétation et de la visualisation de grands ensembles de données complexes. La discipline a ses racines dans l'intégration des mathématiques et de l'informatique, où elle stimule les progrès scientifiques et technologiques dans des domaines aussi divers que l'astrophysique, la physique des particules, la biologie, la météorologie, la médecine, la finance, la santé ou les sciences sociales.

La science moderne repose en grande partie sur l'analyse quantitative de données permettant de tester des hypothèses de travail, voire de formuler de nouvelles hypothèses. En quelques années, grâce à la disponibilité de nombreuses données dans différents domaines, grâce au développement de modèles, d'algorithmes et d'infrastructures informatiques permettant de traiter ces données, la science des données s'est imposée comme une des briques essentielles de la construction scientifique, dans tous les champs (pluri-)disciplinaires. Elle est ainsi devenue, d'une part, une discipline scientifique dont l'objet d'étude est le cycle de vie des données, depuis l'acquisition et l'exploration jusqu'à l'extraction, l'analyse et la communication des résultats, et, d'autre part, un formidable outil pour faciliter la découverte scientifique collaborative. La science des données n'est pas seulement concernée par les outils et les méthodes pour obtenir, gérer et analyser les données ; elle consiste aussi à extraire de la valeur et de la connaissance de ces données.

Cet ouvrage présente les fondements scientifiques et les composantes essentielles de la science des données, à un niveau accessible aux étudiants de master et aux élèves ingénieurs. Notre souci a été de proposer un exposé cohérent reliant la théorie aux algorithmes développés dans ces domaines. Ce livre est organisé en neuf chapitres principaux et l'enchaînement des idées présentées dans chacun d'eux est le suivant :

- Le chapitre 2 présente les prétraitements utilisés sur les données textuelles (opérations de normalisation surfacique et linguistique, filtrage par mots vides) ainsi que les prétraitements auparavant utilisés sur les données images. Si ces techniques sont encore de mise, en particulier celle pour les données textuelles, elles tendent toutefois à être remplacées par des techniques fondées sur l'apprentissage profond (chapitre 9). Leur présentation est toutefois importante car elle aide à comprendre les représentations à la base des textes et des images.

- Dans le chapitre 3, nous présentons les architectures de systèmes distribués mises en place pour traiter de grands volumes de données. En particulier, nous nous focalisons sur une architecture, appelée Lambda, dont nous décrivons les différentes couches. Nous insistons, dans ce chapitre, sur les défis qu'il convient de résoudre au sein des différentes couches et sur les techniques mises en œuvre pour les résoudre.

- C'est dans le chapitre 4 que les principes utilisés dans le traitement parallèle et efficace des données et des calculs sont introduits. Nous présentons ainsi des éléments liés à l'organisation matérielle des machines de calcul, les différentes étapes de conception d'une approche parallèle et enfin des métriques permettant de vérifier l'adéquation entre les algorithmes et les architectures parallèles choisies pour un problème donné.

- Le chapitre 5 propose une vue d'ensemble des méthodes d'optimisation qui se trouvent au cœur des méthodes numériques pour l'analyse de données. Nous présentons des éléments sur la formulation des problèmes d'optimisation en apprentissage et sur trois aspects des méthodes pour traiter de grands volumes de données (algorithmes du premier ordre, algorithmes incrémentaux, algorithmes distribués).

- Nous exposons ensuite dans le chapitre 6 un ensemble de méthodes pour la décomposition de matrices et de tenseurs. Ces méthodes, utilisées dans diverses applications comme la compression de données, la reconstruction/prédiction de valeurs manquantes ou non observées, le dé-bruitage des données ou le (co-)clustering, font l'objet de recherches actives.

- Le chapitre 7 aborde le problème de l'apprentissage non- ou semi-supervisé à travers l'analyse statistique de modèles probabilistes génératifs. Ceux-ci visent à relier les caractéristiques stochastiques des observations à des variables latentes, satisfaisant éventuellement une hiérarchie de dépendances représentée par des graphes, de sorte que le problème d'apprentissage se ramène à estimer leurs paramètres et variables latentes.

- Le chapitre 9 introduit les concepts de base ainsi que les architectures et les algorithmes les plus répandus des réseaux neuronaux artificiels. Il termine en présentant les applications de ces modèles à la catégorisation d'images qui fut le précuseur de l'utilisation des réseaux de neurones dans d'autres domaines d'application.

- Finalement, le chapitre 10 donne une introduction au domaine de la visualisation interactive d'information. Cette discipline rationalise la manière de présenter graphiquement des jeux de données afin d'utiliser au mieux la perception et la cognition humaine pour extraire des informations et parvenir à une compréhension des phénomènes qui peuvent s'y cacher. Cette introduction vise surtout à sensibiliser aux problématiques du domaine et à permettre d'éviter les principales erreurs qui peuvent conduire à des mauvaises perceptions et donc à des observations erronées.

Chapitre 2

Prétraitement des données

Nous décrivons dans ce chapitre les prétraitements standard utilisés pour les documents textuels et les images. Ils constituent les premières étapes de nombreuses tâches effectuées sur les collections de documents, comme l'accès à l'information, la catégorisation et le clustering. Certains de ces prétraitements sont de plus utilisés pour les tâches d'extraction d'information.

2.1 Prétraitement des données textuelles

Dans cette partie, nous allons présenter l'ensemble des prétraitements utilisés pour construire la représentation d'un document au sein d'une collection. Ces prétraitements comprennent la *segmentation* des séquences de caractères présents dans les documents en mots distincts, la *normalisation* des mots, opération qui consiste à fournir une *forme canonique* pour chaque mot, et le *filtrage* qui vise à supprimer les mots les moins représentatifs. Nous renvoyons les lecteurs intéressés par ce sujet à l'ouvrage (Amini et Gaussier 2017).

2.1.1   Segmentation

La segmentation (en anglais *tokenisation*) consiste à séparer une suite de caractères en mots. On distingue parfois mot et *type* pour rendre compte du fait qu'un même mot (qu'on appelle alors *type*) peut apparaître plusieurs fois dans un même document ; chacune de ces occurrences correspond à un *mot*. Dans l'exemple suivant :

l'importance de retrouver l'information pertinente

nous avons 7 mots :

{l', importance, de, retrouver, l', information, pertinente}

mais seulement 6 types, puisqu'il y a deux instances de *{l'}*.

La segmentation est une étape difficile et cruciale puisqu'elle risque, si elle est mal réalisée, d'avoir un impact négatif direct sur la représentation obtenue pour chaque document. Une bonne segmentation dépend de la prise en compte des spécificités de la langue des textes traités. Pour certaines langues asiatiques, comme le chinois, les mots dans un texte ne sont pas séparés par des espaces et la segmentation est dans ce cas une tâche difficile. Pour les langues indo-européennes, la tâche de segmentation est plus aisée puisque l'espace et les signes de ponctuation donnent une première indication de séparation entre les différents éléments lexicaux. Néanmoins, chaque langue de ce groupe linguistique a sa spécificité propre et une simple segmentation par des espaces et des signes de ponctuation conduit généralement à des résultats d'indexation médiocres. Par exemple, pour le français, nous avons :

- les composés lexicaux à trait d'union comme *chassé-croisé, peut-être, rendez-vous,* etc.

- les composés lexicaux à apostrophe comme *aujourd'hui, prud'homme,* etc.

- les expressions idiomatiques comme *au fait, poser un lapin, tomber dans les pommes,* etc.

- les formes contractées comme *Gad'zarts (les gars des Arts et Métiers), M'sieur,* etc.

- les sigles et les acronymes comme *K7, A.R., CV, càd, P.-V.,* etc.

Dans ce cas, lorsque nous indexons un texte en français, nous ne souhaitons pas, par exemple, que le mot *aujourd'hui* soit séparé en *aujourd* et *hui* alors que nous voulons que les mots *un homme* et *l'homme* soient indexés sous le même terme, *homme*. Ce problème devient même extrême avec l'allemand, où les noms composés s'écrivent sans espace ; par exemple le mot *Rindfleischetikettierungsüberwachungsaufgabenübertragungsgesetz* doit, a priori, être séparé en dix mots avant d'être indexé : *Rind* (boeuf) + *Fleisch* (viande) + *Etikettierung* (étiquetage) + *Überwachung* (surveillance) + *Aufgabe* (tâche) + *Übertragung* (transmission) + *Gesetz* (droit). Pour les langues européennes, différents logiciels de segmentation commerciaux existent. Le but de certains d'entre eux est de réaliser une analyse plus poussée du texte en associant aux mots d'une phrase leur fonction grammaticale. La segmentation dans ces cas est une étape préliminaire à cette analyse. On peut citer ici le logiciel *TreeTagger* (Schmid 1994) qui est en libre accès et est couramment utilisé pour cette tâche [1].

2.1.2   Normalisation et filtrage

La normalisation est le processus qui transforme toutes les variantes d'un même mot (utilisation de majuscules ou minuscules, forme singulier ou pluriel,...) sous une forme normale ou canonique de façon à ce que les documents qui contiennent les mêmes mots soient représentés par les mêmes *termes*. Un terme est la forme du mot (ou du type) conservée dans la représentation du document. Par exemple, après normalisation, les formes *Information* et *information* seront représentées par le même terme (par exemple *information*) ; les requêtes formées par un de ces mots donneront alors le même résultat.

Il existe deux types de normalisation : la normalisation *textuelle* et la normalisation *linguistique*.

Normalisation textuelle

La normalisation textuelle rend les mots d'une même famille sous une forme canonique en effectuant quelques transformations superficielles sur les séquences de caractères. L'exemple précédent avec *P.V.* constitue un cas de normalisation textuelle. Cette opération dépend de la langue consi-

---

dérée ; les règles communément utilisées en français pour ce type de normalisation sont décrites ci-après.

Les ponctuations

Les ponctuations sont en général supprimées. Le trait d'union, qui peut être présent dans des mots composés ou être utilisé comme marque de césure à la fin d'une ligne, fait parfois l'objet d'un traitement particulier si l'on dispose de listes de mots le comportant [2] : si le mot est présent dans la liste, le trait d'union est conservé ou remplacé par un espace, sinon il est supprimé.

La casse

Une stratégie classique est de réduire les majuscules en minuscules. Cette stratégie est très efficace si l'on dispose de listes de sigles et acronymes auxquels on peut substituer leur forme développée avant d'appliquer les procédures de normalisation. Ainsi, le sigle CAS (Centre d'analyse stratégique) ne sera pas réduit au nom *cas*. Tout comme pour les mots avec traits d'union, de telles listes peuvent être compilées relativement facilement. En l'absence de telles listes, une heuristique souvent utilisée consiste à ne convertir que les majuscules se trouvant en début de phrase.

Les accents

L'impact des accents et des diacritiques sur le résultat de la recherche est souvent marginal. La règle appliquée consiste généralement à les supprimer (ainsi *ambiguë* devient *ambigue*, *forêt* devient *foret*). La question ici n'est pas de savoir si les requêtes sont linguistiquement bien formées, mais plutôt de tenir compte des habitudes des utilisateurs dans la formulation de leurs requêtes. Par manque de temps, par habitude ou par erreur, les accents sont souvent omis ou mal utilisés. Les supprimer prend alors tout son sens.

Les dates et les valeurs monétaires

Les règles pour normaliser ces types de mots sont assez spéciales et dépendent de la langue et des usages particuliers de chaque pays. Pour cer-

---

2. De telles listes peuvent être compilées à partir de ressources existantes ou extraites à partir de corpus de grande taille.

taines langues comme l'anglais d'Amérique du Nord, le problème des dates est même plus compliqué puisque, dans les documents d'une collection, nous pouvons rencontrer des occurrences de *année/mois/jour* ou *mois/-jour/année* pour une même date.

Normalisation linguistique

La normalisation linguistique consiste à ramener un mot sous une forme canonique en appliquant un certain nombre d'analyses morphologiques. Il existe deux types de normalisation linguistique : la *racinisation* et la *lemmatisation*.

La racinisation

La racinisation cherche à regrouper les différentes variantes morphologiques d'un mot autour d'une même racine (en anglais *stem*). Ce procédé repose sur un ensemble de règles pour supprimer les terminaisons des mots, et il est fortement dépendant de la langue utilisée. Par exemple, les mots français suivants ont la même racine morphologique (en gras) :

chanter, chante, chantes, chantent, chanté, chantée, chants ⇒ **chant**

La racinisation peut aussi ramener des mots à des formes qui ne sont pas de vrais mots :

informer, information, informationnel ⇒ **inform**

Les premiers algorithmes de racinisation, appelés *stemmers*, ont été étudiés à partir de la fin des années 1960 et les plus connus sont ceux de (Lovins 1968), (Porter 1980) et (Paice 1990). Ces *stemmers* sont conçus pour l'anglais et ils procèdent en traitant les mots par des étapes prédéfinies. À une étape donnée, on détermine si la terminaison d'un mot se trouve dans une liste prédéfinie. Le cas échéant, le stemmer la supprime ou la transforme suivant la règle à appliquer. D'autres algorithmes de racinisation pour d'autres langues ont été conçus suivant le même principe. Pour le français, on peut par exemple citer :

- le *stemmer* de **Carry** (Paternostre *et al.* 2002), développé dans le cadre du projet *Generic Analyser and Listener for Indexed and Linguistics Entities of Information* (**GALILEI**) ;

- le *stemmer* `Snowball`, disponible sur Internet et dont les règles de racinisation sont expliquées sur la page de téléchargement [3].

La lemmatisation

La lemmatisation permet d'obtenir une forme canonique, appelée lemme, pour les différentes variantes flexionnelles d'un mot donné : différentes conjugaisons pour un verbe, variantes de genre et de nombre pour les adjectifs et variantes de genre pour les noms. Pour les verbes, le lemme correspond (arbitrairement) à l'infinitif, au masculin singulier pour les adjectifs et au masculin pour les noms qui ont des variantes de genre. À noter que les adverbes n'ont pas de variantes flexionnelles et que les autres parties du discours (déterminants, pronoms...) correspondent à des mots vides (non porteurs de sens) en général ignorés (voir ci-après). Au contraire de la racinisation, la lemmatisation fournit toujours un mot attesté et ne regroupe, sous une même forme, que les mots qui diffèrent par des marques flexionnelles ne modifiant pas fondamentalement le sens. Les mots *information* et *informationnel* sont regroupés par racinisation mais pas par lemmatisation.

2.1.3   Filtrage

Un antidictionnaire (*stopword list* en anglais), ou liste de *mots vides*, est une liste de mots qui sont en général présents avec une fréquence élevée dans tous les documents d'une collection et qui n'apportent que peu d'information sur le contenu. Le filtrage par un antidictionnaire est très pratiqué dans la recherche d'information et la classification, supervisée ou non, des documents textuels. En effet, les mots vides ont une distribution identique sur tous les documents d'un corpus, quelles que soient les thématiques considérées ; leur pouvoir discriminant est donc limité. Ce filtrage a été introduit par Luhn (Luhn 1958), un des pionniers en recherche d'information.

Il existe des antidictionnaires indépendants du domaine de la collection que l'on considère et d'autres qui en sont dépendants.

- Les antidictionnaires dépendants d'un domaine sont construits en triant d'abord les mots suivant leur nombre total d'apparitions dans la col-

---

3. `http://snowball.tartarus.org/algorithms/french/stemmer.html`

lection et en sélectionnant ensuite tous les mots qui apparaissent plus souvent qu'un seuil fixé manuellement (un mot qui apparaît dans tous les documents de la collection a un contenu informatif faible pour cette collection). Un exemple de mots vides dépendants du domaine est le mot *projet* pour une collection de documents constituée de descriptifs de projets.

- Pour les antidictionnaires généraux, c'est-à-dire indépendants des domaines considérés, on se repose soit sur la catégorie grammaticale (l'antidictionnaire contiendra alors tous les mots des parties du discours autres que nom, adjectif, verbe et adverbe), soit sur un ensemble de collections de différents domaines d'une langue donnée, ensemble sur lequel on effectue le travail présenté au point précédent.

Les mots présents dans l'antidictionnaire ainsi constitué sont supprimés des documents du corpus.

2.2 Prétraitement des données image ou vidéo

Les prétraitements au sens le plus strict sont très limités en ce qui concerne les images et les vidéos. Ils comprennent des redimensionnements, avec ou sans modification du rapport d'aspect, associés ou non à des rognages, et des normalisations de brillance et/ou de contraste. Ceux-ci sont très basiques et ils ne seront pas détaillés ici. Dans un sens moins strict, on considère aussi les traitements qui visent à construire des *représentations* (ou des abstractions) de leurs contenus visuels. Ce sont des prétraitements par rapport à des tâches de classification par apprentisage classique ou des tâches de recherche par similarité visuelle.

On distingue deux types principaux de représentation du contenu visuel : les représentations « classiques » qui sont obtenues par des transformations algorithmiques directement conçues par des chercheurs ou par des ingénieurs (*engineered features*) et les représentations apprises (*learned features*) dans lesquelles les transformations elles-mêmes résultent d'un apprentissage par machine, de type supervisé (catégorisation « de bout en bout ») ou non supervisé (auto-encodeurs).

Il existe une littérature très abondante sur les représentations classiques, un très grand nombre de choses ayant été essayées durant les dernières décennies. Nous n'en verrons ici que quelques exemples, les représentations apprises s'étant montrées largement supérieures dans la plupart des domaines d'application. Parmi les représentations classiques, on distingue principalement les globales et celles basées sur une agrégation de représentations locales. Elles sont pour la plupart basées sur des approches statistiques qui visent à capturer des distributions d'éléments pertinents.

Les propriétés recherchées pour ces représentations sont en général : (i) qu'elles consistent en des vecteurs de nombres réels de taille fixe, c'est-à-dire indépendante de la taille de l'image ou de la vidéo représentée et indépendante de la complexité de son contenu ; (ii) qu'il existe entre elles une métrique associée, euclidienne ou non, qui permette l'évaluation de la similarité des images ou des vidéos représentées ; et enfin (iii) qu'elles préservent autant que possible les informations relatives au contenu sémantique (par exemple les types d'objets présents) tout en étant aussi robustes ou invariantes que possible par rapport aux variations « accidentelles » comme la taille, l'orientation ou les conditions d'éclairage.

2.2.1   Représentations globales

Nous considérons ici deux exemples de représentations directement calculées sur l'ensemble d'une image ou d'un plan vidéo, correspondant aux deux principales façons de percevoir le contenu visuel : les histogrammes pour représenter les distributions des couleurs et les transformées de Gabor pour représenter les distributions de textures.

Histogrammes de couleurs

L'espace de couleurs dans lequel les valeurs des pixels sont codées est partitionné en un nombre donné de régions qui seront les catégories selon lesquelles l'histogramme sera calculé. Ce partitionnement peut être fait de nombreuses façons mais, en général, on considère un espace de couleurs cubique, comme RVB ou YUV, puis on découpe chacune de ses dimensions en intervalles de même taille et on prend comme catégories les produits cartésiens triples de ces intervalles. L'histogramme correspondant est tridimensionnel. Chaque catégorie correspond alors à un petit cube (ou à un petit parallélépipède) de l'espace des couleurs.

Le calcul de l'histogramme d'une image ou d'un plan vidéo (population) consiste alors tout simplement à compter combien de pixels (observations) tombent dans chacune des catégories. Dans la version la plus simple, un pixel donné tombe toujours dans exactement une des catégories. Ceci a toutefois l'inconvénient de faire apparaître des effets de seuillage si beaucoup de pixels tombent près d'une frontière soit d'un côté soit de l'autre. De façon à éviter ces effets de quantification, on considère des histogrammes à catégories floues dans lesquels la « masse » d'un pixel (égale à 1) est répartie dans les catégories adjacentes en fonction de la proximité de la couleur de ce pixel par rapport aux centres de ces dernières.

En général, on normalise les histogrammes de telle sorte que la somme des valeurs ou celle de leurs carrés soit égale à 1. Ceci présente l'avantage de rendre les représentations sous forme d'histogrammes relativement invariantes par rapport à la taille des images sur lesquelles elles sont calculées. En effet, la proportion de pixels d'une couleur donnée ne change pas ou marginalement quand on redimensionne les images. Ces représentations sont également invariantes par symétrie horizontale et verticale et elles sont également relativement robustes par rapport aux déplacements des objets. Par contre, les histogrammes de couleurs ne sont pas invariants par rapport aux changements d'illumination ; pour les y rendre plus robustes, on peut effectuer un prétraitement de normalisation de brillance et/ou de contraste.

Les histogrammes étant des distributions, la distance la plus appropriée pour les comparer est celle dite du χ^2 définie par $d(x,y) = \sum_i (x_i - y_i)^2/(x_i + y_i)$. Une autre distance appropriée est celle de Wasserstein, dite « distance du déplaceur de terre » (*Earth Mover Distance*) qui correspond au coût de déplacement minimal pour passer d'un histogramme à un autre. Cette distance est assez complexe à calculer en pratique et même la distance du χ^2 est encore assez coûteuse à calculer à cause de la division et du cas particulier fréquent où x_i et y_i sont nuls simultanément. La distance euclidienne n'est pas directement adaptée pour évaluer la similarité des histogrammes, mais elle devient quasiment équivalente à celle du χ^2 si on remplace chaque valeur par sa racine carrée dans les histogrammes et si on les normalise selon la norme L_2 [4].

Transformées de Gabor

Les textures sont localement capturées par des filtres de Gabor. Ces derniers combinent une fonction gaussienne et une onde plane complexe définissant une orientation et une échelle cibles. La fonction gaussienne assure d'une part une capture locale et d'autre part une certaine extension au filtre associé à l'onde plane. Dans la version « circulaire » un filtre de Gabor est défini par trois paramètres : l'extension moyenne σ de la gaussienne, la longueur d'onde λ et l'orientation θ de l'onde plane. Un filtre de Gabor transforme une image d'entrée (réelle et monochrome) $I(i,j)$ en une image filtrée (complexe) selon ces trois paramètres $g(\sigma, \lambda, \theta, I)$ définie par :

$$g(\sigma, \lambda, \theta, I, i, j) = \frac{1}{2\pi\sigma^2} \sum_k \sum_l e^{\frac{k^2+l^2}{2\sigma^2}} . e^{\frac{k.\cos\theta + l.\sin\theta}{\lambda}} . I(I+k, j+l) \quad (2.1)$$

La somme double sur k et l est étendue jusqu'à ce que l'amplitude de la gaussienne devienne négligeable, c'est-à-dire typiquement entre $\pm 3\sigma$ et $\pm 5\sigma$. La version elliptique est similaire avec une expression un peu plus complexe, l'extension σ étant différente dans la direction correspondant à la longueur d'onde σ_λ et dans la direction perpendiculaire σ_θ (figure 2.1).

Les écarts-types σ_λ et σ_θ sont tous les deux choisis proportionnels à la longueur d'onde λ de telle sorte que chacun d'entre eux contienne le même nombre de longueurs d'ondesdans leur zone effective et qu'ils aient le même rapport d'aspect. Il n'y a alors plus que deux paramètres indépendants, λ et θ, pour définir un filtre. On choisit un nombre fixe de directions (typiquement 8) sur 180 degrés et un nombre fixe de longueurs d'onde, en général selon une échelle logarithmique, comme illustré sur la figure 2.2. Le rapport fixe entre σ_λ et λ détermine la sélectivité du filtre selon la longueur d'onde. On la choisit en général de telle sorte que la plage filtrée soit assez large et que les bandes passantes des filtres successifs par rapport

---

4. Le problème vient du cas fréquent où une fraction significative des observations tombe dans un petit nombre de catégories, voire dans une seule. Les composantes correspondantes interviennent au carré et masquent en conséquence ce qui est relatif aux autres composantes. Le dénominateur dans la distance du χ^2 rend leur effet linéaire et le passage par une racine carrée a un effet similaire avec la distance euclidienne.

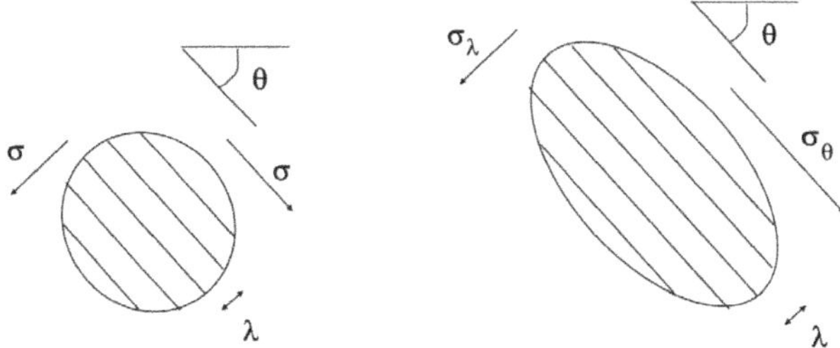

Figure 2.1 - Filtres de Gabor circulaire (gauche) et elliptique (droite). La zone indiquée correspond à une extension d'un écart-type sur la gaussienne.

à la longueur d'onde soient semi-recouvrantes. De même, le rapport fixe entre σ_θ et σ_λ détermine la sélectivité angulaire des filtres et on le choisit de telle sorte que les bandes passantes des filtres successifs par rapport à l'orientation soient semi-recouvrantes.

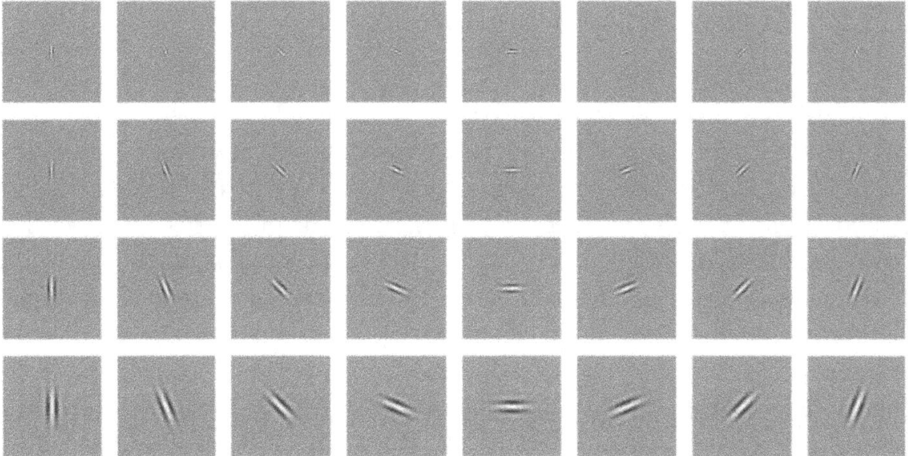

Figure 2.2 - Banc de filtres de Gabor elliptiques avec 8 orientations et 4 échelles, partie réelle.

Les sorties des filtres de Gabor sont des images complètes de nombres complexes. Il est nécessaire de réduire fortement le volume total d'information. Ceci peut être fait de nombreuses façons, la plus courante étant simplement de ne conserver que l'énergie totale obtenue à travers chaque filtre, soit :

$$E_g(\lambda, \theta, I) = \frac{1}{N} \sum_i \sum_j \mid g(\lambda, \theta, I, i, j) \mid^2 \qquad (2.2)$$

N est le nombre total de pixels dans l'image. Ceci est une forme d'agrégation des valeurs telles que présentée dans la section 2.2.3 (*pooling* par moyenne des carrés des amplitudes).

Finalement, si l'on retient n_λ échelles et n_θ orientations, la représentation de la texture d'une image basée sur une transformée de Gabor est un vecteur de $n_\lambda.n_\theta$ valeurs réelles. La similarité entre les images selon cette représentation peut être mesurée par la distance euclidienne ou par l'angle entre les vecteurs. Le choix de l'angle permet une mesure de similarité relativement robuste par rapport aux changements d'illumination puisqu'une augmentation uniforme de l'intensité se traduit par une augmentation uniforme des composantes de la représentation.

2.2.2   Représentations locales

Une des représentations locales les plus populaires est celle associée aux points SIFT (*Scale Invariant Feature Transform*) proposée par Lowe (2004). Dans cette approche, les représentations locales sont liées à des points sélectionnés dans les images, auxquels sont associées une échelle et une orientation déterminées également lors du processus de sélection. Dans ces représentations, un voisinage carré du point considéré, de la taille de l'échelle associée, est décomposé en 4×4 blocs. Un vecteur de gradient de l'intensité est calculé pour chacun des pixels de ces blocs et un histogramme des directions de ces gradients, discrétisées selon 8 secteurs de 45 degrés chacun, est calculé pour chacun des blocs. La taille totale de ce descripteur est de 128 composantes ($4 \times 4 \times 8$). Il est en général normalisé selon L_1 ou L_2 de façon à ne pas dépendre de la taille du voisinage retenu (correspondant à l'échelle de détection du point)

Le processus de sélection (ou de détection) des points vise à choisir des points « remarquables » comme des coins, des maximums ou des minimums, des « points triples » (jointures de trois contours), etc. Une autre possibilité est de choisir des points selon une grille régulière et à une ou plusieurs échelles fixes (échantillonnage dense). Dans les deux cas, les points retenus sont caractérisés par l'histogramme par blocs des directions de gradient dans leur voisinage à l'échelle retenue. Ces histogrammes sont en général creux et ils caractérisent bien la position et la direction des différents contours dans le voisinage, ce qui est caractéristique du type de point. La représentation résultante est robuste par rapport à plusieurs facteurs, notamment l'intensité lumineuse puisque celle-ci n'influe pas sur la direction des gradients. La robustesse par rapport aux changements d'échelle est, elle, assurée par la détermination d'une échelle « naturelle » lors du processus de détection des points. Le voisinage pris en compte peut également être rectifié selon la direction déterminée lors du processus de détection des points de façon à obtenir une représentation robuste aux rotations.

Les représentations des points SIFT ont initialement été introduits en utilisant uniquement la composante de luminance comme cela se faisait classiquement pour la caractérisation des textures et pour la détection des points de contour. Il est possible de calculer de telles représentations sur des images en couleurs, simplement en concaténant celles calculées indépendamment sur chacune des composantes dans un espace de couleurs donné (van de Sande *et al.* 2010). De même, il existe des généralisations pour les représentations des plans vidéos avec la détection et la caractérisation de points dans une volume tridimensionnel (deux dimensions d'espace et une dimension de temps), dont la représentation STIP (*Spatio-Temporal Interest Points*) proposée par Laptev (2005), basée sur des histogrammes de direction de gradient (HOG) et sur des histogrammes de flot optique (HOF) dans le voisinage d'un point détecté.

2.2.3 Agrégation de représentations locales

La représentation complète d'une image à base de points SIFT ou d'un plan vidéo à base de points STIP est un ensemble de points détectés avec, pour chacun d'entre eux, ses coordonnées, son échelle, son orientation et sa description locale. L'avantage de ces représentations est qu'elles sont riches, robustes et précises. Elles rendent possibles des mesures de similarité très précises entre des images basées sur des méthodes de type RANSAC (pour pour *RANdom SAmple Consensus*) ; ces méthodes itératives permettent de sélectionner des appariements de points respectant des contraintes de cohérence topologiques. Leur inconvénient est le volume de données associées et le temps de calcul des mesures de similarité. Dans le but de retrouver des représentations plus compactes et de taille fixe, associées à des mesures de similarité simples et facilement calculables, des méthodes d'aggrégation ont été proposées, parmi lesquelles les plus populaires sont les « sacs de mots visuels » et les « vecteurs de Fisher ».

Sacs de mots visuels

Comme son nom l'indique, l'approche « sacs de mots visuels » consiste à adapter l'approche « sacs de mots » couramment utilisée dans le cas des documents textuels aux images et vidéos. Elle consiste à définir un « vocabulaire visuel » et à représenter les images ou les plans vidéo par des histogrammes d'occurrence des « mots visuels » dans ceux-ci (Sivic et Zisserman 2003 ; Csurka *et al.* 2004). Le vocabulaire visuel est construit par un *clustering* des représentations locales des points SIFT (resp. STIP) sur l'ensemble des images (resp. plans vidéo) d'une collection d'entraînement. Le clustering peut être réalisé par exemple par la méthode des k-moyennes et les mots visuels sont représentés par les centroïdes des clusters trouvés. Pour une image (resp. un plan vidéo) quelconque, les points SIFT (resp. STIP) sont détectés et leurs représentations locales sont calculées. Chaque représentation locale est associée au cluster dont elle est la plus proche du centroïde et on calcule ensuite un histogramme en comptant pour chaque centroïde le nombre de points détectés qui leur sont associés. Ces histogrammes sont généralement normalisés selon la norme L_1 ou L_2. Comme dans le cas des histogrammes de couleurs, les images ainsi représentées peuvent être comparées en utilisant la distance du χ^2 ou celle de Wasserstein, ou encore la distance euclidienne si un opérateur racine carrée a préalablement été appliqué sur les composants des histogrammes. La taille de la représentation est le nombre de clusters choisis pour la construction du vocabulaire visuel ; elle est typiquement comprise entre 256 et 4096.

Vecteurs de Fisher

Dans le cas des représentations à base de vecteurs de Fisher (Sanchez *et al.* 2013), la distribution des représentations locales des points SIFT (resp. STIP) extraits d'une collection d'entraînement est modélisée par un mélange de gaussiennes diagonales. Nous ne donnerons pas le détail du calcul ici, mais ce que capture la représentation par vecteurs de Fisher est la façon dont il faut modifier les paramètres des gaussiennes pour ajuster la distribution trouvée sur la collection d'entraînement à la distribution de l'image dont on veut calculer la représentation. Ces représentations sont de taille fixe comme les sacs de mots visuels mais elles sont plus volumineuse et plus précises. Leur taille est égale au nombre de gaussiennes choisies pour modéliser la distribution sur la collection (typiquement de 64 à 256) multiplié par le nombre de composantes dans la description locale (128 dans le cas de points SIFT) et multiplié par deux (une valeur pour la moyenne et une pour la variance). Le fait que ces vecteurs soient de grande dimension présente l'avantage que les méthodes de classification comme les SVM peuvent être appliquées directement dans leur version linéaire.

2.2.4 Représentations apprises

Les réseaux de neurones profonds traitent les images de bout en bout (*end-to-end*), c'est-à-dire qu'ils prennent en entrée directement les plans RVB de pixels, seulement après redimensionnement, rognage et soustraction de l'image moyenne. L'extraction des représentations est faite directement par les premières couches du réseau, avec des représentations locales dans les couches de convolution et globales dans les couches complètement connectées. L'avantage est qu'elles sont apprises en même temps que le reste du classificateur et qu'elles sont donc beaucoup plus optimisées que des représentations conçues par ingéniérie comme celles décrites précédemment. De plus, les représentations ainsi apprises sur des corpus variés et de grande taille comme ImageNet (Russakovsky *et al.* 2015) sont très générales et utilisables pour des tâches très variées et très différentes de celle sur laquelle elles ont été apprises (Razavian *et al.* 2014). Ces représentations apprises conduisent à des performances généralement supérieures à celles obtenues avec des représentation classiques, rendant ces dernières obsolètes.

2.3 Exercices

Exercice 2.1

Types *vs* mots

Combien y a-t-il de types dans le texte suivant, extrait des *Lettres à un jeune poète* de Rainer Maria Rilke ?

Celui qui s'efforce de vous réconforter, ne croyez pas, sous ses mots simples et calmes qui parfois vous apaisent, qu'il vit lui-même sans difficulté. Sa vie n'est pas exempte de peines et de tristesses, qui le laissent bien en deçà d'elles. S'il en eût été autrement, il n'aurait pas pu trouver ces mots-là.

Combien y a-t-il de mots pleins dans ce même texte ?

Exercice 2.2

Impact des prétraitements textuels

Les opérations de normalisation et filtrage permettent :

(a) rapprocher les documents les uns des autres ;

(b) éloigner les documents les uns des autres ;

(c) obtenir une meilleure représentation des documents.

Dans le cas de la recherche d'information, ces opérations sont effectuées sur les requêtes et documents. Dans ce cas, permettent-elles d'améliorer :

(a) la précision du système, c'est-à-dire sa capacité à se concentrer sur des documents pertinents ?

(b) le rappel du système, c'est-à-dire sa capacité à ne pas rater de documents pertinents ?

Chapitre 3

Gestion de données large-échelle et systèmes distribués

Ce chapitre traite de la gestion de données à large-échelle. Nous commençons par décrire les limites des systèmes traditionnels de gestion de données. Nous décrivons ensuite l'architecture Lambda qui a été proposée ces dernières années pour le traitement de grandes masses de données. Nous présentons ensuite successivement les trois couches de l'architecture Lambda : batch, service et vitesse.

3.1 Les limites des systèmes traditionnels de gestion de données

Nous débutons cette section par une description des besoins liés au traitement de grandes masses de données. Nous expliquons ensuite les limites des systèmes traditionnels de gestion de données.

3.1.1 Les besoins liés au traitement de grandes masses de données

Les systèmes modernes doivent traiter des données de plus en plus volumineuses. En effet, à l'heure actuelle, plusieurs gigaoctets de données sont générés dans le monde à chaque seconde. Les entreprises ont besoin de systèmes efficaces à même de traiter ces masses. Les principaux défis à résoudre sont les suivants :

- **Tolérance aux fautes** : le système doit continuer de fonctionner correctement malgré l'occurrence de pannes matérielles ou logicielles. Il doit également tolérer les fautes humaines, souvent sous-estimées lors du développement des systèmes. Les exemples se sont pourtant multipliés, dans un passé récent, d'erreurs de manipulation humaines ayant conduit à la perte de données où à l'interruption du service rendu.

- **Efficacité** : pour la plupart, les applications modernes nécessitent que les requêtes soient traitées très rapidement, c'est-à-dire qu'elles doivent garantir une très *faible latence*. Typiquement, de nombreuses applications ont besoin que les traitements soient effectués en moins de quelques millisecondes. Par ailleurs, les systèmes modernes doivent être capables de traiter de nombreuses requêtes par seconde, c'est-à-dire de garantir un *haut débit*. Typiquement, de nombreux systèmes traitent plusieurs milliers, voire dizaines de milliers, de requêtes par seconde.

- **Passage à l'échelle** : les systèmes modernes doivent être capables de traiter un volume continuellement croissant de données et de requêtes. Par ailleurs, les temps de traitement de ces requêtes doivent être aussi peu affectés que possible par le volume des données traitées. Pour parvenir à passer à l'échelle, la seule solution possible est de construire des systèmes autorisant l'ajout dynamique de ressources matérielles sans altération des performances.

- **Extensibilité** : le système doit permettre l'ajout ou la modification de fonctionnalités au cours du temps. Il est important de noter que ces modifications apportées au système conduisent parfois à modifier le format des données stockées (par exemple pour ajouter une information qui n'était initialement pas stockée). Il est crucial que le système permette la migration d'un format de données vers un autre à moindre effort.

- **Maintenabilité** : les systèmes de traitement de masses de données sont complexes. Il est primordial que leur maintenance soit aussi simple que possible. En effet, face au volume croissant des données traitées, des opérations de maintance doivent régulièrement être planifiées afin de garantir un fonctionnement continu du service. À titre d'exemple, une opération classique de maintenance consiste à ajuster les ressources matérielles mises à disposition afin de garantir que le système passe à l'échelle. Pour rendre celui-ci aussi maintenable que possible, il est nécessaire de clairement identifier les caractéristiques de chaque composant, afin de sélectionner les plus simples possibles à même de répondre aux exigences. Nous verrons dans ce chapitre que chaque composant d'un système de gestion de données a des exigences spécifiques.

3.1.2   Limites des architectures incrémentales

Les systèmes traditionnels de gestion de données ont une architecture dite *incrémentale*. Comme nous le représentons sur la figure 3.1, ce qui caractérise ces architectures est l'utilisation d'une base de données pour stocker l'état du système[1] et répondre aux requêtes de lecture sur les données. Cette base est mise à jour au fur et à mesure que des données sont reçues ou traitées. Par exemple, supposons que l'on désire développer un système qui compte le nombre de visites que chaque URL d'un site web reçoit. L'architecture incrémentale suivante peut être réalisée : on stocke dans une table de la base de données l'ensemble des URL, ainsi qu'un compteur de visites pour chacune. À chaque fois qu'une URL est visitée, on met à jour l'état de la base en incrémentant le compteur associé.

Figure 3.1 - Architecture incrémentale.

Les architectures incrémentales ont plusieurs limitations. En voici les principales :

- **Opérations de maintenance coûteuses :** la base de données doit régulièrement réaliser des opérations afin de rester opérationnelle. À titre d'exemple, citons les opérations de compactage qui libèrent des

---

1. Il est important de noter que nous utilisons le mot bases de données au sens large. Il peut s'agir aussi bien de bases relationnelles que NoSQL.

zones de disques qui ne sont plus utilisées suite à des mises à jour de la base. De telles opérations sont si coûteuses qu'elles peuvent engendrer une indisponibilité du système si elles ne sont pas réalisées aux moments opportuns. Il est par exemple impératif de garantir que les différents réplicas d'une base de données ne les réaliseront pas en même temps, sans quoi le système pourrait devenir inopérant.

- **Gestion complexe de la cohérence des données :** une autre difficulté rencontrée avec les architectures incrémentales est la gestion de la cohérence des données. En effet, afin (1) de rendre le système hautement disponible et (2) de répondre à un plus grand nombre de requêtes, il est nécessaire de répliquer la base de données sur plusieurs machines physiques. Dès lors que plusieurs réplicas sont utilisés, se posent des problèmes de cohérence des données. En effet, si pour diverses raisons (panne matérielle, congestion), le réseau ne permet temporairement plus aux réplicas de communiquer, le système devra soit cesser de se mettre à jour et de répondre aux requêtes, soit accepter que l'état des réplicas diverge. Suite à une divergence temporaire, il est complexe de remettre la base de données dans un état cohérent. Par ailleurs, les réponses fournies aux requêtes pendant les périodes de divergence sont parfois erronnées, ce qui peut, dans certains cas, avoir des conséquences problématiques sur la cohérence globale du système.

- **Exposition aux fautes humaines :** une troisième difficulté rencontrée avec les architectures incrémentales est leur exposition aux fautes humaines. En effet, il suffit parfois d'une manipulation malencontreuse pour altérer l'état de la base. Les données risquent ainsi d'être corrompues et il n'est pas toujours aisé de détecter la cause de la corruption, ni de remettre la base dans un état cohérent.

3.2   L'architecture Lambda pour le traitement de grandes masses de données

Nous avons décrit dans la section précédente les besoins des systèmes qui traitent de grandes masses de données, ainsi que les limites des architectures traditionnelles, dites incrémentales. Dans cette section, nous présentons une architecture logicielle qui a été proposée pour répondre à ces besoins. Appelée Architecture Lambda, elle a initialement été proposée par Nathan Marz, créateur du logiciel *open source* Storm, largement utilisé dans l'industrie, notamment par le système Twitter.

L'architecture Lambda est composée de trois couches (figure 3.2) ; chacune satisfait un sous-ensemble des propriétés listées à la section 3.1.1 et offre des fonctionnalités spécifiques. C'est la conjonction des trois couches qui permet de répondre aux besoins des systèmes qui traitent de grandes masses de données.

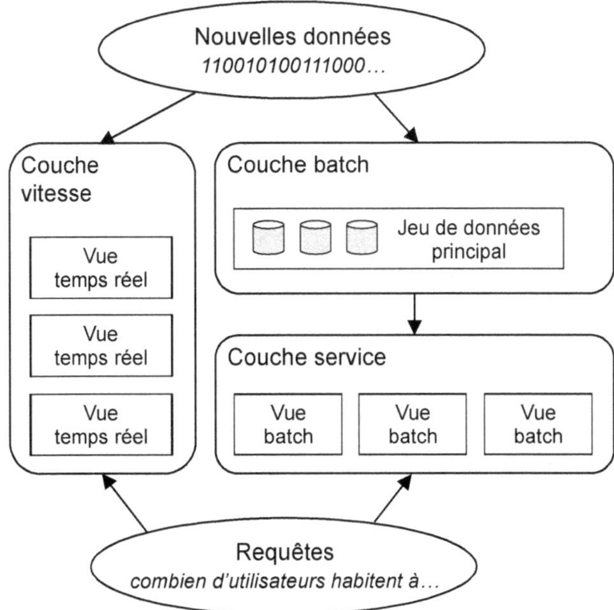

Figure 3.2 - L'architecture Lambda.

Nous présentons brièvement les trois couches ci-après, avant d'en donner une description plus détaillée dans les sections suivantes.

La couche « batch »

Il s'agit de la couche de base de l'architecture Lambda. Elle offre deux services. Tout d'abord, elle est en charge de *stocker les données reçues* par le système (appelées Jeu de données principal sur la figure 3.2). Ces dernières sont écrites au fur et à mesure de leur arrivée. Elles ne sont ensuite jamais mises à jour. Les uniques opérations qui sont faites sur ces données sont des requêtes en lecture. Ces données sont donc non mutables et leur volume augmente au cours du temps. D'autre part, la couche batch est en charge d'*appliquer des traitement arbitraires* sur les données stockées, à l'aide de systèmes dits « de traitements par lots », c'est-à-dire des systèmes qui sont adaptés pour effectuer des calculs sur des grandes masses de données en les décomposant par lots. L'exemple le plus célèbre est le logiciel *open source* Apache Hadoop, largement utilisé dans l'industrie. L'intérêt principal de ces systèmes réside dans le fait qu'ils sont massivement parallèles : ils sont ainsi capables d'exploiter de façon efficace un ensemble de machines résidant dans un centre de calcul. Les traitements réalisés par la couche batch produisent des données traitées appelées vues batch. Par exemple, supposons que l'on souhaite réaliser un système analysant la distribution temporelle du nombre de clics sur les différentes URL d'un site web. La couche batch stockerait dans le jeu de données principal les informations brutes correspondant à chaque clic (quel utilisateur ? sur quelle page ? à quel moment ?) et une vue batch pourrait être régulièrement produite pour calculer le nombre de clics sur chaque URL par intervalle de temps d'une heure. Notons que cet exemple illustre le fait que la couche batch n'a pas toujours besoin de réaliser les traitements sur tout le jeu de données principal. En effet, il est possible dans ce cas d'appliquer des algorithmes de traitements par lots incrémentaux, c'est-à-dire qui ne traitent que les dernières données reçues depuis leur précédente exécution.

La couche « service »

La couche service a deux objectifs ; le premier est de *stocker les vues batch*, le second est de *répondre à des requêtes aléatoires en lecture sur les vues batch*. Cette couche est implantée à l'aide d'une base qui doit être efficace pour réaliser les deux opérations suivantes : mise à jour de la base de données par lots (c'est-à-dire écriture d'une vue en un bloc) et lectures aléatoires des données stockées dans les vues.

La couche « vitesse »

La couche vitesse a trois objectifs. Le premier est de *traiter les données qui ne l'ont pas encore été par la couche batch* (et qui ne sont donc pas représentées dans les vues batch stockées par la couche service). La couche service est nécessaire car les calculs effectués par la couche batch peuvent

durer plusieurs minutes, voire heures. Ainsi, certaines données (celles reçues après le démarrage des traitements par lots exécutés par la couche
batch) ne sont pas prises en compte dans les vues batch. La couche vitesse
produit elle aussi des données traitées, appelées *vues temps réel*. Afin de
minimiser la latence de traitement des données, les traitements réalisés
par la couche vitesse ne le sont pas par lots, mais au fil de l'eau, au fur
et à mesure que des données sont reçues. On parle ainsi de traitements de
flux de données. Ils sont, par nature, incrémentaux. Le deuxième objectif
de la couche vitesse est de *stocker les vues temps réel* produites par les
traitements de flux de données. Enfin, le troisième objectif est de *répondre
à des requêtes aléatoires en lecture sur les vues temps réel*. La base de
données en charge du stockage des vues temps réel doit donc être efficace
à la fois pour les écritures aléatoires et les lectures aléatoires.

Enfin, comme illustré sur la figure 3.2, les requêtes exploitent les couches
service et vitesse afin d'obtenir à la fois les données traitées par lots (stockées dans les vues batch) et celles traitée au fil de l'eau (stockées dans les
vues temps réel). Ainsi, on peut résumer l'architecture Lambda à l'aide
des trois équations suivantes :

- $vues\_batch = fonction(jeu\_de\_données\_principal)$
- $vues\_temps\_réel = fonction(vues\_temps\_réel,\ nouvelles\_données)$
- $requête = fonction(vues\_batch,\ vues\_temps\_réel)$

3.3 La couche batch : traitement de données par lots

Comme expliqué dans la section précédente, la couche batch est la principale de l'architecture Lambda. Elle est en charge du stockage du jeu de
données principal, ainsi que des traitements par lots sur ces données. Dans
cette section, nous abordons trois sujets : les caractéristiques du jeu de
données principal, le système de stockage de ces données et les techniques
de traitement par lots.

3.3.1 Caractéristiques du jeu de données principal

L'objectif d'un système de gestion de données à large-échelle est de répondre à différentes questions relatives aux données stockées. Une particularité de ces systèmes est que l'ensemble des questions auxquelles il conviendra tôt ou tard de répondre n'est souvent pas connu à l'avance. Afin de ne pas restreindre les possibilités, il est primordial que le jeu de données principal stocké dans la couche batch soit le plus *brut* possible. En effet, effectuer un traitement des données préalablement à leur stockage peut engendrer une perte d'information et s'avérer préjudiciable. Prenons l'exemple d'un système de gestion de données boursières. Quand bien même les statistiques seraient réalisées à l'échelle de l'heure, il est important de conserver des données à la minute (si disponibles) afin de pouvoir, si nécessaire, changer la granularité à laquelle les événements seront analysés.

Il est par ailleurs important que le jeu de données principal ne soit *pas mutable*. Prenons le cas de données qui pourraient être stockées pour un réseau social. Supposons qu'à tout membre de ce réseau social soit associé un lieu de résidence. En cas de déménagement d'un membre, il n'est pas souhaitable de mettre à jour (et donc d'écraser) l'information correspondant à sa résidence. Il est en effet préférable de conserver comme information le fait qu'il a eu une première adresse, jusqu'à une date donnée, à partir de laquelle il a eu un nouveau lieu d'habitation. En effet, cette information pourra être exploitée plus tard, par exemple, pour dresser des statistiques sur les migrations des membres du réseau social, ou encore réaliser des analyses complexes comme « quelles sont les attentes des personnes ayant déménagé d'une zone de campagne vers une zone urbaine ». Cet exemple illustre également le fait qu'il est souvent pertinent d'associer à une donnée une *estampille* indiquant à quelle date précise elle a été produite.

Il est bien entendu possible de mettre en place un mécanisme de *ramasse-miettes* visant à supprimer des données considérées inutiles. Par exemple, si l'on reprend l'exemple du réseau social, il est tout à fait possible que son responsable décide, à un moment donné, que les informations sur les changements de résidence ne seront jamais exploitées. Dans ce cas,

il est pertinent, afin de limiter la quantité de données à stocker de ne
conserver que la dernière résidence de chaque membre.

3.3.2 Stockage du jeu de données principal

Le jeu de données principal n'est pas mutable et a une taille croissante au
cours du temps. Par ailleurs, il est complété au fur et à mesure que des
données sont reçues et il est lu de façon périodique, par lots, par le système
de traitement de données. Ainsi, les attentes concernant le stockage du jeu
de données principal sont les suivantes :

- **Écritures incrémentales :** les données stockées dans la couche batch
  ne sont pas mutables. En conséquence, chaque information va être écrite
  une seule fois. Le système de stockage ne doit donc pas fournir un support efficace pour la mise à jour des données. Il doit en revanche supporter de façon efficace l'ajout incrémental de données.

- **Lectures par lots :** pour permettre l'exécution des algorithmes de
  traitements, le système de stockage doit permettre de lire efficacement
  des lots de données. En revanche, il n'a pas besoin de fournir un support
  efficace pour la lecture de petits ensembles de données aléatoirement
  choisis.

- **Passage à l'échelle :** le système doit être en mesure de stocker l'intégralité du jeu de données principal. Ce dernier croissant au cours du
  temps, il est impératif de pouvoir augmenter la capacité de stockage par
  ajout de machines, sans affecter les performances de lecture et d'écriture.

- **Tolérance aux fautes :** le système de stockage doit supporter des
  pannes matérielles, que ce soit, par exemple, d'une machine ou encore
  d'un disque.

Pour stocker le jeu de données principal, l'option la plus pertinente est
souvent d'utiliser un système de fichiers distribué. Afin d'illustrer le fonctionnement d'un tel système, prenons l'exemple de l'un des plus populaires
d'entre eux, à savoir HDFS (Hadoop Distributed File System). HDFS
s'exécute sur une grappe de machines. L'une de ces dernières est appelée
namenode ; les autres sont les *datanodes*. Quand un fichier est stocké dans
HDFS, il est décomposé en blocs de taille fixe (typiquement entre 64 Mo

et 256 Mo). Chaque bloc est répliqué sur plusieurs datanodes [2]. Le rôle du namenode est de stocker l'information sur les associations fichier-blocs et sur la localisation des blocs. Ainsi, quand un programme a besoin d'accéder à un fichier stocké dans HDFS, il contacte le namenode pour connaître la localisation des différents blocs. Il accède ensuite directement aux datanodes qui stockent les blocs requis.

Le stockage des données de la couche batch au sein du système HDFS peut être réalisé ainsi : à chaque fois que de nouvelles données sont produites, de nouveaux fichiers sont créés pour les contenir. Afin d'améliorer l'efficacité des traitements qui seront appliqués sur ces fichiers, il peut être intéressant de procéder à ce que l'on appelle un *partitionnement vertical* de ces derniers. Ce mode de partitionnement consiste à créer des répertoires dans le but de dinstinguer facilement des groupes de données. À titre d'exemple, il est possible de créer un nouveau répertoire par jour. Ainsi, il sera facile d'appliquer des fonctions de traitement sur des sous-ensembles de données, telles que « les données des deux dernières semaines ».

3.3.3   Traitement de données par lots

La couche batch doit permettre le traitement du jeu de données principal. Pour des raisons d'efficacité, il est préconisé d'utiliser un système de traitement par lots. Dans cette section, nous débutons par quelques remarques préliminaires sur ces systèmes. Nous décrivons ensuite le paradigme Map-Reduce, largement utilisé dans l'industrie.

Remarques préliminaires sur le traitement de données par lots

L'objectif des traitements réalisés par la couche batch est de produire des vues qui seront ensuite exploitées par la couche service pour répondre aux requêtes des clients. Considérons l'exemple d'un système permettant de calculer le nombre de visiteurs uniques par URL sur une période de temps donnée.

La première question qui se pose est : quelles vues fournir à la couche service ? Dans l'objectif de rendre cette dernière aussi rapide que possible, il

---

2. HDFS est souvent déployé avec un facteur de réplication de 3, ce qui signifie que chaque bloc est stocké sur 3 datanodes différents.

serait logique de multiplier les vues. Ainsi, dans l'exemple considéré, nous pourrions imaginer qu'une vue soit créée pour chaque période de temps imaginable. Cette approche est toutefois impossible à mettre en œuvre. En effet, supposons que nous ayons des données sur un an, il faudrait plusieurs centaines de millions de vues pour être en mesure de disposer de toutes les périodes de temps imaginables. En revanche, une solution envisageable est de calculer des vues pour chaque période d'une heure (ce qui représente 8760 vues par an). Il appartient ensuite à la vue service de calculer la somme des heures correspondant à une période de temps donnée.

La seconde question qui se pose est de déterminer s'il faut utiliser un algorithme de traitement *incrémental* ou *intégral*. Le premier type conserve les vues calculées dans le passé et les met à jour avec les nouvelles données (traitées par lots). Le second type d'algorithme traite, à chaque itération, l'intégralité des données et remplace les anciennes vues par de nouvelles vues. Les deux types ont des avantages et des inconvénients :

- Les ressources requises pour l'exécution sont souvent moindres dans le cas d'un algorithme incrémental. En revanche, les vues sont souvent de plus grande taille. Supposons, par exemple, que l'algorithme crée des vues contenant des valeurs moyennes. Il sera nécessaire, dans le cas d'algorithmes incrémentaux, de stocker, outre la moyenne, le nombre de données prises en compte dans la moyenne, sans quoi cette dernière ne pourra pas être mise à jour de façon incrémentale.

- Les algorithmes incrémentaux sont plus sensibles aux fautes humaines que les intégraux. En effet, supposons que l'algorithme employé pour effectuer un traitement ait un bogue. Dans le cas d'un algorithme intégral, il suffit de supprimer le bogue et de relancer le calcul sur l'intégralité des données. Dans le cas d'un algorithme incrémental, il est souvent très difficile (voir impossible) de corriger les erreurs introduites dans la vue par les itérations réalisées alors que le bogue était présent. La seule possibilité est alors d'utiliser un algorithme intégral pour reconstruire les vues.

- Les algorithmes incrémentaux sont souvent plus complexes que les intégraux. Ceci vient du fait qu'ils doivent traiter à la fois des données brutes et d'autres traitées et stockées au sein des vues. Par opposition, les algorithmes intégraux ne traitent que des données brutes.

Enfin, notons qu'il est crucial que les algorithmes de traitement de données par lots *passent à l'échelle*. En effet, nous avons vu que la taille des données stockées par la couche batch est strictement croissante. Il convient donc de définir des algorithmes de traitement dont le temps d'exécution peut rester quasiment constant, malgré l'augmentation de la taille des données, en procédant à des ajouts de ressources matérielles pour leur exécution.

Le paradigme Map-Reduce

Map-Reduce est un paradigme de programmation de calculs distribués proposé par Google en 2004. Il permet d'écrire des algorithmes de traitement par lots tolérant les fautes et passant à l'échelle. Il est donc tout à fait adapté pour l'écriture des algorithmes de traitement de la couche batch, ce qui explique sa très large adoption par l'industrie au cours de la dernière décennie.

Le paradigme Map-Reduce propose d'écrire les algorithmes sous forme de fonctions *map* et *reduce* manipulant des paires clé/valeur. Il est très expressif et permet donc d'implanter de très nombreuses fonctions. L'exemple très souvent donné pour illustrer Map-Reduce est celui d'un algorithme comptant le nombre d'occurences de chaque mot d'un texte. La fonction *map* émet des paires clé/valeur pour chaque mot rencontré dans le texte. La clé correspond au mot, tandis que la valeur est positionnée à 1. Le code de la fonction *map* prend ainsi la forme suivante (le texte est représenté par le paramètre *sentence*) :

```
function word_count_map(sentence) {
   for (word in sentence.split(" ")) {
      emit(word, 1)
   }
}
```

La fonction *reduce* prend en entrée l'ensemble des valeurs associées à une même clé et effectue un traitement dessus. Dans le cas considéré (compter le nombre d'occurences de chaque mot d'un texte), la fonction *reduce* doit simplement additionner les valeurs reçues. Son code prend ainsi la forme suivante :

```
function word_count_reduce(word, values) {
    sum = 0
    for (val in values) {
        sum += val
    }
    emit(word, sum)
}
```

Les canevas logiciels implantant le paradigme Map-Reduce prennent en
charge toute la complexité d'exécution du code écrit précédemment. À
titre d'exemple, ils découpent automatiquement les données en entrée en
blocs de données de même taille, puis planifient l'exécution des tâches sur
les machines disponibles au sein de la grappe. Par ailleurs, les canevas
offrent des garanties en termes de tolérance aux fautes en implantant, par
exemple, des mécanismes capables de reaffecter des calculs ayant échoué.
Enfin, notons que l'exemple donné pour illustrer le paradigme est vo-
lontairement très simple ; il est possible de réaliser des algorithmes très
complexes à l'aide de Map-Reduce. Nous invitons les lecteurs intéressés à
lire l'un des nombreux livres dédiés à ce sujet.

3.4 La couche service : stockage et requêtes sur les vues batch

Comme nous l'avons expliqué à la section 3.2, la couche service a deux
objectifs. D'une part, elle est en charge de stocker les vues batch produites
par les traitements par lots. D'autre part, elle doit répondre à des requêtes
aléatoires en lecture sur les vues batch. La couche service est donc naturellement mise en œuvre par une base de données. Nous débutons cette
section par une remarque préliminaire sur le stockage des vues batch. Nous
décrivons ensuite les caractéristiques que doit présenter la base de données
de la couche service.

3.4.1 Remarque préliminaire sur le stockage des vues batch

Dès lors que l'on considère le stockage de données, se pose la question de
normaliser ou non les données. Pour expliquer ce concept et déterminer le

choix à réaliser dans le cadre du stockage de données dans l'architecture Lambda, prenons un exemple concret : supposons que l'on souhaite stocker des données sur la localisation d'individus. Deux stratégies sont possibles. Une première stratégie, traditionnellement utilisée dans les bases de données relationnelles, consiste à *normaliser* les données (figure 3.3). Dans cet exemple, cela consisterait à créer une table pour stocker les différentes localisations associées chacune à un identifiant. Une autre table stockerait l'ensemble des individus, en précisant, pour chacun d'entre eux, sa localisation à l'aide de l'identifiant associé. Cette stratégie de normalisation a pour avantage de ne pas dupliquer le stockage de données potentiellement volumineuses (par exemple, dans le cas considéré, stocker une localisation peut consommer beaucoup d'espace car nécessitant de préciser pays, ville, rue). Cette stratégie limite également les erreurs possibles car, dès lors qu'une information est stockée de façon redondante (i.e. les localisations dans notre exemple si l'on n'utilise pas de stratégie de normalisation), il est nécessaire de s'assurer que les différentes versions sont cohérentes.

Localisation ID	Pays	Ville	Rue
1	France	Uzès	Rue du Duché
2	Italie	Rome	Via Cavour
3	France	Paris	Bd Daumesnil

Individu ID	Nom	Localisation ID
1	Sylvie	3
2	Pierre	1
3	Claire	3

Figure 3.3 - Exemple de stockage normalisé.

La stratégie de normalisation présente toutefois un inconvénient : il est nécessaire de réaliser des opérations de jointure entre tables pour obtenir la réponse à certaines requêtes. Typiquement, dans le cas présenté précédemment, il est nécessaire de réaliser une jointure entre les deux tables créées pour déterminer la localisation d'un utilisateur. Cette opération est coûteuse et, si l'application nécessite de requêter fréquemment la localisation d'un utilisateur, il peut s'avérer pertinent de supprimer la nécessité d'effectuer une jointure. Pour ce faire, la seule solution est de stocker, pour chaque utilisateur, les données complètes de localisation (et non un identifiant). Cela consiste à *dénormaliser* les données. Cette stratégie est illustrée sur la figure 3.4.

Dans les architectures Lambda, il est classique d'employer une stratégie de normalisation au sein de la couche batch et une stratégie de dénormalisation au sein de la couche service. En effet, les données stockées dans

Individu ID	Nom	Pays	Ville	Rue
1	Sylvie	France	Paris	Bd Daumesnil
2	Pierre	France	Uzès	Rue du Duché
3	Claire	France	Paris	Bd Daumesnil

Figure 3.4 - Exemple de stockage dénormalisé.

la couche batch n'ont pas besoin d'être requêtées de façon aléatoire (les lectures sont réalisées par lots). Les avantages apportés par la normalisation prennent donc le dessus : volume de stockage moins important, pas de problème de cohérence entre les différentes répliques d'une donnée à traiter. En revanche, au sein de la couche service, les données peuvent être requêtées de façon arbitrairement complexe et il est important de garantir que les meilleures performances seront atteintes. Afin de limiter des opérations coûteuses, comme les jointures, il est préférable d'utiliser un stockage dénormalisé des données.

3.4.2   Stockage des vues batch

Les attentes concernant le stockage des vues batch sont les suivantes :

- **Écritures par lots :** les vues batch stockées dans la couche service sont écrites par lots par les algorithmes de traitement s'exécutant au sein de la couche batch. Il est souvent nécessaire de remplacer l'intégralité d'une vue batch par sa nouvelle version. Il est en revanche inutile de gérer efficacement les écritures aléatoires de données.

- **Lectures aléatoires :** le système de stockage doit garantir l'efficacité des lectures aléatoires de données, dans le but de répondre aussi rapidement que possible aux requêtes des clients. Il est ainsi impératif que les données soit indexées de façon à y accéder très rapidement.

- **Passage à l'échelle :** le système de stockage doit être en mesure de stocker des vues batch de tailles arbitraires, souvent croissantes avec le temps, et de répondre à une charge croissante de requêtes clientes. Il est donc impératif de pouvoir augmenter sa capacité en procédant à des ajouts de machines physiques, tout en minimisant les pertes de performance.

- **Tolérance aux fautes** : le système de stockage doit supporter des pannes matérielles, que ce soit, par exemple, d'une machine ou encore d'un disque.

Il est très important de noter que le système de stockage des vues batch au sein de la couche service ne requiert pas de supporter les écritures aléatoires. En effet, ces écritures sont la principale source de complexité pour concevoir une base de données efficace. À titre d'exemple, les algorithmes de compactage mentionnés à la section 3.1.2 sont beaucoup plus simples dès lors qu'il n'y a pas nécessité de supporter des écritures aléatoires. Également à titre d'exemple, ne pas autoriser les écritures aléatoires simplifie grandement la gestion de la synchronisation entre les requêtes concurrentes sur la base de données (qu'elles soient en lecture ou en écriture).

Un exemple populaire de gestionnaire de bases de données employé dans la couche service est ElephantDB, qui a été spécialement conçu pour stocker des paires clé/valeur produites par Hadoop, un canevas populaire implantant le paradigme Map-Reduce.

3.5 La couche vitesse : traitement de flux de données, stockage et requêtes sur les vues temps réel

Comme nous l'avons expliqué précédemment, la couche vitesse a trois objectifs. Le premier est de traiter les données qui ne l'ont pas encore été par la couche batch. En effet, cette dernière traite les données dans leur intégralité, ce qui engendre des temps de calcul importants. Pour prendre en compte les données récentes, la couche vitesse applique au fil de l'eau des traitements *incrémentaux*, appelés traitements de flux de données, qui produisent des vues temps réel. Le second objectif de la couche vitesse est de stocker ces dernières. Enfin, son troisième objectif est de répondre à des requêtes aléatoires en lecture sur les vues temps réel.

Dans cette section, nous débutons par la description des systèmes traitant les flux de données. Nous décrivons ensuite les caractéristiques attendues des systèmes de stockage des vues temps réel.

3.5.1 Traitement de flux de données

L'architecture typique d'un système traitant les flux de données est représentée sur la figure 3.5. Ces systèmes reposent sur deux types d'entités :

- **Les queues :** ce sont des files de messages qui permettent de stocker momentanément les données.

- **Les workers :** ce sont des processus de traitement de données. Chacun consomme les messages stockés dans les queues, les traite et les place dans la queue suivante. Les derniers processus à intervenir ont la charge d'écrire les données traitées dans une base, peuplant ainsi des vues dites temps réel.

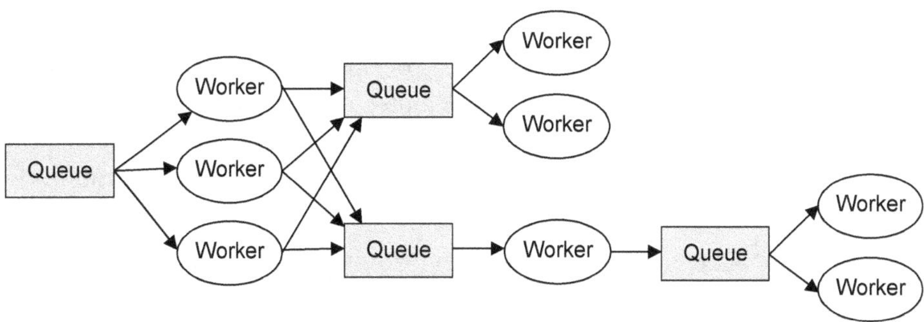

Figure 3.5 - Architecture d'un système de traitement de flux de données.

Afin d'illustrer cette architecture, prenons l'exemple d'un algorithme qui compte le nombre de visites que chaque URL d'un site web reçoit. Un tel algorithme peut être implanté à l'aide d'un *pipeline* de quatre étages : les premier et troisième étages sont constitués de queues, alors que les deuxième et quatrième sont constitués de workers. Les queues du premier étage stockent les données sur les visites. Ces queues sont mises à jour à chaque fois qu'une URL est visitée. Les workers du deuxième étage consomment les données du premier étage et filtrent celles qui sont incorrectes (i.e. les données sur les visites ayant une URL incorrecte). Les données correctes sont écrites dans les queues du troisième. Enfin, les workers du quatrième étage traitent les données stockées dans le troisième étage. Le traitement consiste à mettre à jour une base de données contenant le décompte des visites pour chaque URL.

3.5.2   Stockage des vues temps réel

Les données traitées par le système précédent sont stockées par la couche vitesse dans une base. Cette dernière doit avoir les caractéristiques suivantes :

- **Lectures aléatoires :** le système de stockage doit permettre d'effectuer efficacement des lectures aléatoires des données, afin de répondre le plus rapidement possible aux requêtes des clients. Cela signifie, en outre, que les données stockées doivent être indexées.

- **Écritures aléatoires :** comme nous l'avons décrit précédemment, les données sont écrites au fur et à mesure dans la base par les algorithmes de traitement de flux. Le système de stockage doit donc garantir l'efficacité des écritures aléatoires.

- **Passage à l'échelle :** le système de stockage doit être capable de supporter une croissance des taux de requêtes en lecture et écriture. Dans certains cas, il est également nécessaire de supporter une croissance du volume des données stockées. Cela impose de distribuer le système de stockage sur plusieurs machines.

- **Tolérance aux fautes :** le système de stockage doit supporter des pannes matérielles, que ce soit, par exemple, d'une machine ou encore d'un disque.

Ces caractéristiques sont offertes par les bases de données dites *NoSQL* (pas seulement SQL). Ces bases offrent un paradigme différent de celui offert par les bases relationnelles classiques. Leur objectif est de permettre la manipulation de volumes de données importants, tout en autorisant un passage à l'échelle par ajout de machines. Il existe différents types de bases de données NoSQL. Ces derniers diffèrent par les modèles de données qu'ils stockent, ainsi que par les requêtes (lectures et écritures) qu'ils permettent de réaliser. Citons, à titre d'exemple, les bases de données orientées documents, clé/valeur, graphes, ou encore séries temporelles.

3.6   Conclusion

Dans ce chapitre, nous avons étudié les systèmes de gestion de données large-échelle. Nous avons tout d'abord présenté les besoins de ces systèmes et expliqué les raisons pour lesquelles les architectures traditionnelles ne sont pas adaptées pour les réaliser. Nous avons ensuite décrit l'architecture Lambda, composée de trois couches : batch, service et vitesse. Nous avons décrit le rôle de chacune des couches et expliqué les caractéristiques qu'elles doivent présenter, en termes de performance et de tolérance aux fautes.

Chapitre 4

Calcul haute performance

Dans ce chapitre, nous décrivons le contexte et les enjeux du traitement intensif des informations et proposons une approche méthodologique non restrictive afin de parvenir à un calcul efficace sur des données volumineuses.

Nous commençons par une description haut niveau des technologies de traitement parallèle existantes en exhibant les avantages et limitations pour la manipulation intensive de données. La seconde partie expose une méthodologie permettant de réaliser un traitement parallèle à partir d'un problème séquentiel. Enfin, dans une dernière partie, nous exposerons des modèles pour évaluer l'efficacité des implémentations parallèles.

4.1   Introduction

Les performances atteignables par un algorithme ou un programme séquentiel traitant un problème scientifique dépendent fortement du processeur sur lequel il est exécuté. Le processeur se définit par son architecture, englobant la cadence d'horloge, la finesse de gravure, le jeu d'instructions implémenté, l'organisation des chemins de données et la taille des registres.

À cette échelle, trois aspects sont importants pour le calcul : la vitesse de traitement autorisée par la cadence d'horloge, l'espace mémoire disponible à travers la taille et le nombre des registres et l'organisation des calculs qui, au niveau de la micro-architecture, peut se traduire par la présence d'unités fonctionnelles spécialisées ou l'utilisation des chaînes de traitements. Chacun de ces aspects a subi de nombreuses améliorations dans l'évolution des microprocesseurs. Néanmoins, et pendant de très nombreuses années, la principale source d'amélioration des performances d'un processeur a été liée à l'augmentation de sa vitesse d'horloge. Ainsi, en ne considérant que la fréquence d'un processeur, consécutive à la densification des transistors qui le constituent, la multiplication par deux de celle-ci rend l'exécution deux fois plus rapide.

Cette tendance est visible dans la conception logicielle et l'implémentation des méthodes utilisées. Ainsi, les algorithmes et structures de données sont écrits de manière à traiter séquentiellement les informations. En supposant qu'il n'y ait qu'une unique unité de traitement fonctionnelle, les instructions issues de l'implémentation sont gérées de manière centralisée par un processeur. Sur ce processeur : une seule instruction est réalisée à la fois, au terme de laquelle l'instruction suivante est lancée. En doublant la fréquence du processeur, on divise par deux le temps nécessaire pour atteindre la solution.

Pour bénéficier des améliorations des autres caractéristiques d'un processeur, il est nécessaire de s'appuyer sur les capacités des compilateurs à optimiser les programmes. Cela permet également de diminuer les temps de développement, d'améliorer la maintenabilité et la flexibilité sans avoir une spécialisation des codes pour chaque type de processeur.

Cette évolution continue des processeurs a entraîné des performances croissantes pour le calcul jusqu'au milieu des années 2000. Pour des raisons d'efficacité énergétique par rapport à la vitesse d'exécution des opérations, la stratégie d'augmentation simple du nombre de transistor n'est plus l'option privilégiée par les concepteurs de processeurs.

4.1.1   Motivations

La stagnation des performances individuelles des processeurs pour des raisons d'ingénierie a nécessité de s'intéresser à d'autres organisations des architectures de calculs, avec notamment les GPGPU (General Purpose computing on Graphics Processing Units). Le classement des 500 machines de calcul les plus puissantes du monde reflètent ces évolutions (figure 4.1).

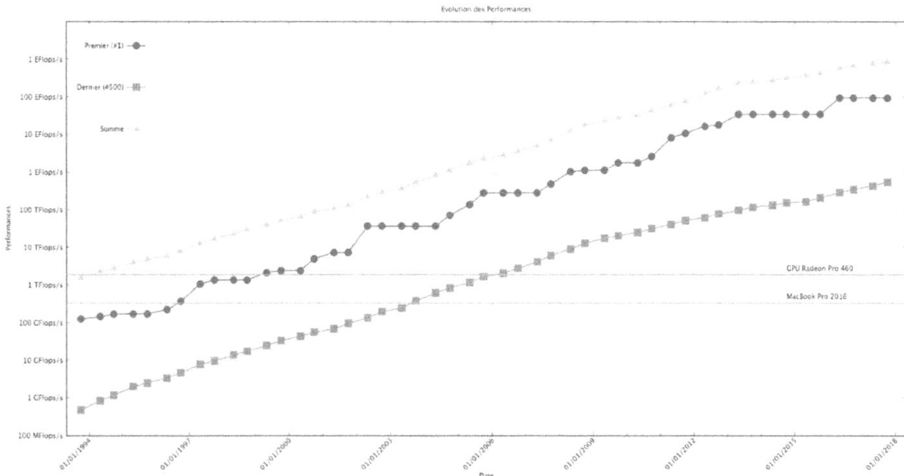

Figure 4.1 - Évolution des puissances de calcul des machines du Top 500
https://top500.org

L'idée principale de ces nouvelles organisations est de diminuer les capacités des processeurs en termes de fréquence, d'instructions disponibles et d'accès aux ressources mémoire, compensées par une augmentation du nombre d'unités de traitement.

Ce changement d'organisation des architectures se traduit d'un point de vue développement par le recours à des méthodes de programmation parallèles.

Cette évolution est similaire à celle réalisée dans les années 1960 et qui a contribué à l'émergence du calcul parallèle, notamment du calcul distribué. La principale différence entre les deux époques est la facilité d'accès à ces nouveaux matériels : le coût et la maturité des approches pour la programmation parallèle.

Pour discuter du calcul haute performance, nous devons ainsi considérer les approches parallèles pour le traitement des données et la réalisation des calculs. Dans la suite, nous parlerons de calcul parallèle dès lors qu'une étape de traitement réalisera plusieurs opérations simultanément. L'idée de base est que les problèmes de taille suffisamment importante peuvent être divisés en tâches plus petites exécutées en même temps.

La définition que nous adopterons pour le parallélisme est la suivante : combinaison d'une architecture matérielle (réseaux, processeurs, mémoires) et d'une organisation logicielle (bibliothèques, algorithmes, structures de données) permettant de traiter simultanément des informations.

Le rôle du parallélisme est donc multiple : diminuer le temps de réalisation d'une tâche, augmenter le nombre de données traitées simultanément, accroître la complexité du problème que l'on souhaite résoudre.

Dans ce qui suit, nous nous intéressons uniquement aux aspects de la conception logicielle du parallélisme pour des applications travaillant avec un grand nombre de données.

Le calcul parallèle s'appuie sur des ordinateurs travaillant simultanément. Ces derniers peuvent être classés en fonction du niveau de parallélisme qu'ils supportent d'un point de vue matériel. Les processeurs multicœur et les GPGPU possèdent ainsi un grand nombre d'unités de traitement sur une seule machine, réduisant le temps d'accès aux données mais avec un espace mémoire limité ; à l'inverse, les grappes ou les grilles de calcul associent plusieurs ordinateurs, multipliant ainsi la taille de l'espace mémoire disponible mais en augmentant le temps d'accès aux données.

Le calcul haute performance est le développement d'approches algorithmiques et mathématiques s'appuyant sur les technologies disponibles pour traiter un problème donné le plus efficacement possible.

La notion de performance est fortement connectée à l'organisation matérielle au sens large. Le calcul haute performance vise donc à utiliser les meilleurs outils disponibles.

L'application et l'utilisation efficaces du parallélisme s'appuient sur une combinaison de différents éléments de poids égaux : le matériel, le logiciel et la connaissance du problème à traiter. Comprendre les atouts du calcul haute performance, et plus particulièrement du calcul parallèle, est crucial afin de réaliser des investissements réussis.

4.1.2   Hiérarchies du parallélisme

Parallélisme de bits

L'organisation séquentielle classique d'un ordinateur considère trois éléments : le processeur, la mémoire et les chemins de données. Individuellement, chacun de ces éléments présente des limitations qui réduisent les performances globales d'un système. Afin de limiter ces effets, les concepteurs prévoient une redondance matérielle des différents éléments exploitable par les logiciels. Une première étape pour obtenir des logiciels de traitement efficaces est d'exploiter ces redondances. Ceci se fait souvent implicitement, c'est-à-dire sans intervention directe au moment du développement. Cependant, cela permet d'illustrer les premiers éléments du parallélisme.

Le parallélisme de plus bas niveau réalisable se passe au niveau de la représentation binaire des données. On parle de parallélisme de bits. L'amélioration de la vitesse de traitement reposait en partie sur le doublement de la taille des mots informatiques jusqu'au développement du 32 bits dans les années 1980. Le parallélisme de bits permet d'augmenter le nombre d'informations qu'une unité de traitement est capable de traiter par cycle. En augmentant la taille des mots, on réduit le nombre d'opérations que l'unité de traitement doit réaliser sur une variable dont la longueur est plus grande que celle du mot. Ainsi, sur des processeurs 32 bits, pour réaliser une opération arithmétique sur deux entiers 64 bits, deux instructions sont nécessaires, alors que, sur un processeur 64 bits, une seule est nécessaire. Le parallélisme de bits peut être utilisé pour comparer des chaînes de caractères (Chitty (2012)).

Parallélisme d'instructions

D'un point de vue logique, un programme peut être vu comme un flux continu d'instructions exécutées par un processeur. Dans un modèle simple, l'instruction est décomposée en sous-instructions permettant la préparation de l'exécution, l'exécution et la restitution de cette dernière. Chacune de ces sous-instructions nécessite un cycle d'horloge pour sa réalisation, ce qui dans le cas d'un processeur simple nécessite 5 cycles pour exécuter une seule instruction.

Étant donné que l'on considère un flux d'instructions, les processeurs modernes permettent l'exécution de plusieurs sous-instructions différentes simultanément. C'est une des formes du parallélisme d'instruction. Cette décomposition en sous-composants simples d'une opération complexe permet, dans le cas de flux d'instructions longs, d'exécuter en moyenne une instruction par cycle.

En augmentant le nombre de chaînes de traitement, le processeur traite plusieurs instructions par cycle. Dans ce cas, on parle de processeur super-scalaire. Dès lors que l'on considère la gestion des flux d'instructions, on parle de parallélisme d'instructions.

Sur les différentes approches présentées jusqu'ici, le parallélisme est principalement le fait du processeur et le développeur n'a qu'un faible contrôle sur elles. On parle de parallélisme implicite.

Parallélisme de tâches

Les instructions sont regroupées en files d'instructions (tâches), organisées afin d'optimiser l'utilisation des unités de traitement matérielles. Les files d'instructions indépendantes sont ordonnancées par le système d'exploitation pour s'exécuter sur un seul cœur de processeur. Si le processeur se compose de plusieurs cœurs, l'ordonnancement est réalisé sur ce dernier. En décomposant le programme en plusieurs fils d'instructions, on sollicite de manière indirecte l'ordonnanceur du système d'exploitation qui réalise du parallélisme de tâches.

Ce niveau de parallélisme doit s'envisager dès la conception du programme.

Parallélisme de données

Les niveaux identifiés jusqu'à présent se concentrent sur un aspect fonctionnel du traitement à réaliser. De manière conjointe, on peut s'intéresser à l'aspect données du traitement. Lorsque les données manipulées présentent des dépendances spatiales et temporelles faibles, il est envisageable de les diviser. Chaque portion ainsi divisée peut être manipulée individuellement par différentes unités de traitement jusqu'à ce que des données produites par d'autres unités soient nécessaires.

Dans ces deux dernières formes de parallélisme, l'organisation est principalement réalisée au niveau logiciel et par le développeur, qui peut utiliser sa connaissance du problème à traiter. On parle de parallélisme explicite.

4.1.3   Classification des plateformes

Afin de mettre en œuvre le parallélisme explicite, soit par tâches, soit par données, la connaissance des différents types de plateformes parallèles permet de construire des méthodes de résolution et des algorithmes efficaces.

Les architectures pour le calcul parallèle sont très diverses. On retrouve les processeurs multicœurs, les processeurs graphiques (GPGPU), les circuits logiques programmes (FGPA), les grappes de calcul, les grilles, les nuages ou encore les supercalculateurs.

La diversité des plateformes parallèles amène à s'interroger sur les méthodologies de développement et de portabilité des approches. Les techniques de programmation pour des architectures à mémoire partagée ou en nuage seront très différentes bien que l'espace mémoire soit accessible par l'ensemble des unités de traitement. Chacune des plateforme présente des spécificités qui limitent l'application de méthodes de traitements développées pour d'autres architectures.

Pour classer ces plateformes, il est courant de les distinguer par leur structure globale, l'accès aux données ou au flux, le nombre d'instructions réalisables.

La première classification a été proposée par Flynn en 1972 (Flynn (1972)).

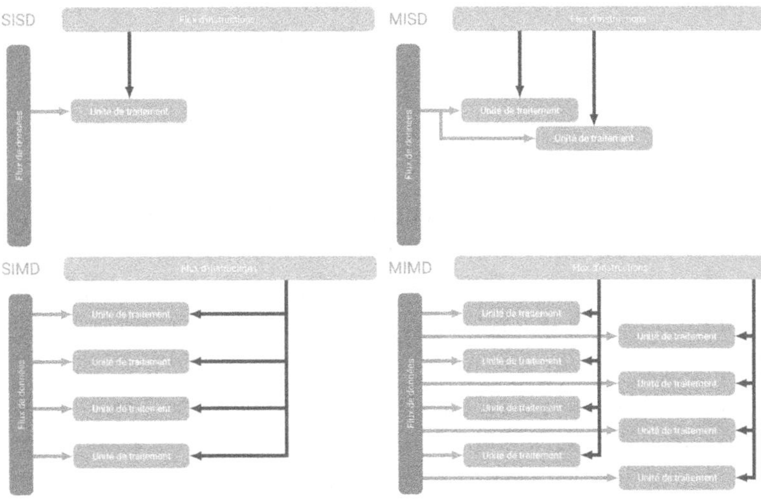

Figure 4.2 - Classification de Flynn

Cette classification, sous forme de matrice comme l'illustre la figure 4.2, utilise les concepts de flux de données et de flux d'instructions :

- SISD (Single Instruction Single Data) : le flux d'instructions s'exécute sur une unique unité de traitement contenant une seule unité fonctionnelle. Ce type de plateforme correspond au processeur idéal de Von Neumann et ne possède pas de réalisation moderne.

- SIMD (Single Instruction Multiple Data) : une unité de contrôle orchestre les tâches à réaliser sur l'ensemble des unités de traitement. Ces dernières reçoivent toutes le même flux d'instructions. L'espace de mémoire principal est divisé en blocs, chacun étant associé à un flux de données. Chaque unité de traitement réalise une instruction sur le flux qui lui est associé. Les instructions sont synchrones. Cette organisation du traitement se retrouve dans les plateformes GPGPU.

- MISD (Multiple Instructions Single Data) : cette organisation est peu courante. Chaque unité de contrôle s'occupe d'un flux d'instructions exécutées par l'unité de traitement associée. Toutes les unités de traitement ont accès à un espace mémoire partagé. Cette structuration est applicable pour construire des systèmes tolérants aux pannes.

- MIMD (Multiple Instructions Multiple Data) : chaque unité de traitement manipule des données qui lui sont propres en utilisant des flux d'instructions spécifiques. Les unités peuvent travailler de manière asynchrones et indépendantes. Les architectures modernes sont en grande majorité classées dans cette catégorie.

4.1.4   Coûts de communication

La classification proposée par Flynn ne prend pas en compte l'accès aux données intervenant dans le traitement. Dans l'ensemble des plateformes parallèles, les connexions entre les cœurs d'un processeur ou entre les processeurs d'une grappe de calcul vont affecter les performances optimales atteignables.

Lorsque les unités de traitement accèdent à toutes les données stockées dans un espace de mémoire commun, le système est dit à *mémoire partagée*. Dans le cas idéal, l'accès se fait de manière uniforme par toutes les unités. On parle alors d'architectures UMA (Uniform Access Memory). Dans les systèmes modernes, chaque cœur possède une mémoire locale. Le regroupement de ces mémoires locales constitue la mémoire globale du système. L'accès à la mémoire locale est non uniforme, c'est-à-dire que le temps d'accès aux données va dépendre de la proximité du cœur. On parle de mémoire NUMA (Non Uniform Memory Access).

Pour les grilles, les grappes ou les supercalculateurs, les mémoires sont uniquement locales et l'accès global aux données n'est pas possible directement. On dit alors que le système est à *mémoire distribuée*. L'échange de données entre les unités de traitement, les processeurs dans ce cas-là, se fait uniquement par messages explicites. Ce sont les systèmes NORMA (No Remote Memory Access).

Pour la plupart, les systèmes ne permettent donc pas un accès uniforme aux données. Les coûts d'accès sont fonction de deux grandeurs : la latence et la bande passante.

La latence est le temps nécessaire afin de préparer le canal de communication. C'est une constante indépendante du type et de la taille des données.

La bande passante correspond au temps nécessaire pour recevoir et envoyer un mot. On la décrit le plus souvent comme la quantité de données envoyée ou reçue par seconde.

Le temps de transfert d'un message ou d'accès à une donnée est modélisé par l'équation suivante :

$$t = \alpha + l\beta \tag{4.1}$$

α représente la latence, l la longueur du message et β la bande passante. Les grandeurs α et β sont dépendantes de la plateforme, c'est-à-dire du matériel utilisé, des bibliothèques implémentant les protocoles de communication et enfin de la topologie du réseau.

Un ensemble de p unités de traitement demanderait $O(p^2)$ connexions directes. En dehors de la complexité matérielle pour réaliser un tel nombre de connexions dans les grappes ou les supercalculateurs, il serait nécessaire de gérer des priorités de communication entre les unités de traitement. La topologie de connexion est donc structurée afin que l'accès aux données ou les échanges soient optimisés pour les problèmes traités sur la plateforme. Dans les centres de calcul, les grappes et supercalculateurs utilisent une topologie en hypercube pour échanger les données.

La prise en compte de l'ensemble de ces contraintes demande donc des méthodes de résolution adaptées à chaque architecture cible. L'objectif de la section suivante est de proposer une approche de conception suffisamment abstraite pour que les solutions proposées soient transposables à différentes plateformes.

4.2 Principes de conception des algorithmes

Le développement d'une approche parallèle permettant de réaliser un traitement ne se réduit pas à l'application de techniques simples. Il est souvent indispensable de s'appuyer sur la connaissance avancée du problème pour proposer une approche satisfaisante. De plus, différentes solutions parallèles sont susceptibles de répondre à une problématique donnée. La meilleure solution parallèle est rarement la transposition de la meilleure solution séquentielle.

À partir de cette remarque, le processus de conception d'une approche parallèle a été formalisé (Foster (1995)). Cette méthode dissocie les aspects qui sont indépendants des caractéristiques matérielles des plateformes de traitement, de ceux qui dépendent du matériel et des outils de développement (langages, bibliothèques) choisis pour réaliser la solution. Les quatre phases qui constituent cette méthode sont la décomposition, la planification, la structuration et l'affectation . L'objectif des deux premières est de se focaliser sur la scalabilité (capacité de passer à l'échelle) et la concurrence des algorithmes. Les deux dernières phases sont axées sur la localité des traitements et la performance globale de l'approche.

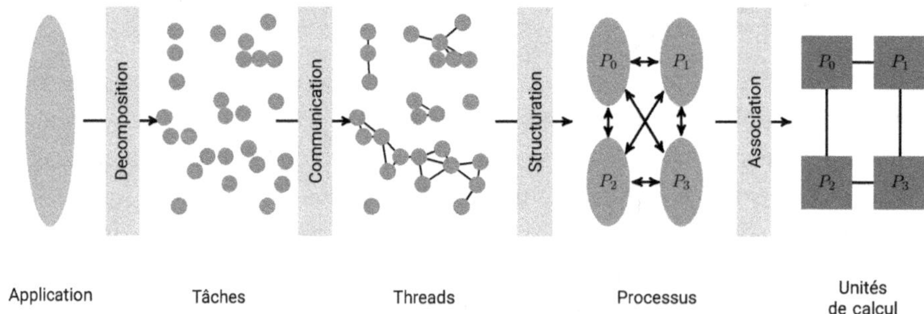

Figure 4.3 - Méthodologie de conception d'une approche parallèle

Ces quatre phases illustrées par la figure 4.3 peuvent être synthétisées de la manière suivante :

1. **Décomposition** : les traitements à réaliser et les données concernées sont décomposés en éléments de petite taille. Cette atomisation du problème permet d'identifier les formes de parallélisme envisageables.

2. **Planification** : les relations entre les tâches et les données sont organisées. Dans les cas les plus favorables, cette organisation s'exprime sous forme d'un graphe de dépendances entre les tâches et/ou données. L'analyse de cette organisation facilite le choix des algorithmes et des structures de données les plus adaptés.

3. **Structuration** : les tâches et les relations identifiées dans les deux étapes précédentes sont évaluées par rapport aux besoins en performances et aux coûts d'implémentation. Les tâches sont éventuellement combinées en un ensemble plus important, limitant ainsi les coûts de développement et améliorant les performances.

4. **Affectation** : chaque tâche est associée à une unité de traitement de manière à ce que les coûts de communications entre les unités et leur taux d'utilisation soient optimaux. L'association peut être soit statique, soit dynamique, afin de mieux équilibrer les charges.

4.2.1   Techniques de décomposition

Le degré de décomposition du problème à traiter est le premier élément permettant de construire une approche parallèle efficace. On appelle granularité le degré de décomposition du problème à traiter. Elle exprime le nombre de tâches à réaliser et la taille de chacune d'entre elles. Plus le grain de la décomposition sera fin, plus il sera possible d'extraire du parallélisme. Il n'est cependant pas souhaitable de réduire trop fortement la granularité. En effet, le parallélisme implicite, qui est intrinsèque aux unités de traitement, ne sera exploitable que si la granularité le permet.

La méthodologie de division du travail à réaliser va dépendre de la nature du problème. Plusieurs techniques de décompositions sont envisageables.

Décomposition récursive

Elle repose sur une stratégie de « diviser pour régner » s'applique lorsque la tâche principale à réaliser sur l'ensemble des données s'exprime comme la combinaison de cette même tâche sur des sous-ensembles de ces données (par exemple, déterminer le maximum d'un tableau par un algorithme de tri rapide ou calculer un produit scalaire entre deux vecteurs).

Décomposition de données

Elle repose sur un partitionnement des données d'entrée et/ou de sortie en sous-ensembles de même taille. Les tâches à réaliser sur chacun des sous-ensembles de données sont similaires en termes de complexité algorithmique. Les structures de données doivent être adaptées à la plateforme de traitement parallèle. L'exemple le plus simple de la décomposition des données de sortie est le produit matriciel. La matrice de sortie est décomposée en blocs de même taille et chaque unité de traitement réalise le produit matrice-vecteur sur le bloc qui lui est associé (Choi *et al.* (1994)). La décomposition des données d'entrée s'applique par exemple pour la résolution d'équations aux dérivées partielles en utilisant des techniques de décomposition de domaines (Toselli et Widlund (2005)).

Décomposition exploratoire

Cette approche est similaire à la décomposition de données. Le calcul principal consiste à rechercher une solution dans un espace donné. L'espace de recherche est alors séparé en entités indépendantes de tailles inférieures. L'exploration est terminée dès qu'une solution est identifiée par l'une des unités de traitement. Cette décomposition est utilisé en optimisation discrète (programmation quadratique, résolution de jeux, démonstration de théorèmes).

Décomposition spéculative

Pour certaines applications, l'identification de tâches indépendantes n'est pas possible a priori. La première approche consiste à réaliser une décomposition conservative qui identifie les tâches comme étant indépendantes si et seulement si il n'y a pas de risques de dépendances. En étant conservatif, la réalisation concurrente de tâches peut être impossible. À l'opposé, l'approche optimiste qui consiste à réaliser de manière concurrente des tâches dont on ne connaît pas les dépendances a priori demande un mécanisme de rembobinage des instructions. La décomposition spéculative est principalement utilisée lorsque les conditions qui conduisent à un branchement sont inconnues, comme dans la simulation d'événements discrets.

Pour bénéficier du parallélisme, l'étape de décomposition doit produire des tâches avec une granularité suffisamment petite.

4.2.2 Caractéristiques des tâches et des interactions

En réalisant la décomposition par l'une des techniques précédentes, les entrées et sorties de chacune des tâches et les dépendances entre les données se représentent à l'aide d'un graphe. Les nœuds du graphe représentent les données issues de la décomposition et les tâches sont associées aux arêtes du graphe.

La planification consiste en l'analyse des tâches et de leurs interactions. Chaque tâche possède une complexité, autrement dit un coût, et des dépendances par rapport aux données et aux autres tâches, c'est-à-dire des interactions.

Dans les applications pour lesquelles le parallélisme est le plus simple à mettre en place, les tâches sont toutes connues à l'avance, possèdent des complexités spatiales et temporelles déterminées et uniformes et les données associées sont de tailles équivalentes et limitées.

Ainsi, dans le cas du produit entre deux matrices carrées de taille $n \times n$ et en considérant comme granularité le produit scalaire entre une ligne et une colonne, il y a n^2 tâches indépendantes à réaliser. Chaque tâche a besoin d'une ligne de taille n et d'une colonne de taille n accessibles en lecture et le résultat est écrit sur un scalaire. A priori, aucune donnée n'est à échanger.

À l'opposé, pour certaines applications, des tâches de tailles différentes sont générées au cours de la décomposition, susceptibles d'avoir des complexités différentes, des dépendances variables et des données en entrée et sortie de tailles inconnues a priori. Ces situations sont les plus courantes lorsque l'application explore un espace de solutions, par exemple en théorie des jeux ou intelligence artificielle en utilisant l'élagage $\alpha - \beta$ (Fishburn (1984)).

Les interactions entre les tâches exhibent des différences également très importantes. Si le graphe des interactions est connu avant l'exécution, on parlera d'interaction statique, alors que si le graphe évolue au cours du déroulement de l'application, l'interaction sera dynamique. Cette différence provient essentiellement de la manière de créer la décomposition. Dans une décomposition de données, les interactions seront généralement statiques (produit matriciel), alors que pour une décomposition par exploration (élagage $\alpha - \beta$), elles seront dynamiques.

Cette première classification ne permet pas de rendre compte de la diversité des interactions. Leur régularité des interactions par rapport à l'ensemble des tâches est aussi un facteur déterminant. Par exemple, la résolution de l'équation de Poisson sur une grille cartésienne, c'est-à-dire dont le nombre de voisins de chaque point de discrétisation est uniforme, permet de construire des interactions régulières en taille et en volume, alors que la résolution de la même équation sur une grille non structurée requiert des interactions spécifiques pour chaque tâche.

La dernière caractéristique importante est la portée d'interaction de la tâche. Dans la résolution d'une équation aux dérivées partielles, les interactions sont essentiellement locales, c'est-à-dire que le calcul en chaque élément d'une grille ne dépend que des points voisins. Cette localité se traduit par un faible nombre d'arêtes entrantes et sortantes dans le graphe des dépendances. Les interactions globales, que l'on retrouve par exemple en calculant la fonction de transfert d'une couche d'un réseau de neurones, impliquent des interactions avec un grand nombre d'autres tâches. Cela se traduit par la présence d'un très grand nombre d'arêtes entrantes et/ou sortantes pour la plupart des nœuds du graphe.

Le tableau 4.1 propose une synthèse des caractéristiques des tâches et interactions en fonction de la difficulté de réalisation du parallélisme.

4.2.3   Équilibrage des ressources

Les étapes d'association et de planification rendent compte de la structure algorithmique du traitement. La décomposition a permis d'identifier un nombre de tâches bien supérieur au nombre d'unités de traitement disponibles. L'objectif de la phase de structuration est d'utiliser les résultats de l'analyse afin de regrouper les tâches qui permettent de minimiser le temps de résolution global. À l'exception de quelques applications, la mise en place du parallélisme introduit un surcoût au temps d'exécution notamment à cause des interactions : le temps d'attente d'un processus ayant

	Favorable	Difficile
Tâche	génération statique	génération dynamique
	complexité uniforme	complexité non uniforme
	complexité statique	complexité dynamique
Interaction	régulière	irrégulière
	statique	dynamique
	locale	globale

Tableau 4.1 - Synthèse des caractéristiques des tâches et de leurs interactions

terminé l'ensemble des tâches qui lui sont associées et le temps d'échange dans les interactions entre processus.

En supposant que la plateforme parallèle soit idéale et que les interactions entre les tâches soient négligeables, le temps d'attente entre les processus peut être négligé en fusionnant les tâches en ensembles de complexités identiques. La difficulté est de s'assurer que les données en entrée et sortie de ces ensembles de tâches soient locales. De façon plus générale, minimiser ce temps d'attente correspond à identifier des ensembles de tâches qui minimisent les fréquences des interactions. Les simulations de Monte-Carlo permettent un découpage en tâches parfaitement adapté au parallélisme (Rosenthal (1999)).

Pour contrôler le surcoût lié aux temps d'échanges entre les interactions, il est indispensable de minimiser le volume des données à transférer, en regroupant des tâches qui se les échangent. On crée ainsi une augmentation de la localité. En complément de cette amélioration de la localité, l'agglomération cherche à regrouper les tâches qui masquent certaines interactions par la réalisation des tâches (Hahnfeld *et al.* (2017)). De cette manière, une granularité suffisamment fine de la décomposition réussit à limiter les effets des accès aux données.

Une autre approche limitant le coût des échanges consiste à dupliquer une partie des données.

4.2.4   Modèles d'algorithmes parallèles

Pour différentes classes d'applications, les méthodologies utilisées pourront être très différentes. Savoir reconnaître dans quelle classe on se situe conduit à utiliser les méthodes les plus adaptées pour obtenir un parallélisme efficace.

Parallélisme de données

Dans ce modèle de parallélisme, l'association des tâches aux processus est réalisée de manière statique et chaque tâche applique les mêmes opérations sur des données différentes. Ce type de parallélisme se focalise plus particulièrement sur les données. Il découle souvent d'une décomposition de données suivie par une génération statique de tâches de complexité uniforme et statique. Les interactions sont le plus souvent locales et il est donc possible de recouvrir les interactions entre les tâches par des calculs.

Ce modèle est adapté à toutes les plateformes parallèles et le degré de parallélisme augmente avec la taille du problème à traiter. C'est le type le plus couramment utilisé pour résoudre les équations différentielles avec par exemple des techniques de décomposition de domaines (Toselli et Widlund (2005)) ou les produits matriciels (Choi *et al.* (1994)).

Parallélisme de tâches

Dans ce modèle, l'accent est mis sur les tâches. On considère que le traitement à réaliser sur les données est un enchaînement de tâches. Le parallélisme est construit directement à partir du graphe de dépendances obtenu durant la phase de décomposition.

Cette approche est particulièrement adaptée pour renforcer la localité des traitements et ainsi limiter les interactions entre les tâches. Plus particulièrement, ce modèle est très performant lorsque les données à traiter sont nombreuses et que la tâche à réaliser sur chacune est de faible complexité temporelle. L'objectif de cette approche est de minimiser la fréquence et le volume des interactions. Dans les approches « diviser pour régner », elle offre de meilleures performances parallèles que les autres modèles (Danelutto *et al.* (2016)).

Pipelining

En s'inspirant du parallélisme implicite présent au niveau des processeurs, il est possible de construire une approche par chaîne de traitements (pipelining). Dans ce modèle, les données sont traitées sous forme de flux par différentes tâches. Chaque tâche est associée à une unité de traitement spécifique qui est, à l'exception de la première, un producteur de données pour la suivante et un consommateur de la précédente. Les interactions entre les tâches sont limitées à la propagation des données de l'une à la suivante. Pour que ce modèle soit efficace, il est nécessaire de trouver un équilibre entre la granularité de la décomposition et le nombre d'étapes dans le pipeline.

Lorsque le graphe de dépendances se présente sous la forme d'une chaîne ou, plus généralement, d'un graphe orienté acyclique, c'est le modèle de parallélisme le plus adapté. On l'utilisera notamment lorsque les unités de traitement sont des circuits intégrés dédiés (FPGA) et dans les réseaux de neurones.

Modèle maître-esclave

Les tâches sont générées par un processus principal en fonction des données à traiter et de celles qui ont déjà été utilisées. Les tâches sont ensuite attribuées à des processus esclaves en fonction de la disponibilité des ressources disponibles.

Ces approches concernent les applications pour lesquelles la synchronisation entre les tâches n'est pas nécessaire à la poursuite du traitement, par exemple dans la simulation de processus stochastiques (Baldo *et al.* (2005)) ou le calcul participatif (Anderson (2004)).

4.3 Modèles analytiques

Afin de valider que l'approche choisie est adaptée pour la plateforme parallèle cible, différentes métriques ont été développées au cours des années.

4.3.1   Métriques de performances

Le coût d'exécution $C_p(n)$ d'un programme parallèle sur n données en utilisant p processeurs est modélisé par :

$$C(n,p) = p\tau(n,p) \tag{4.2}$$

avec $\tau(n,p)$ le temps d'exécution sur p processeurs. La réalisation parallèle est dite à coût optimal si $C(n,p) = p*\tau_0(n)$ avec $\tau_0(n)$ le temps d'exécution du programme séquentiel le plus rapide capable de traiter le problème.

Accélération

Le principal objectif du calcul haute performance est de diminuer le temps d'obtention d'un résultat. Cela permet par la suite d'augmenter la taille du problème ou de le complexifier.

L'accélération (*speedup* en anglais) est donnée par :

$$\sigma(n,p) = \frac{\tau_0(n)}{\tau(n,p)}$$

Dans le cas d'un coût optimal, ce ratio est égal à p. Cependant, le temps $\tau(n,p)$ se décompose en trois parties : le temps séquentiel correspondant à la partie du programme qui ne peut pas être parallélisée, le temps optimal correspondant à la partie de l'approche séquentielle pouvant être parallélisée et le temps lié au surcoût du parallélisme :

$$\tau(n,p) = v(n) + \phi(n,p) + \kappa(n,p) \tag{4.3}$$

avec $v(n)$ la fraction séquentielle du programme parallèle, $\phi(n,p)$ la partie pouvant être exécutée en parallèle et $\kappa(n,p)$ le surcoût lié au parallélisme.

Dans le cas d'un programme séquentiel, il n'y a pas de surcoût lié au parallélisme, donc $\tau(n,1) = \tau_0(n)$. En pratique, il est nécessaire d'ajouter le surcoût lié au parallélisme, donc :

$$\tau(n,1) = v(n) + \phi_0(n) + \kappa(n,1)$$

Dans le cas d'un parallélisme optimal, les tâches peuvent être distribuées équitablement entre toutes les unités de traitement, donc $\tau(n,p) = \tau(n,1)/p$. Cependant, le surcoût lié au parallélisme reste présent. On obtient donc l'optimale suivante $\tau(n,p) = v(n) + \phi(n)/p + \kappa(n,p)$.

L'accélération optimale n'est cependant jamais atteinte car les tâches ne sont pas distribuées équitablement entre les processus, ces derniers doivent gérer d'autres tâches système et le nombre d'interactions entre les tâches augmente. L'accélération est donc majorée par :

$$\sigma(n,p) \leq \frac{v(n) + \tau_0(n)}{v(n) + \phi(n)/p + \kappa(n,p)} \tag{4.4}$$

En faisant croître p, le temps consacré au calcul diminue linéairement. Cependant, dans toutes les approches parallèles, il existe un seuil à partir duquel la croissance de $\kappa(n,p)$ devient super-linéaire, ce qui fait tendre l'accélération vers 0 et rend inefficace tout ajout de processeur complémentaire à la plateforme parallèle. L'étude expérimentale de $\phi(n,p)$ permet donc de définir une stratégie de déploiement, voire d'investissement, dans les plateformes parallèles.

Efficacité

La seconde métrique d'intérêt pour le calcul haute performance est l'efficacité. Il s'agit de mesurer le pourcentage moyen de temps d'un algorithme passé à réellement résoudre le problème. L'efficacité s'écrit :

$$\epsilon(n,p) = \frac{\sigma(n,p)}{p} \tag{4.5}$$

Dans le cas idéal, $\epsilon(n,p) = 1$.

4.3.2   Passage à l'échelle des systèmes parallèles

Loi d'Amdahl

Cette loi, proposée par Amdahl en 1972, suggère qu'il existe une limite à l'accélération atteignable par le parallélisme. Si on appelle f la fraction non parallélisable d'un algorithme, la loi s'écrit :

$$\sigma(n,p) \leq \frac{1}{f + \dfrac{1-f}{p}} \tag{4.6}$$

Ainsi, lorsque l'on fait tendre p vers $+\infty$, l'accélération tend vers $1/f$, ce qui signifie que, pour une taille de problème donnée, la partie séquentielle

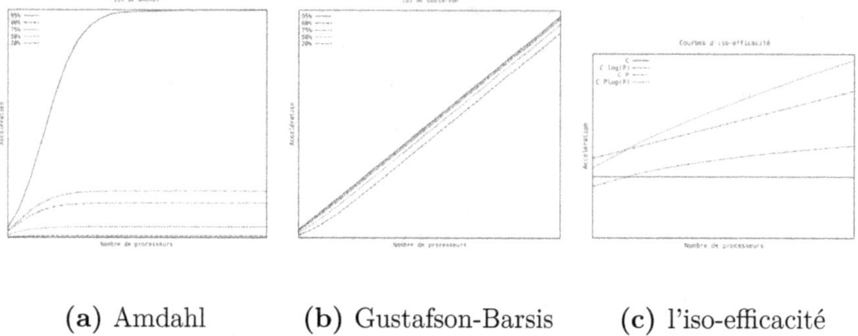

(a) Amdahl **(b)** Gustafson-Barsis **(c)** l'iso-efficacité

Figure 4.4 - Évolution de l'accélération pour différentes lois

est irréductible et que l'accélération est bornée par l'inverse de la partie séquentielle. Cependant, cette loi ne prend pas en compte la partie κ de l'équation 4.4. Le comportement de la loi d'Amdahl est illustré sur la figure 4.4.

Loi de Gustafson-Barsis

Dans la loi de Amdahl, la taille du problème à résoudre reste constante lorsque l'on augmente le nombre de processeurs. Étant donné, d'une part, la limite de l'accélération exprimée par cette loi et, d'autre part, l'augmentation du nombre d'unités de traitement, Gustafson et Barsis ont proposé d'étudier l'accélération lorsque la taille du problème et le nombre de processeurs croissent conjointement.

Soit s la fraction de temps prise par un programme parallèle pour résoudre la portion séquentielle. Si on ne prend pas en compte le facteur κ dans l'équation 4.4, on a :

$$s = \frac{v(n)}{v(n) + \phi(n, p)}$$

On définit l'accélération normalisée $\sigma_n(n, p)$ par le ratio entre le temps hypothétique pris pour résoudre le problème en séquentiel et le temps de résolution effectif. On obtient ainsi la loi de Gustafson-Barsis :

$$\sigma_n(n, p) = p + (1 - p)s \tag{4.7}$$

Une représentation est proposée sur la figure 4.4.

Métrique de Karp-Flatt

Les lois d'Amdahl et de Gustafson-Barsis ne prennent pas en compte le surcoût lié au parallélisme $\kappa(n, p)$. La métrique développée par Karp et Flatt propose de mesurer expérimentalement l'accélération du programme parallèle afin de donner la fraction séquentielle réelle. La métrique s'écrit :

$$f_s = \frac{\dfrac{\tau(n, 1)}{\tau(n, p)} - \dfrac{1}{p}}{1 - \dfrac{1}{p}} \tag{4.8}$$

Cette métrique permet de déterminer si, pour une machine donnée, le surcoût lié au parallélisme dans l'implémentation est dominant.

4.3.3 Effet de la granularité

Le degré de parallélisme est lié à la granularité de la décomposition. Si le problème permet un parallélisme des données à la granularité de la décomposition, il devient possible d'utiliser des plateformes parallèles hiérarchiques de type supercalculateurs.

L'analyse de l'efficacité doit être réalisée pour chaque niveau de la hiérarchie parallèle. Pour cela, on remplace le temps séquentiel présenté dans la relation (4.3) par le temps d'exécution au niveau précédent. On note $\tau_d(n_d, p_d)$ le temps d'exécution du programme parallèle au niveau d de la hiérarchie. On obtient ainsi :

$$\tau_d(n_d, p_d) = v_{d-1}(n_{d-1}, p_{d-1}) + \phi(n_d, p_d) + \kappa(n_d, p_d)$$

En développant cette expression pour l'ensemble des niveaux de la hiérarchie, on obtient la décomposition temporelle :

$$\tau_d(n_d, p_d) = \sum_{k=1}^{d} \phi(n_k, p_k) + \kappa(n_k, p_k) \tag{4.9}$$

L'équation 4.9 permet de mesurer l'impact du parallélisme implicite lié au matériel et aux optimisations du système et également d'identifier pour quels niveaux il est pertinent de modifier les approches parallèles ou d'augmenter le nombre d'unités de traitement.

4.3.4   Notion d'iso-efficacité

La notion d'efficacité n'a en fait de sens que lorsque l'on étudie le couple plateforme et programme parallèle. C'est ce que l'on appelle le système parallèle. L'une des métriques servant à quantifier les performances d'un système parallèle est la scalabilité. Elle traduit la capacité à conserver son efficacité lorsque le nombre d'unités de traitement et la taille du problème augmentent dans les mêmes proportions.

La scalabilité d'un système est déterminée à l'aide de la relation d'iso-efficacité (Grama *et al.* (1993)). On note $\tau_0(n,p)$ le temps nécessaire à l'ensemble des unités de traitement pour réaliser la partie parallèle du programme, c'est-à-dire incluant le surcoût lié au parallélisme.

En repartant de l'équation 4.5 et en remplaçant $p\tau(n,p)$ par $\tau(n,1) + \tau_0(n,p)$ on obtient :

$$\epsilon(n,p) = \frac{\tau(n,1)}{\tau_0(n,p) + \tau(n,1)}$$

Cette équation permet d'exprimer le temps d'exécution en parallèle sur 1 processeur en fonction de l'efficacité, c'est-à-dire la fonction d'iso-efficacité :

$$\tau(n,1) = \frac{\epsilon(n,p)}{1 - \epsilon(n,p)}\tau_0(n,p) = C\tau_0(n,p) \qquad (4.10)$$

En supposant C constant, la relation d'iso-efficacité $\tau(n,1) \geq C\tau_0(n,p)$ permet de déterminer quelles sont les limites à la scalabilité d'un système. $\tau_0(n,p)$ mesure le surcoût lié au parallélisme. Pour conserver un système parallèle à efficacité constante, il est donc nécessaire de choisir un nombre de processeurs qui augmente à la même vitesse que $(\tau_0(n,p) - \tau(n,1))/p$. Si la croissance de cette fonction est linéaire, alors le problème sera dit scalable. Dans le cas contraire, il n'est pas nécessaire d'augmenter le nombre d'unités de traitement. Une comparaison de l'accélération obtenue pour différentes lois de coût est proposée sur la figure 4.4.

4.4   Conclusion

Dans ce chapitre, nous avons expliqué les principaux éléments permettant de comprendre la construction de systèmes parallèles. Nous avons dans un premier temps présenté des éléments permettant de distinguer les différents niveaux de parallélisme présents dans une architecture moderne. Ensuite, nous avons exposé une méthodologie de construction d'approche parallèle qui se fait en quatre phases. Enfin, nous avons proposé des métriques pour estimer les performances d'une plateforme parallèle.

Chapitre 5

Optimisation pour l'analyse de données

L'optimisation est une discipline des mathématiques appliquées qui se retrouve au cœur des méthodes numériques pour l'analyse de données. Par exemple, en apprentissage statistique, des algorithmes d'optimisation exploitent de grands volumes de données pour calculer les paramètres des modèles utilisés ensuite pour prédire, classifier ou décider.

Objectifs de ce chapitre

Ce chapitre présente une vue d'ensemble de l'optimisation mathématique dans le contexte des applications en science des données. L'optimisation a plusieurs aspects : la formulation des problèmes eux-mêmes, la conception d'algorithmes pour les résoudre, l'étude de leurs propriétés théoriques et leur mise en œuvre pratique. Chacun de ces points fait l'objet de livres entiers et de nombreux articles de recherche ; ici, nous n'allons qu'effleurer ces questions, dans la perspective de l'analyse de données. Nous allons insister sur la structure particulière des problèmes d'optimisation apparaissant en recommandation, classification et régression, et impliquant des données de grande taille, éventuellement stockées sur différentes machines. Nous rappellerons les méthodes de base de l'optimisation et les idées qui permettent aux algorithmes de passer à l'échelle. Ce chapitre est écrit à destination d'étudiants suivant un master [1] à coloration « science des données » et aux étudiants en thèse souhaitant une introduction à l'optimisation dans ce cadre particulier.

Trois aspects de l'optimisation en science des données

Comment l'optimisation apparaît-elle en analyse des données ? Quelles sont les méthodes pour résoudre les problèmes d'optimisation de grande taille ? Ce chapitre apporte ainsi des éléments de réponse, en insistant sur trois aspects complémentaires, particulièrement intéressants dans un contexte de méga-données :

- les algorithmes du premier ordre qui réalisent un bon compromis entre simplicité et efficacité ;

- les algorithmes aléatoires qui traitent des sous-parties des données ;

- le calcul parallèle et distribué, pour lequel les méthodes de premier ordre sont bien adaptées.

5.1   Apprentissage et optimisation

La chaîne de traitement des données se résume en trois grandes étapes : observer le monde (collecter des données), proposer des modèles (conception et apprentissage), tester sur de nouvelles données (estimer l'erreur). La phase d'apprentissage consiste à chercher les paramètres d'un modèle stochastique expliquant *au mieux* les données et c'est ici qu'apparaît l'optimisation, lors du calcul des paramètres optimaux. Nous illustrons ceci dans le contexte général de l'apprentissage supervisé ; l'apprentissage non supervisé ou semi-supervisé (ou même d'autres techniques d'apprentissage) amène de la même manière à des problèmes d'optimisation.

Notations, définitions

Commençons par définir quelques termes et notations. Dans ce chapitre, la variable d'optimisation est un vecteur de taille d qui sera noté $\boldsymbol{\omega} \in \mathbb{R}^d$,

---

1. Les pré-requis sont uniquement des notions de niveau bac+3 en mathématiques et informatique. Nous manipulons des objets basiques en mathématiques (matrices, fonctions, gradients), les notions basiques des probabilités et statistiques (espérance, variance, moyenne empirique) et des concepts algorithmiques simples (itération, coût de calcul, critère d'arrêt).

en cohérence avec le reste du livre [2]. On note le produit scalaire canonique de l'espace $\mathbb{R}^d$ (somme des produits terme à terme de deux vecteurs) :

$$\langle \boldsymbol{\omega}, \mathbf{v} \rangle = \sum_{j=1}^{d} \omega_j v_j \qquad \text{pour } \boldsymbol{\omega} \in \mathbb{R}^d \text{ et } \mathbf{v} \in \mathbb{R}^d$$

Dans ce chapitre, on utilise deux normes dans $\mathbb{R}^d$: la norme ℓ_2 (la norme euclidienne associée au produit scalaire) et la norme ℓ_1, définies respectivement par :

$$\|\boldsymbol{\omega}\|_2 = \sqrt{\langle \boldsymbol{\omega}, \boldsymbol{\omega} \rangle} = \left(\sum_{j=1}^{d} \omega_j{}^2 \right)^{\frac{1}{2}} \qquad \text{et} \qquad \|\boldsymbol{\omega}\|_1 = \sum_{j=1}^{d} |\omega_j| \qquad \text{pour } \boldsymbol{\omega} \in \mathbb{R}^d$$

Pour les problèmes d'optimisation qui font plus particulièrement l'objet de la section 5.2, nous utilisons la terminologie suivante.

On considère une fonction $f : \mathbb{R}^d \to \mathbb{R}$, qu'on appelle *fonction-objectif* ou *critère*, et un ensemble $C \subset \mathbb{R}^d$, qu'on appelle *ensemble des contraintes* ou *ensemble réalisable*. Le problème est alors de trouver la valeur optimale $f_\star \in \mathbb{R}$ et une solution optimale $\boldsymbol{\omega}_\star \in C$ telles que :

$$f_\star = f(\boldsymbol{\omega}_\star) \ \leq \ f(\boldsymbol{\omega}) \qquad \text{pour tout } \boldsymbol{\omega} \in C$$

Ceci s'écrit formellement sous la forme :

$$\min_{\boldsymbol{\omega} \in C} \ f(\boldsymbol{\omega}) \tag{5.1}$$

Contexte d'apprentissage supervisé

Plaçons-nous dans un cadre standard d'apprentissage supervisé. Après une phase préliminaire de collecte, stockage et nettoyage des données, nous disposons d'un ensemble de données d'entraînement constitué de n observations sous forme de couples $(\mathbf{x}_i, y_i)$ avec un vecteur de *caractéristique* $\mathbf{x}_i \in \mathbb{R}^m$ et un *attribut* $y_i \in \mathbb{R}$ (appelé aussi *étiquette*, *score* ou *label*). Pour fixer les idées, on peut penser que $\mathbf{x}_i$ représente les réponses d'un

---

2. Dans les livres et les articles d'optimisation, il est coutume de noter la variable $\mathbf{x}$; en statistique, c'est plutôt β. Dans ce livre et ce chapitre en particulier, nous suivons la notation standard en apprentissage : la variable du problème d'optimisation, correspondant au paramètre du modèle d'apprentissage, est souvent notée $\boldsymbol{\omega} \in \mathbb{R}^d$.

étudiant à un questionnaire sur sa vie personnelle et y_i représente sa note à l'examen final (ainsi $y_i \in [0, 20]$) ou alors l'information qu'il valide ou non son année (dans ce cas, y_i est binaire). Nous souhaitons alors utiliser ces données pour *prédire* l'étiquette associée à une nouvelle donnée de caractéristique a. Dans l'exemple des notes des étudiants, on voudrait avoir, à partir de celles des étudiants de l'année précédente, une prédiction des notes finales des nouveaux étudiants. En général, le problème de prédiction s'appelle *régression* dans le cas où $y_i \in \mathbb{R}$ et *classification* dans le cas où les y_i prennent un nombre fini de valeurs (par exemple, classification binaire si $y_i \in \{-1, 1\}$).

En apprentissage supervisé, cette prédiction se fait par un modèle statistique calibré sur les données d'entraînement. On choisit généralement un modèle avec une forme fixée dépendante d'un vecteur de paramètres que l'on note $\boldsymbol{\omega} \in \mathbb{R}^d$. Une fonction de prédiction générale est ainsi une fonction $h(\cdot, \boldsymbol{\omega})$ paramétrée par $\boldsymbol{\omega}$ qui propose une prédiction $b = h(\mathbf{x}, \boldsymbol{\omega}) \in \mathbb{R}$ pour une nouvelle donnée $\mathbf{x}$. Voici deux exemples fondamentaux de fonctions de prédiction :

- Prédiction linéaire : $h(\mathbf{x}, \boldsymbol{\omega}) = \langle \mathbf{x}, \boldsymbol{\omega} \rangle$ dans le cas le plus simple (ou $h(\mathbf{x}, \boldsymbol{\omega}) = \langle \phi(\mathbf{x}), \boldsymbol{\omega} \rangle$ dans le cas d'un espace d'attributs transformés pour introduire de la non-linéarité) ;

- Prédiction (hautement) non linéaire par réseaux de neurones artificiels : $h(\mathbf{x}, \boldsymbol{\omega}) = \langle \boldsymbol{\omega}_m, \sigma(\langle \boldsymbol{\omega}_{m-1}, \cdots \sigma(\langle \boldsymbol{\omega}_1, \mathbf{x} \rangle) \rangle) \rangle$ où la prédiction est calculée en appliquant une succession de compositions de combinaisons linéaires et d'une fonction d'activation non linéaire (comme la fonction sigmoïde $\sigma(z) = 1/(1 + \exp(-z))$ ou la fonction ReLU $\sigma(z) = \max\{0, z\}$).

Apprendre, c'est optimiser

La phase d'apprentissage consiste à calculer le paramètre $\boldsymbol{\omega} \in \mathbb{R}^d$ du modèle qui explique *au mieux* les données disponibles. Cela signifie que la prédiction doit *être proche* des vraies étiquettes sur les données connues :

$$h(\mathbf{x}_i, \boldsymbol{\omega}) \simeq y_i \qquad \text{pour } (\mathbf{x}_i, y_i) \text{ données d'entraînement} \qquad (5.2)$$

et aussi pouvoir bien se généraliser pour des données inconnues. On mesure la différence (5.2) entre la prédiction et l'étiquette avec une fonction, appelée *fonction perte*, $\ell \colon \mathbb{R} \times \mathbb{R} \to \mathbb{R}$, dont la plus simple et connue est la perte des moindres carrés $\ell(y, z) = \frac{1}{2}(y - z)^2$. D'autres fonctions pertes sont très utilisées aussi, comme $\ell(y, z) = |y - z|$ en régression robuste, $\ell(y, z) = \log(1 + \exp(-y\,z))$ en régression logistique, ou $\ell(y, z) = \max\{0, 1 - y\,z)$ en classification. Il est naturel de s'intéresser alors au paramètre qui réalise le moins d'erreurs (5.2) au sens de la mesure choisie ℓ, c'est-à-dire $\boldsymbol{\omega} \in \mathbb{R}^d$ solution du problème d'optimisation :

$$\min_{\boldsymbol{\omega} \in \mathbb{R}^d} \quad \frac{1}{n} \sum_{i=1}^{n} \ell\big(y_i, h(\mathbf{x}_i, \boldsymbol{\omega})\big) \tag{5.3}$$

Point de vue statistique et conséquences pratiques

Le problème (5.3) admet une interprétation statistique dans le cas où les données sont des réalisations d'une variable aléatoire. En effet, si on suppose que les données $(\mathbf{x}_i, y_i)$ sont un échantillon des observations indépendantes et identiquement distribuées d'un vecteur aléatoire $(\mathbf{x}, y) \in \mathbb{R}^{d+1}$, le problème d'optimisation sous-jacent consiste en la minimisation de l'espérance de l'erreur, qui s'écrit :

$$\min_{\boldsymbol{\omega} \in \mathbb{R}^d} \quad \mathbb{E}\left[\ell\big(y, h(\mathbf{x}, \boldsymbol{\omega})\big)\right] \tag{5.4}$$

où l'espérance est prise sur la distribution de $(\mathbf{x}, y)$. La perte peut aussi être une estimation de maximum de vraisemblance pour une distribution paramétrée par $\boldsymbol{\omega}$. La fonction-objectif (5.3) s'interprète alors simplement comme l'estimateur empirique de l'espérance de l'erreur (5.4). En théorie, par la loi des grands nombres, l'espérance empirique va converger en loi vers l'espérance lorsque le nombre de données grandit. En pratique néanmoins, les données sont en nombre fini et l'hypothèse d'indépendance sous-jacente est discutable : nous travaillons donc directement sur l'espérance empirique (5.3) plutôt que de considérer (5.4).

Il faut retenir de cette interprétation statistique que, dans une situation idéale, la minimisation de (5.3) n'est pas une fin en soit car elle néglige l'erreur statistique (la différence entre les valeurs optimales de (5.3) et (5.4)). Il faut en fait avoir des mécanismes de contrôle de *l'erreur totale*, qui est la somme des deux erreurs : l'erreur d'optimisation (la différence entre la solution optimale (5.3) et l'itéré courant d'un algorithme d'optimisation) et l'erreur statistique. Cette remarque incite tout d'abord à ne pas minimiser l'erreur d'optimisation trop fortement au risque de détériorer l'erreur statistique ; cela justifie alors de choisir des algorithmes, comme ceux de la section 5.2.3, obtenant rapidement des solutions de précision moyenne. Cette remarque amène aussi à l'introduction d'un terme de régularisation dans le problème d'optimisation, comme présenté ci-après.

Minimisation du risque empirique régularisé

Plutôt que de considérer directement (5.3), il est préférable d'ajouter dans l'objectif une fonction de régularisation $r \colon \mathbb{R}^d \to \mathbb{R}$ pondérée par un paramètre $\lambda > 0$, ce qui amène au problème d'optimisation :

$$\min_{\boldsymbol{\omega} \in \mathbb{R}^d} \quad f(x) \; = \; \frac{1}{n} \sum_{i=1}^{n} \ell(y_i, h(\mathbf{x}_i, \boldsymbol{\omega})) \; + \; \lambda\, r(\boldsymbol{\omega}) \tag{5.5}$$

Par exemple, dans le cas d'un modèle linéaire $h(\mathbf{x}, \boldsymbol{\omega}) = \langle \mathbf{x}, \boldsymbol{\omega} \rangle$, d'une perte par moindres carrés et d'une régularisation par norme 2 (appelée aussi régularisation de Tikhonov), l'apprentissage revient au problème :

$$\min_{\boldsymbol{\omega} \in \mathbb{R}^d} \quad \frac{1}{n} \sum_{i=1}^{n} \frac{1}{2} (y_i - \langle \mathbf{x}_i, \boldsymbol{\omega} \rangle)^2 + \frac{\lambda}{2} \|\boldsymbol{\omega}\|_2^2 \; = \; \frac{1}{2n} \|X\boldsymbol{\omega} - \mathbf{y}\|_2^2 + \frac{\lambda}{2} \|\boldsymbol{\omega}\|_2^2 \tag{5.6}$$

où on rassemble toutes les données dans la matrice $X \in \mathbb{R}^{n \times d}$ dont les lignes sont les $\mathbf{x}_i^\top$ et le vecteur $\mathbf{y} \in \mathbb{R}^n$ des y_i. Insistons sur le fait que le paramètre de régularisation $\lambda > 0$ est un paramètre du *problème d'optimisation*, mais pas un paramètre du *modèle d'apprentissage* comme $\boldsymbol{\omega} \in \mathbb{R}^d$.

On remarque les deux choix extrêmes : avec λ proche de 0, on souhaite coller aux données d'entraînement, alors qu'à l'inverse, λ très grand permet de diminuer l'importance des données. Entre ces deux choix, la présence de la régularisation r a plusieurs intérêts :

- apprendre de manière plus raisonnée : éviter le surapprentissage sur les données connues pour mieux généraliser aux nouvelles données ;
- promouvoir une structure particulière sur le paramètre d'apprentissage, par exemple de la parcimonie avec $r(\omega) = \|\omega\|_1$;
- améliorer la résolution numérique du problème d'optimisation, par exemple en améliorant le conditionnement avec la norme $r(\omega) = \|\omega\|_2^2$ (voir section 5.2.3).

Différentiabilité et gradient

Terminons cette formalisation des problèmes d'optimisation en apprentissage par une remarque importante en vue de la résolution numérique.

Certaines modélisations sous la forme (5.5) considèrent un modèle h, une perte ℓ et une régularisation r, tous trois différentiables, ce qui implique que la fonction objectif f est différentiable aussi. Souvent, le gradient $\nabla f(x)$ est de plus *facilement calculable*, ce qui signifie que l'on dispose d'une expression explicite simple du gradient, ou d'un algorithme efficace de calcul de dérivées itératives (appelée « différentiation automatique » en optimisation ou « propagation inverse » en apprentissage). Par exemple, la fonction objective du problème de régression ridge (5.6) est différentiable et on a :

$$\nabla f(\boldsymbol{\omega}) = \left(\frac{1}{n} X^\top X + \lambda \mathbf{I}\right) \boldsymbol{\omega} - \frac{1}{n} X^\top \mathbf{y} \tag{5.7}$$

Cependant les fonctions objectives des problèmes d'apprentissage ne sont pas toujours différentiables : en fonction de la nature des données, la modélisation peut privilégier des pertes non différentiables ou des régularisations non différentiables ; donnons deux exemples classiques :

- la classification par « SVM » (support vector machines) dont la perte admet une cassure à cause du max :

$$\min_{\boldsymbol{\omega} \in \mathbb{R}^d} \quad \frac{1}{n} \sum_{i=1}^{n} \max\{0, 1 - y_i \mathbf{x}_i^\top \boldsymbol{\omega}\} \;+\; \frac{\lambda}{2} \|\boldsymbol{\omega}\|_2^2 \tag{5.8}$$

- la régression « lasso » utilisant la norme $\|\cdot\|_1$ pour induire des solutions optimales parcimonieuses (c'est-à-dire avec beaucoup de $\boldsymbol{\omega}_i = 0$), mais qui est justement non différentiable partout :

$$\min_{\boldsymbol{\omega} \in \mathbb{R}^d} \quad \frac{1}{2n} \|X\boldsymbol{\omega} - \mathbf{y}\|_2^2 \;+\; \lambda \|\boldsymbol{\omega}\|_1 \tag{5.9}$$

Bilan sur les problèmes d'optimisation en science des données

Les problèmes d'optimisation en science des données sont typiquement de la forme :

$$\min_{\boldsymbol{\omega} \in \mathbb{R}^d} \quad \frac{1}{n} \sum_{i=1}^{n} f_i(\boldsymbol{\omega}) + r(\boldsymbol{\omega}) \tag{5.10}$$

La minimisation se fait sur $\boldsymbol{\omega}$, le paramètre du modèle que l'on souhaite calculer ; la fonction de régularisation $r : \mathbb{R}^d \to \mathbb{R}$ permet de « mieux » apprendre ; les fonctions $f_i : \mathbb{R}^d \to \mathbb{R}$ mesurent la qualité de prédiction associée à $\boldsymbol{\omega}$ sur un bloc de données. C'est ce que nous venons de voir, dans un cadre d'apprentissage supervisé, avec la minimisation du risque empirique régularisé (5.5). La résolution de ces problèmes d'optimisation forme la motivation et le cœur de ce chapitre.

En général, la difficulté particulière des problèmes d'optimisation issus de l'analyse de données ne vient pas de la formulation (5.10) en elle-même, mais de la grande taille : grands volumes de données (n grand, *big data*) et/ou grande complexité des modèles (d grand ou h complexe, *big models*). Ainsi la résolution de (5.10) avec n et d fait l'objet des sections suivantes : nous allons tout d'abord revoir, dans la section 5.2, les idées de base de l'optimisation, puis étudier, dans la section 5.3, comment elles s'adaptent pour minimiser de grandes sommes finies comme (5.10).

5.2 Introduction à l'optimisation

Cette section donne une vue globale sur les fondamentaux de l'optimisation. La présentation insiste sur les idées en cachant sous le tapis les détails mathématiques et algorithmiques ; l'objectif est uniquement de donner des éléments pour mieux comprendre les méthodes utilisées dans l'analyse des données. Un lecteur ayant déjà suivi un cours d'optimisation peut aisément sauter cette section.

5.2.1 Problèmes d'optimisation

Au-delà de son rôle en analyse de données, l'optimisation apparaît dans de nombreuses disciplines scientifiques et dans les sciences de l'ingénieur au sens large (industrie, informatique, services). Insistons cependant sur le fait que les problèmes apparaissent rarement déjà formalisés : une étape de modélisation est primordiale, notamment en analyse de données, comme illustré à la section précédente. Dans cette section, nous nous plaçons après cette étape de modélisation et nous considérons un problème d'optimisation, sous la forme générale (5.1). Commençons par rappeler quelques idées à garder à l'esprit.

Résoudre un problème d'optimisation

Il est extrêmement rare que l'on puisse trouver une expression explicite des solutions optimales $f_\star$ et $\omega_\star$. Dans quelques cas très simples, on peut tout de même en obtenir en résolvant explicitement des équations satisfaites par ces solutions. On les appelle les *conditions d'optimalité*, qui sont, dans le cas particulier de f différentiable sans contrainte :

$$\boldsymbol{\omega} \text{ est un minimum (local) de } f \text{ différentiable} \implies \nabla f(\boldsymbol{\omega}) = 0 \quad (5.11)$$

En utilisant cette propriété, on montre par exemple que la solution optimale de (5.6) est :

$$\boldsymbol{\omega}_\star = -(X^\top X + \lambda \mathbf{I})^{-1} X^\top \mathbf{y}$$

et peut ainsi se calculer par la résolution du système linéaire.

Dans la plupart des cas, on approche donc numériquement $f_\star$ et $\boldsymbol{\omega}_\star$ par un algorithme itératif (voir section 5.2.3). On cherche ainsi une solution approchée à une précision ε ; cela signifie que l'on cherche $\bar{\boldsymbol{\omega}} \in C$ telle que $\|\bar{\boldsymbol{\omega}} - \boldsymbol{\omega}_\star\| \leq \varepsilon$, ou $f(\bar{\boldsymbol{\omega}}) - f_\star \leq \varepsilon$, ou bien que les conditions d'optimalité sont vérifiées à ε près (par exemple, $\|\nabla f(\bar{\boldsymbol{\omega}})\| \leq \varepsilon$ dans le cas sans contraintes). Notons que, en appentissage, avoir une précision ε très petite ne fait aucun sens, d'après les discussions de la section précédente.

Dernière généralité à ne pas oublier : il est très difficile, voire impossible, de résoudre – même approximativement – le problème général (5.1) avec f et C quelconque. Il est essentiel de disposer de structures mathématiques pour envisager de résoudre les problèmes associés. Dans notre cas, deux propriétés importantes sont les propriétés de différentiabilité et de convexité, que nous allons revoir rapidement à la section suivante.

En théorie

L'optimisation est une discipline des mathématiques appliquées qui étudie les algorithmes calculant des solutions approchées au problème (5.1). On cherche à établir des garanties de convergence et des garanties d'efficacité numérique, ainsi que des garanties statistiques sur la solution obtenue. Cet aspect théorique n'est pas développé ici. Nous ne faisons que mentionner, en section 5.2.3, quelques résultats sur l'analyse de convergence des algorithmes, qui est une question centrale : il s'agit de montrer la convergence vers une solution optimale et aussi la vitesse de cette convergence, afin d'avoir des estimations de la complexité théorique des algorithmes dans certaines situations particulières.

En pratique

Il existe de nombreux algorithmes et des logiciels spécialisés pour certaines classes de problèmes d'optimisation. Il existe aussi des logiciels « modeleurs » qui font une interface entre les utilisateurs et les logiciels d'optimisation, permettant leur utilisation même par les non-experts. Par exemple, en science des données, la bibliothèque `scikit-learn` (en Python) rassemble des méthodes pour l'apprentissage utilisant un format unique qui permet de les utiliser avec une connaissance limitée des algorithmes d'optimisation sous-jacents. En général, il faut absolument se servir de ces algorithmes et de ces logiciels généralistes lors de la modélisation et pour résoudre les problèmes pour lesquels la performance numérique n'est pas la priorité. Pour les problèmes de grande taille ou dans un cadre exigeant, il est par contre fondamental de développer des algorithmes spécifiques exploitant la structure des problèmes visés. Dans tous les cas, il est utile de connaître les idées de base de l'optimisation, pour interpréter les sorties des logiciels ou régler les paramètres des algorithmes. C'est l'objectif de ce chapitre de présenter ces idées de base dans un cadre d'analyse de données.

5.2.2 Analyse convexe pour impatients

Les problèmes d'optimisation convexe forment une classe de problèmes que l'on peut bien étudier et résoudre, en théorie et en pratique. De plus, les méthodes pour le cas non convexe sont souvent des extensions de méthodes convexes ou utilisent des sous-problèmes convexes. Nous présentons ici, de manière aussi légère que possible, le minimum d'analyse convexe pour comprendre les algorithmes et les modèles en science des données.

Convexité et différentiabilité

Une fonction $f \colon \mathbb{R}^d \to \mathbb{R}$ est dite convexe si elle vérifie pour tous $\boldsymbol{\omega}$ et $\mathbf{v}$:

$$f(\alpha\boldsymbol{\omega} + (1 - \alpha)\mathbf{v}) \leq \alpha f(\boldsymbol{\omega}) + (1 - \alpha)f(\mathbf{v}) \qquad \text{pour tout } \alpha \in [0, 1]$$

Cette inégalité signifie géométriquement que le graphe de f est en-dessous du segment rejoignant $(\boldsymbol{\omega}, f(\boldsymbol{\omega}))$ et $(\mathbf{v}, f(\mathbf{v}))$ dans $\mathbb{R}^d \times \mathbb{R}$, comme l'illustre la figure 5.1 avec $d = 1$. Par exemple, $f(\omega) = \exp(\omega)$ et $f(\omega) = \omega \log(\omega)$ (pour $\omega > 0$) sont des fonctions convexes d'une variable réelle, de même que les fonctions pertes $\ell(y, \cdot)$ vues à la section 5.1. Les fonctions affines et les normes (comme $\|\cdot\|_2$ et $\|\cdot\|_1$) sont convexes en toute dimension. On montre souvent qu'une fonction f est convexe sans revenir à la définition en justifiant que f est construite à partir de fonctions convexes de base et d'opérations qui préservent la convexité (voir exercice 5.1).

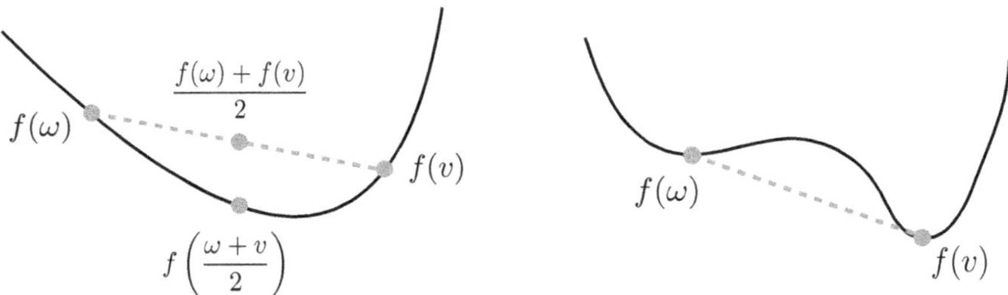

Figure 5.1 - Illustration de la convexité avec des fonctions de $\mathbb{R}$ dans $\mathbb{R}$. À gauche, une fonction convexe ; à droite, une fonction non convexe (dont on note qu'elle admet un minimum local en ω qui n'est pas un minimum).

La convexité entraîne des propriétés particulières sur les gradients (et les matrices hessiennes) des fonctions convexes différentiables[3]. Par exemple, une propriété caractéristique des fonctions convexes est la suivante (illustrée sur la figure 5.2) :

$$f(\boldsymbol{\omega}) + \langle \nabla f(\boldsymbol{\omega}), (\mathbf{v} - \boldsymbol{\omega}) \rangle \leq f(\mathbf{v}) \qquad \text{pour tous } \boldsymbol{\omega} \text{ et } \mathbf{v} \qquad (5.12)$$

Cette propriété implique, en particulier, qu'un minimum local ou même un point critique d'une fonction convexe est en fait un minimum global : on voit aisément que la propriété $\nabla f(\boldsymbol{\omega}) = 0$ implique que $\boldsymbol{\omega}$ est un minimum global de f. En termes mathématiques : la condition d'optimalité (5.11), toujours nécessaire, est aussi suffisante dans le cas convexe.

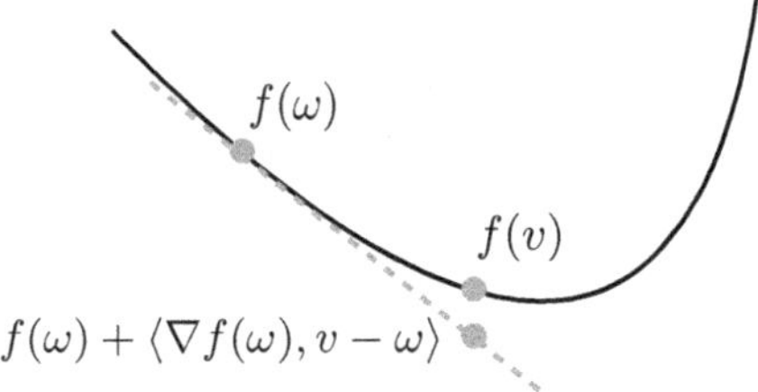

Figure 5.2 - Illustration de l'inégalité (5.12) pour une fonction convexe de $\mathbb{R}$ dans $\mathbb{R}$. Une fonction convexe est toujours au-dessus de ses tangentes.

---

3. Il existe toute une théorie qui étudie le cas des fonctions non différentiables, avec en particulier un objet qui explique le premier ordre des fonctions convexes (le sous-différentiel et les sous-gradients). Nous ne parlons pas de ces notions ici.

Convexité forte et différentiabilité forte

Certaines fonctions convexes ont des propriétés supplémentaires utiles pour l'optimisation. Parmi ces dernières, la convexité forte mérite une attention particulière, car elle garantit l'existence et l'unicité d'une solution optimale, ainsi que de meilleures propriétés des algorithmes.

On dit qu'une fonction est fortement convexe si « elle reste convexe quand on lui enlève un peu de convexité quadratique » ; plus précisément, f est fortement convexe (de module $\mu > 0$) si la fonction $\boldsymbol{\omega} \mapsto f(\boldsymbol{\omega}) - \mu \|\boldsymbol{\omega}\|_2^2$ est convexe. On démontre alors aisément qu'une fonction fortement convexe admet un unique minimum. Il est fréquent en analyse de données que les problèmes d'optimisation soient construits pour être en fait fortement convexes, en choisissant lors de la modélisation d'ajouter d'une régularisation par la norme ℓ_2. C'est par exemple le cas pour les moindres carrés avec régularisation ℓ_2 de (5.6) où la fonction est fortement convexe de module $\mu = \lambda$. Notons aussi qu'une fonction non différentiable peut aussi être fortement convexe, par exemple $R(\boldsymbol{\omega}) = \|\boldsymbol{\omega}\|_1 + \frac{\mu}{2}\|\boldsymbol{\omega}\|_2^2$ appelée parfois la régularisation « elastic-net ».

Une autre propriété très utile en optimisation est la différentiabilité forte de l'objectif, qui correspond intuitivement à ce que la fonction ne puisse pas « changer de forme trop rapidement ». Plus précisément, on dit que f est L-fortement différentiable (ou L-lisse) si elle est de classe C^1 avec un gradient Lipschitz de constante $L > 0$, c'est-à-dire :

$$\|\nabla f(\boldsymbol{\omega}) - \nabla f(\mathbf{v})\|_2 \leq L \|\boldsymbol{\omega} - \mathbf{v}\|_2 \qquad \text{pour tous } \boldsymbol{\omega} \text{ et } \mathbf{v} \text{ dans } \mathbb{R}^d$$

Par exemple, on montre aisément que la fonction-objectif de (5.6) est fortement différentiable avec une constante L inférieure à la somme de λ et de la plus grande valeur propre de la matrice $X^\top X$. Notons que l'impact de ces deux notions [4] de convexité/différentiabilité forte porte sur les résultats mathématiques et aussi sur le comportement des algorithmes, comme nous allons le voir dans la section suivante.

---

4. Mentionnons que les deux notions de convexité forte et différentiabilité forte sont reliées par une jolie *dualité*. Nous disposons en effet du résultat suivant :

$$f \text{ est } L\text{-fortement différentiable} \iff f^* \text{ est } 1/L\text{-fortement convexe}$$

mettant en jeu la fonction convexe conjuguée f^* définie comme le résultat du problème d'optimisation suivant (paramétré par $\mathbf{v}$) $f^*(\mathbf{v}) = \max_{\boldsymbol{\omega}} \langle \boldsymbol{\omega}, \mathbf{v} \rangle - f(\boldsymbol{\omega})$.

5.2.3 Algorithmes d'optimisation

Cette section donne une vue d'ensemble des méthodes du premier ordre en optimisation. Nous insistons sur la méthode de descente de gradient et ses généralisations pour les problèmes d'optimisation qui ont typiquement la forme suivante :

$$
\begin{cases}
\min \quad f(\boldsymbol{\omega}) + g(\boldsymbol{\omega}) \\
\quad \boldsymbol{\omega} \in \mathbb{R}^d
\end{cases}
\tag{5.13}
$$

où la fonction-objectif est une somme de deux fonctions de natures différentes, comme pour (5.5). La présentation des algorithmes se déroule en trois parties traitant tour à tour le cas d'une seule fonction f différentiable, puis d'une somme avec f différentiable et g qui ne l'est pas partout, et enfin d'une somme avec f et g fonctions non différentiables.

Fonction-objectif différentiable : algorithme du gradient

Commençons par le cas basique où $g = 0$ et f est différentiable. Géométriquement, le gradient $\nabla f(\boldsymbol{\omega})$ en un point $\boldsymbol{\omega}$ donne la direction de la plus forte pente locale autour de $\boldsymbol{\omega}$. Il est donc naturel de suivre cette direction pour essayer de diminuer la valeur f ; c'est ce que fait l'algorithme du gradient, dont l'itération s'écrit :

$$
\boldsymbol{\omega}_{k+1} = \boldsymbol{\omega}_k - \gamma_k \nabla f(\boldsymbol{\omega}_k)
\tag{5.14}
$$

Ici, k est le compteur de l'itération et γ_k est un pas de descente, choisi pour garantir la convergence de l'algorithme. Le choix de ce pas de descente (appelé *taux d'apprentissage* dans les applications en apprentissage) est fondamental pour l'efficacité de l'algorithme : pour des mauvais choix de pas, la méthode peut être extrêmement lente ou même ne pas converger (voir exercice 5.2). En pratique, le coût de cette iteration en termes de temps de calcul se réduit essentiellement au coût de calcul du gradient.

Cet algorithme est suffisamment simple pour admettre une analyse mathématique complète. En effet, il est possible d'analyser le nombre d'itérations nécessaires pour atteindre une solution approchée à ε près, pour toute fonction convexe f satisfaisant certaines hypothèses. Une hypothèse standard, vérifiée dans presque toutes les applications en analyse de données, est que la fonction objectif f soit fortement différentiable avec une constante L (parfois calculée a priori et souvent estimée au fil des itérations). Sous cette hypothèse, on peut alors démontrer que la convergence est de l'ordre de $1/k$ en pire cas ; plus précisément, pour toute fonction f L-fortement différentiable et tout point initial $\boldsymbol{\omega}_0$, l'algorithme du gradient (5.14) avec un pas constant $\gamma_k = 1/L$ produit à l'itération k un point $\boldsymbol{\omega}_k$ satisfaisant :

$$f(\boldsymbol{\omega}_k) - f_\star \leq \frac{2}{k} \|\boldsymbol{\omega}_0 - \boldsymbol{\omega}_\star\|_2^{\,2}$$

Si la distance de l'itéré initial $\boldsymbol{\omega}_0$ à une solution optimale $\boldsymbol{\omega}_\star$ (qui apparaît ci-dessus) peut être bornée par une constante D, on obtient alors la garantie d'avoir une solution approchée à ε près, en $2D/\varepsilon$ itérations (et ce, quelle que soit f).

Sans aucun réglage supplémentaire, cet algorithme s'avère même plus rapide si la fonction est de plus μ-fortement convexe : l'algorithme du gradient (toujours avec le même pas $\gamma_k = 1/L$) converge *de manière exponentielle* vers l'unique solution optimale :

$$\|\boldsymbol{\omega}_k - \boldsymbol{\omega}_\star\|_2^{\,2} \leq (1 - \mu/L)^k \|\boldsymbol{\omega}_0 - \boldsymbol{\omega}_\star\|_2^{\,2} \leq e^{-k\mu/L} \|\boldsymbol{\omega}_0 - \boldsymbol{\omega}_\star\|_2^{\,2} \qquad (5.15)$$

Ce résultat théorique révèle le ratio $\kappa = \mu/L \leq 1$ qui joue le rôle de *conditionnement* pour le problème de minimisation (d'une fonction μ-convexe et L-lisse), comme on le voit sur le dessin de la figure 5.3. Dans le cas d'une fonction de régression linéaire $f(\boldsymbol{\omega}) = \|X\boldsymbol{\omega} - \mathbf{y}\|_2^{\,2}$, on montre que κ correspond au ratio des valeurs propres extrêmes $\kappa = \lambda_{\min}(X^\top X)/\lambda_{\max}(X^\top X)$.

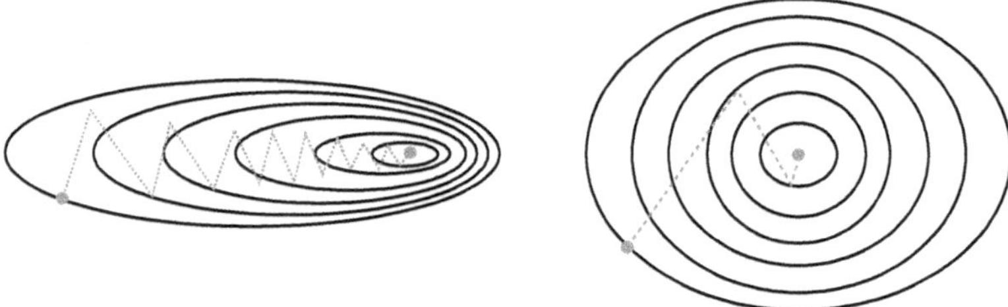

Figure 5.3 - Dessin des lignes de niveau de deux fonctions de $\mathbb{R}^2$ dans $\mathbb{R}$ avec les itérés de l'algorithme du gradient, illustrant la vitesse de convergence (5.15) et le rôle du conditionnement $\kappa = \mu/L$. Quand κ est grand (comme à droite), le problème est bien conditionné et l'algorithme converge vite ; plus le ratio est petit (comme à gauche), plus le problème est dur et plus l'algorithme patine.

Ingrédients de base et recettes avancées

L'algorithme de gradient est simple à comprendre et à coder. C'est en fait l'archétype des algorithmes d'optimisation, avec deux ingrédients essentiels : le pas de descente γ_k et la direction de descente donnée ici par le gradient. Chacun de ces deux ingrédients peut être amélioré :

- L'algorithme converge plus vite en choisissant des pas de descente particuliers pour une fonction ou une classe de fonctions. Par exemple, on peut améliorer la vitesse (5.15) dans le cas fortement convexe en choisissant un pas dépendant de la constante de convexité forte[5]. En général, c'est encore mieux en calculant des γ_k adaptatifs, spécifiques à une fonction et une itération particulière.

- D'autres directions de descente sont meilleures et permettent d'éviter l'effet de zig-zag que l'on voit sur la figure 5.3. L'idée est d'incorporer dans l'algorithme de l'information supplémentaire sur le second ordre de f, comme dans la méthode de gradient accéléré par inertie[6] ou la méthode de Newton.

En particulier, les méthodes de quasi-Newton (BFGS) à mémoire limitée, combinant les deux aspects (pas adaptatif et information supplémentaire), sont reconnues comme efficaces et sont utilisées depuis longtemps pour des problèmes avec données météorologiques. En général, les algorithmes du second ordre (comme des méthodes de type Newton), incorporant de l'information sur la courbure de la fonction, demandent moins d'itérations pour atteindre une bonne précision. En contrepartie, ils nécessitent souvent de connaître et de manipuler cette information supplémentaire (avec notamment des calculs plus coûteux à chaque itération), ce qui n'est rentable que si l'on exploite la structure particulière des problèmes d'opti-

---

5. En prenant un pas constant $\gamma_k = 2/(L+\mu)$ dépendant à la fois de L la constante de différentiabilité forte et de μ la constante de convexité forte, la vitesse exponentielle de l'algorithme du gradient peut être améliorée en :

$$\|\boldsymbol{\omega}_k - \boldsymbol{\omega}_\star\|_2^{\,2} \leq \Big(\frac{\kappa-1}{\kappa+1}\Big)^k \|\boldsymbol{\omega}_0 - \boldsymbol{\omega}_\star\|_2^{\,2} \leq \exp(-4k/(\kappa+1)))\|\boldsymbol{\omega}_0 - \boldsymbol{\omega}_\star\|_2^{\,2} \tag{5.16}$$

Le gain est simplement de remplacer κ par $(\kappa+1)/4$, ce qui n'est pas spectaculaire, mais permet de retrouver dans le cas particulier de f quadratique un résultat bien connu en analyse numérique matricielle.

6. Les méthodes d'accélération par inertie ou relaxation ont fait l'objet de nombreuses études récentes dans le cadre de l'analyse de données. Une jolie introduction est proposée sur le site web `https://distill.pub/2017/momentum/`.

misation en science des données (de grande taille et n'exigeant pas une précision fine).

Fonction-objectif composée : algorithme de gradient-proximal

Considérons maintenant le problème (5.13) où f est différentiable et g est une fonction convexe non différentiable simple. Dans ce cas, le gradient de la fonction-objectif n'existe plus partout et une application directe de l'algorithme du gradient (5.14) n'est pas possible (penser par exemple à la minimisation de la valeur absolue dans $\mathbb{R}$). Le fait que g soit « simple » permet de quand même définir un algorithme de premier ordre qui exploite le fait que l'objectif est une somme.

On dit que g est *prox-simple* si on peut aisément calculer (via une expression explicite peu coûteuse ou une sous-routine très efficace) la solution optimale du problème d'optimisation suivant, pour un point $\boldsymbol{\omega}$ fixé :

$$\min_{\mathbf{z}\in\mathbb{R}^d} \quad g(\mathbf{z}) + \frac{1}{2}\|\mathbf{z} - \boldsymbol{\omega}\|^2 \tag{5.17}$$

Les exemples en apprentissage de telle fonctions sont légions : régularisation par norme ℓ_1 (voir exercice 5.3), norme ℓ_1 par blocs, contraintes de type boîte... Observons sur (5.17) que le terme quadratique additionnel garantit qu'il existe une unique solution pour tout paramètre $\boldsymbol{\omega}$; cela permet de définir l'opérateur proximal de g noté $\mathrm{prox}_g \colon \mathbb{R}^d \to \mathbb{R}^d$ qui à $\boldsymbol{\omega}$ associe cette unique solution de (5.17).

L'algorithme du gradient-proximal consiste à faire un pas de gradient sur f suivi d'une correction par l'opérateur proximal associé à g, ce qui donne l'itération suivante :

$$\boldsymbol{\omega}_{k+1} = \mathrm{prox}_{\gamma_k\,g}(\boldsymbol{\omega}_k - \gamma_k\nabla f(\boldsymbol{\omega}_k)) \tag{5.18}$$

Notons que, pour $g = 0$, l'opérateur proximal est l'identité et on retombe sur l'algorithme du gradient discuté précédemment. Il se trouve que l'analyse de convergence de cet algorithme (ainsi que de ses extensions et accélérations) donne des résultats très similaires à ceux de l'algorithme du gradient rappelés juste avant.

Plaçons-nous finalement dans le cas général de (5.13) quand f et g sont toutes deux non différentiables et prox-simples. Comme l'opérateur proximal d'une somme n'est pas simple en général, nous devons reformuler le problème pour exploiter chaque opérateur proximal indépendamment. La manipulation consiste à ajouter une variable supplémentaire $z \in \mathbb{R}^d$ pour reformuler (5.13) comme :

$$\begin{cases} \min \quad f(\boldsymbol{\omega}) + g(\mathbf{v}) \\ \boldsymbol{\omega} = \mathbf{v} \end{cases}$$

Intuitivement, on peut alors faire une itération proximale sur chaque variable en ajoutant une étape qui connecte les deux, ce qui donne :

$$\begin{cases} \boldsymbol{\omega}_{k+1} = \mathrm{prox}_{f/\rho}(\mathbf{v}_k - \mathbf{u}_k/\rho) \\ \mathbf{v}_{k+1} = \mathrm{prox}_{g/\rho}(\boldsymbol{\omega}_k + \mathbf{u}_k/\rho) \\ \mathbf{u}_{k+1} = \mathbf{u}_k + \rho(\boldsymbol{\omega}_{k+1} - \mathbf{v}_{k+1}) \end{cases} \qquad (5.19)$$

pour $\rho > 0$ quelconque fixé. Cette itération correspond à celle d'un algorithme appelé ADMM (pour *Alternating Direction Method of Multipliers*[7]) dans un cas particulier.

Terminons en disant que, si les fonctions non différentiables apparaissant dans (5.13) ne sont pas prox-simples, d'autres familles d'algorithmes existent, parmi lesquelles les plus populaires en analyse de données sont :

- les méthodes de gradient conditionnel (appelé aussi Frank-Wolfe) ;
- les méthodes proximales dans des géométries favorables (utilisant la notion de *divergence de Bregman* pour mesurer l'éloignement).

Bilan sur les algorithmes d'optimisation de cette section

Les algorithmes présentés dans cette section sont simples et permettent de présenter de nombreux aspects de l'optimisation (descente, pas, propriétés de convergence, rôle de la convexité, de la différentiabilité). Ils ont aussi de bonnes propriétés pour les passages à l'échelle présentées dans la section suivante. Notons enfin qu'ils se trouvent remarquablement robustes à l'utilisation d'approximation stochastique des gradients et des opérateurs proximaux, et s'accommodent des techniques de randomisation.

---

7. La variable u s'interprète en effet comme une variable duale. Une justification propre de cet algorithme utilise la dualité de l'optimisation convexe.

5.3   Algorithmes en science des données

Comme vu à la section 5.1, de nombreux problèmes d'optimisation en science des données s'écrivent comme la minimisation de sommes de fonctions du type :

$$\min_{\boldsymbol{\omega}\in\mathbb{R}^d} \quad \frac{1}{n}\sum_{i=1}^{n} f_i(\boldsymbol{\omega}) + r(\boldsymbol{\omega}) \tag{5.20}$$

Les fonctions $f_i \colon \mathbb{R}^d \to \mathbb{R}$ sont similaires et concernent chacune une partie des données : typiquement, f_i mesure la qualité de la prédiction associée à $\boldsymbol{\omega}$ sur un bloc de données. Pour fixer les idées, on peut garder à l'esprit la version basique $f_i(\boldsymbol{\omega}) = \ell((\mathbf{x}_i, y_i), \boldsymbol{\omega})$, pour laquelle (5.10) correspond à (5.5). Dans le cas de blocs de données (par exemple lorsque les données sont stockées sur différentes machines), on se trouve alors avec des fonctions du type :

$$f_i(\boldsymbol{\omega}) = \sum_{j\in B_i} \ell(y_i, h(\mathbf{x}_j, \boldsymbol{\omega})), \quad \text{où } B_i \text{ désigne un bloc de données.}$$

Ce problème d'optimisation (5.20) pourrait être vu comme étant de la forme (5.13) avec :

$$f(\boldsymbol{\omega}) = \frac{1}{n}\sum_{i=1}^{n} f_i(\boldsymbol{\omega}) \quad \text{et} \quad g(\boldsymbol{\omega}) = r(\boldsymbol{\omega}) \tag{5.21}$$

et ainsi pourrait être résolu par les algorithmes de la section 5.2.3. Malheureusement, une utilisation directe de ces derniers n'est pas appropriée dans le cas de données volumineuses, pour lesquelles certaines opérations élémentaires, demandant l'utilisation de toutes les données, s'avèrent très coûteuses.

Illustrons ceci dans le cas où les f_i sont différentiables et r prox-simple, comme pour (5.9). On peut utiliser l'algorithme du gradient proximal (5.18) pour résoudre le problème (5.20), ce qui donne l'itération :

$$\boldsymbol{\omega}_{k+1} = \mathrm{prox}_{\gamma_k r}\left(\boldsymbol{\omega}_k - \frac{\gamma_k}{n}\sum_{i=1}^{n} \nabla f_i(\boldsymbol{\omega}_k)\right) \tag{5.22}$$

Pour de nombreuses régularisations classiques, le calcul de l'opérateur proximal n'est pas trop coûteux, ni en temps de calcul, ni en mémoire (voir par exemple $\mathrm{prox}_{\|\cdot\|_1}$ en (5.31)). La principale opération de cette itération est le calcul du gradient de la somme, qui requiert une passe sur toutes les n données pour calculer les gradients $\nabla f_i(\boldsymbol{\omega}_k)$, auquel s'ajoute le coût de sommer n vecteurs de $\mathbb{R}^d$. C'est cette opération qui est coûteuse quand n et d sont grands et qui rend cet algorithme peu efficace.

L'idée pour passer à l'échelle sur des données volumineuses est de traiter chaque bloc de données indépendamment, plutôt que de considérer toutes les données en même temps. Nous présentons deux stratégies allant dans ce sens : les algorithmes incrémentaux, pour lesquels une itération correspond à l'exploitation d'un seul bloc de données (section 5.3.1), et les algorithmes distribués, adaptés au cas où les données sont stockées sur des machines différentes (section 5.3.2).

5.3.1 Algorithmes incrémentaux

Les algorithmes incrémentaux opèrent une mise à jour à chaque lecture d'un bloc de données (au lieu de tous les utiliser en même temps). Nous présentons le plus simple d'entre eux, l'algorithme du gradient incrémental (ou gradient stochastique), puis nous discutons ses extensions.

Une donnée, une itération

Plaçons-nous dans cette section dans le cas basique de la minimisation de fonctions différentiables ($r = 0$ dans (5.20)). Dans ce cas, on pourrait utiliser l'algorithme du gradient :

$$\boldsymbol{\omega}_{k+1} = \boldsymbol{\omega}_k - \frac{\gamma_k}{n} \sum_{i=1}^{n} \nabla f_i(\boldsymbol{\omega}_k) \tag{5.23}$$

Comme expliqué précédemment pour (5.22), l'inconvénient est qu'il nécessite de faire, à chaque itération, un passage sur toutes les données afin de calculer tous les $\nabla f_i(\boldsymbol{\omega}_k)$. L'idée est alors de faire une itération en utilisant un seul bloc de données et ainsi un seul $\nabla f_i(\boldsymbol{\omega}_k)$.

À l'itération k, on choisit un indice i_k, puis on calcule $\nabla f_{i_k}(\boldsymbol{\omega}_k)$ sur le bloc de données correspondant à i_k et on procède à la mise à jour :

$$\boldsymbol{\omega}_{k+1} = \boldsymbol{\omega}_k - \gamma_k \nabla f_{i_k}(\boldsymbol{\omega}_k) \qquad i_k \in \{1, \ldots, n\} \tag{5.24}$$

Cette itération (5.24) correspond à l'algorithme du gradient incrémental, dépendant du choix de i_k (qui peut se faire de manière cyclique, gloutonne ou aléatoire). En exploitant la redondance[8] inhérente des données, cet algorithme donne une itération de minimisation pour un coût de calcul nettement moindre que (5.23) : le calcul de $\nabla f_{i_k}(\boldsymbol{\omega}_k)$ est bien moins coûteux que celui de $\nabla f(\boldsymbol{\omega})$ tout entier (typiquement, n fois moins coûteux).

Optimisation par gradient stochastique

Dans le cas où i_k est aléatoire et choisi uniformément dans $\{1,\dots,n\}$, l'itération (5.23) s'appelle aussi gradient stochastique : on observe en effet que l'espérance de la direction de descente (aléatoire) correspond au gradient :

$$\mathbb{E}[\nabla f_{i_k}(\boldsymbol{\omega}_k)] = \nabla f(\boldsymbol{\omega}_k) \qquad (5.25)$$

Utiliser une direction de descente aléatoire amène une décroissance aléatoire (voir la figure 5.4). On peut tout de même contrôler la convergence un prenant un pas γ_k qui tend vers 0 (mais pas trop vite : typiquement $\gamma_k = 1/k$). Prendre des pas de plus en plus petits entraîne néanmoins que cet algorithme converge lentement.

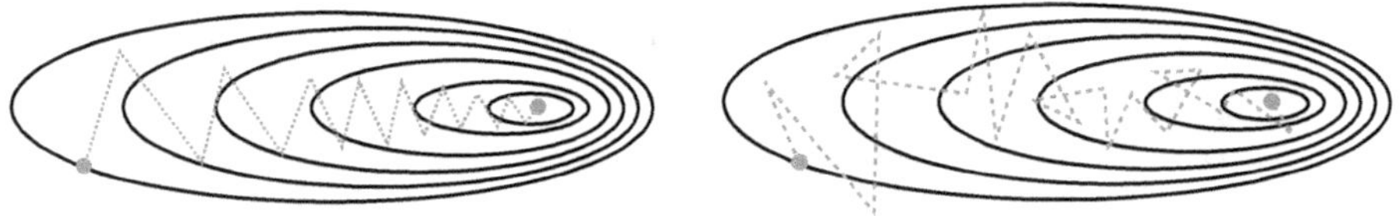

Figure 5.4 - Itérations des algorithmes du gradient (à gauche) et du gradient stochastique (à droite) sur les lignes de niveau d'une fonction de $\mathbb{R}^2$ dans $\mathbb{R}$. L'espérance des directions de descente correspond à la direction du gradient et on récupère des garanties de convergence si on peut aussi contrôler la variance des directions.

Par rapport à l'algorithme du gradient, on a ainsi dans une situation opposée concernant l'équilibre « coût de calcul » vs « vitesse de convergence » :

---

8. Considérons une situation dégénérée pour bien comprendre l'idée. Supposons que l'ensemble de données est constitué de dix copies identiques du même bloc ; autrement dit, qu'il y a dix f_i tous égaux. Dans ce cas, l'algorithme (5.24) donne, pour un coût de calcul n fois plus petit, exactement la même itération que l'algorithme du gradient (5.23). Évidemment, en pratique, les données ne sont pas dupliquées comme dans cette situation. Néanmoins, beaucoup de problèmes d'analyse de données contiennent une bonne partie de données redondantes, ce qui rend cette approche intéressante.

- pour l'algorithme du gradient (5.23) : un coût d'itération proportionel à n, mais une vitesse de convergence de l'ordre de $e^{k/\kappa}$ dans le cas fortement convexe (voir (5.15)) ;

- pour l'algorithme du gradient stochastique avec pas $\gamma_k = 1/k$: un coût d'itération indépendant de n, mais une vitesse de convergence de l'ordre κ/k uniquement.

Ainsi, même si chaque itération est bien moins coûteuse que pour la méthode du gradient, l'algorithme du gradient stochastique n'est pas efficace en fin de convergence. Son intérêt réside dans ses premières itérations : on observe en effet systématiquement une décroissance initiale rapide. En pratique, il est encore une fois fondamental de régler correctement[9] le pas de descente γ_k pour observer une bonne convergence empirique. Au-delà de ces réglages empiriques, d'autres techniques de réduction de variance ont été proposées pour améliorer les performances de l'algorithme de gradient stochastique.

Réduction de l'aléatoire par moyennes

Il existe des alternatives à l'utilisation de pas décroissants pour contrôler la variance dans (5.25) par moyennage[10]. Une première technique classique est de considérer les moyennes des itérés successifs produits par (5.24). Ce moyennage :

$$\bar{\omega}_k = \frac{1}{k} \sum_{\ell=1}^{k} \omega_\ell$$

amène une certaine stabilité de la suite $(\bar{\omega}_k)_k$ et permet ainsi de prendre des pas plus grands. Une seconde technique plus récente est de faire des moyennes des gradients successifs. Il s'agit de garder en mémoire certains gradients calculés aux itérations précédentes et de les combiner pour obtenir une meilleure descente. Par exemple, on peut garder en mémoire un gradient par fonction f_i : à l'itération k, on tire aléatoirement l'indice i_k, on calcule $\nabla f_{i_k}(\omega_k)$ et on met à jour la mémoire des n gradients stockés :

$$g_i^k = \nabla f_i(\omega_k) \ \text{ si } i = i_k \quad \text{et} \quad g_i^k = g_i^{k-1} \text{ sinon.}$$

---

9. Deux recettes à garder en tête : prendre un pas initial modéré par la constante de Lipschitz pour garantir une décroissance dès les premières itérations ; ensuite, prendre des pas aussi grands que possible (dans les limites de résultats généraux de convergence ou même au-delà si on a besoin de faire décroître rapidement l'objectif).

10. Il existe aussi des méthodes de réduction de variance utilisant la dualité.

L'itération de l'algorithme appelé SAG (*stochastic averaged gradient*) consiste alors à prendre la moyenne des gradients en mémoire :

$$\boldsymbol{\omega}_{k+1} = \boldsymbol{\omega}_k - \frac{\gamma_k}{n} \sum_{i=1}^{n} g_i^k$$

On voit que cette itération peut se réécrire de la manière suivante, en remplaçant le vecteur gradient i_k dans la moyenne des g_i^k :

$$\boldsymbol{\omega}_{k+1} = \boldsymbol{\omega}_k - \gamma_k \Big(\frac{1}{n} \sum_{i=1}^{n} g_i^k + \frac{1}{n} (\nabla f_{i_k}(\boldsymbol{\omega}_k) - g_{i_k}^k) \Big)$$

De simples modifications de cette itération amènent à des algorithmes efficaces, ayant de plus de bonnes garanties théoriques. Par exemple[11], en supprimant le $1/n$ (ce qui s'interprète comme insister sur l'itération courante), on obtient l'itération de l'algorithme appelé SAGA

$$\begin{aligned}
\boldsymbol{\omega}_{k+1} &= \boldsymbol{\omega}_k - \gamma_k \Big(\frac{1}{n} \sum_{i=1}^{n} g_i^k + (\nabla f_{i_k}(\boldsymbol{\omega}_k) - g_{i_k}^k) \Big) \\
&= \boldsymbol{\omega}_k - \gamma_k \nabla f_{i_k}(\boldsymbol{\omega}_k) + \Big(\frac{1}{n} \sum_{i=1}^{n} g_i^k - g_{i_k}^k \Big) \qquad (5.26)
\end{aligned}$$

Avec une meilleure direction de descente stochastique que celle de (5.24), cet algorithme admet des pas de descente plus grands et s'avère ainsi plus rapide. Dans le cas μ-fortement convexe et L-fortement différentiable, on montre que (5.26) avec un pas constant $\gamma_k = \frac{1}{2(\mu d + L)}$ admet la convergence exponentielle suivante (en erreur quadratique moyenne), qui très proche de (5.16) pour l'algorithme du gradient :

$$\mathbb{E}\left[\|\boldsymbol{\omega}_k - \boldsymbol{\omega}_\star\|_2^{\,2} \right] \leq C \exp \left(\frac{-k\mu}{2(\mu d + L)} \right)$$

avec une constante C dépendant de $\boldsymbol{\omega}_0$ et $\boldsymbol{\omega}_\star$.

---

11. Il existe d'autres méthodes par moyennage, dont une, appelée SVRG, qui admet une implémentation avec faible mémoire, allégeant ainsi le coût supplémentaire en mémoire de n vecteurs de $\mathbb{R}^d$ des méthodes présentées ici.

Bilan sur les algorithmes incrémentaux

Les méthodes du type gradient stochastique sont efficaces lors des premières itérations pour faire décroître l'objectif rapidement sans avoir à exploiter la totalité des données, mais elles ralentissent très vite à cause d'un taux d'apprentissage décroissant imposé par la théorie. En acceptant un coût supplémentaire en mémoire et en calcul, elles sont modifiables pour accepter des pas constants et ainsi afficher une meilleure convergence en pratique et en théorie.

Ces méthodes marchent particulièrement bien pour minimiser des fonctions fortement convexes, ce qui incite à ajouter, si nécessaire, une régularisation quadratique dans les modèles d'apprentissage, ce qui revient à prendre $f_i(\boldsymbol{\omega}) = \ell((\mathbf{x}_i, y_i), \boldsymbol{\omega}) + \lambda_2 \|\boldsymbol{\omega}\|_2^2$. Dans tous les cas, le réglage empirique des différents paramètres des algorithmes (notamment le pas de descente) requiert une attention particulière car il affecte fortement le comportement observé des algorithmes.

À retenir : l'utilisation de l'aléatoire [12] dans ces algorithmes incrémentaux permet de récupérer de l'information pertinente en ne traitant qu'une partie des données. Néanmoins, cet aléa requiert de pouvoir accéder rapidement à n'importe quelle partie des données. Ceci implique des restrictions sur les systèmes informatiques : les différentes machines de calcul doivent avoir une mémoire partagée contenant les données (en plus de ressources de calcul partagées). Si ce n'est pas le cas, d'autres algorithmes d'optimisation (déterministes) existent ; ils sont présentés à la section suivante.

5.3.2   Algorithmes distribués

Dans cette section, nous considérons la situation où les données ne peuvent être stockées au même endroit, par exemple pour des raisons techniques (données trop volumineuses) ou des raisons juridiques (données privées, par exemple celles des téléphones portables). Dans ce cas, les données sont stockées sur différentes machines et la résolution d'un problème d'apprentissage (5.20) doit se faire avec des algorithmes d'optimisation *distribuée*.

---

12. D'autres méthodes aléatoires sont utiles en optimisation en grande dimension : par exemple, la mise à jour d'un bloc aléatoire de variables, l'approximation des gradients ou des opérateurs proximaux par des estimations stochastiques, ou l'accélération des routines de calcul matriciel par randomisation.

Les questions reliées aux communications entre machines deviennent alors prépondérantes pour l'efficacité de ces algorithmes.

Pour simplifier, plaçons-nous dans le cas où l'on dispose d'une architecture de calcul centralisée avec une machine-maître qui dirige m machines-esclaves ; pour fixer les idées, considérons que $m = n$, c'est-à-dire qu'il y a autant de machines que de blocs de données (et de fonctions f_i). L'indice i réfère maintenant à la fois au bloc de données i comme précédemment, mais aussi à la machine qui le stocke.

Il se trouve que les algorithmes du premier ordre rappelés en section 5.2.3 s'étendent naturellement dans ce cadre distribué, où les calculs coûteux sont gérés en local sur chaque machine, puis les résultats sont reliés entre eux par une étape de consensus. Cette section présente brièvement les idées de ces algorithmes distribués, d'abord dans le cas où les f_i sont différentiables, puis dans le cas où elles ne le sont pas partout.

Calculer le gradient en parallèle

Reprenons le problème d'optimisation (5.20), qui est de la forme (5.13) avec les fonctions (5.21). Supposons que les fonctions d'attache aux données f_i sont différentiables, ce qui implique que f l'est aussi avec :

$$\nabla f(\boldsymbol{\omega}) = \frac{1}{n} \sum_{i=1}^{n} \nabla f_i(\boldsymbol{\omega}) \tag{5.27}$$

On peut alors utiliser l'algorithme du gradient proximal qui donne l'itération (5.22), dont l'opération coûteuse est le calcul de la somme des gradients. Dans le cadre distribué de cette section, cette itération se prête bien au calcul parallèle :

1 la machine-maître diffuse la variable $\boldsymbol{\omega}_k$ aux machines-esclaves ;

2 le calcul des n gradients $\nabla f_i(\boldsymbol{\omega}_k)$ dépendant des données se fait en parallèle sur ces n machines ;

3 la machine-maître centralise les résultats des calculs pour calculer $\boldsymbol{\omega}_{k+1}$, en faisant la moyenne des gradients, suivie de l'opérateur proximal de r.

Ce schéma de calcul entre dans le cadre d'un formalisme *map-reduce* (affectation-réduction) où la phase de « map » distribue le calcul coûteux sur toutes les machines et la phase de réduction synchronise les résultats des calculs avec uniquement des opérations simples (figure 5.5).

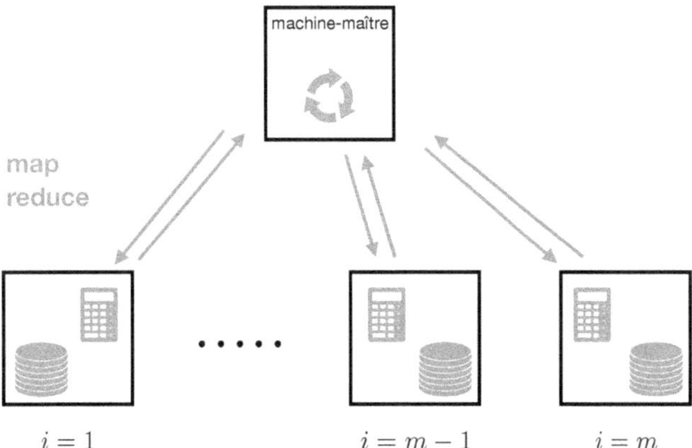

Figure 5.5 - Représentation schématique du cadre d'optimisation distribuée : une machine-maître coordonne les calculs effectués en parallèle sur les machines-esclaves, stockant chacune une partie des données. Soulignons que les algorithmes ne communiquent que des résultats de calcul, pas des données brutes.

Ce raisonnement, présenté ici dans un cadre centralisé, s'étend à des systèmes informatiques plus complexes. Dans le cas général, des logiciels « big data » permettent d'implementer cet algorithme sans trop se soucier du système sous-jacent. Par exemple, `Spark` permet de programmer de la même manière le cas $m < n$ que le cas $n = m$ considéré ici.

Calculer l'opérateur proximal en parallèle (après reformulation)

Toujours dans le cadre distribué avec le problème d'optimisation (5.20) (de la forme (5.13) avec (5.21)), supposons à présent que les fonctions f_i sont non différentiables et prox-simples. Contrairement à la situation précédente, on n'est pas directement dans une situation de la section 5.2.3 : en effet, f n'est pas prox-simple, car l'opérateur proximal d'une somme ne correspond pas à la somme des opérateurs proximaux (contrairement aux gradients (5.27) dans le différentiable). On ne peut donc pas distribuer les calculs en appliquant directement l'algorithme ADMM (5.19) adapté à la minimisation de la somme de deux fonctions prox-simples. Une manière de contourner cette interdiction consiste à reformuler (5.20), comme suit, sous une forme distribuable impliquant des fonctions prox-simples.

En donnant à chaque f_i une copie locale de $\boldsymbol{\omega}$, notée $\boldsymbol{\omega}_i$, le problème (5.20) peut s'écrire de manière équivalente comme :

$$\begin{cases} \displaystyle\min_{(\boldsymbol{\omega}_1,\ldots,\boldsymbol{\omega}_n)\in\mathbb{R}^{d\times n}} = \frac{1}{n}\sum_{i=1}^{n}\left(f_i(\boldsymbol{\omega}_i) + r(\boldsymbol{\omega}_i)\right) \\[2mm] \boldsymbol{\omega}_1 = \cdots = \boldsymbol{\omega}_n \end{cases} \tag{5.28}$$

En introduisant la fonction indicatrice de consensus $\delta\colon \mathbb{R}^{d\times n} \to \mathbb{R}\cup\{+\infty\}$ (définie par $\delta((\boldsymbol{\omega}_1,\ldots,\boldsymbol{\omega}_n)) = 0$ si $\boldsymbol{\omega}_1 = \cdots = \boldsymbol{\omega}_n$ et $+\infty$ sinon), on voit que ce problème est de la forme (5.13) avec :

$$f((\boldsymbol{\omega}_1,\ldots,\boldsymbol{\omega}_n)) = \frac{1}{n}\sum_{i=1}^{n} f_i(\boldsymbol{\omega}_i) \tag{5.29}$$

$$g((\boldsymbol{\omega}_1,\ldots,\boldsymbol{\omega}_n)) = \frac{1}{n}\sum_{i=1}^{n} r(\boldsymbol{\omega}_i) + \delta((\boldsymbol{\omega}_1,\ldots,\boldsymbol{\omega}_n)) \tag{5.30}$$

On montre (voir exercice 5.4) que ces deux fonctions sont prox-simples et que leurs opérateurs proximaux se décomposent selon chaque $\boldsymbol{\omega}_i$ et s'écrivent uniquement à l'aide des prox_{f_i} et de prox_r. On peut alors appliquer l'algorithme ADMM (5.19) avec les bonnes fonctions, ce qui donne après ré-écriture :

$$\begin{cases} (\boldsymbol{\omega}_i)_{k+1} = \text{prox}_{f_i/n\rho}(\mathbf{v}_k - (\mathbf{u}_i)_k/\rho) & \text{pour toute machine } i \\[2mm] \mathbf{v}_{k+1} = \text{prox}_{r/n\rho}\left(\frac{1}{n}\sum_{i=1}^{n}((\boldsymbol{\omega}_i)_{k+1} + (\mathbf{u}_i)_k/\rho)\right) \\[2mm] (\mathbf{u}_i)_{k+1} = (\mathbf{u}_i)_k + \rho((\boldsymbol{\omega}_i)_{k+1} - \mathbf{v}_{k+1}) & \text{pour toute machine } i. \end{cases}$$

Cet algorithme entre dans le cadre « map-reduce », comme précédemment : la mise à jour des $(\boldsymbol{\omega}_i)_k$ et $(\mathbf{u}_i)_k$ correspond au map et celle de $\mathbf{v}_k$ au reduce. L'opération coûteuse qui dépend des données (le calcul des $\text{prox}_{f_i/n\rho}$) est ainsi effectuée efficacement en parallèle.

Bilan sur les algorithmes distribués

La distribution et la parallélisation des calculs dans les algorithmes d'optimisation du premier ordre se font naturellement dans le cadre d'une plateforme de calcul centralisée. On peut aussi étendre ces algorithmes à des architectures plus évoluées (avec des versions asynchrones ou décentralisées) ; les contraintes sur les communications entre machines sont alors importantes à prendre en compte. Soulignons que ces questions sur l'adaptation des algorithmes d'optimisation à l'hétérogénéité des plateformes de calcul sont au cœur de défis actuels en optimisation pour les big data.

5.3.3 Au-delà de ce chapitre

L'optimisation et ses interactions avec les autres disciplines (statistique, apprentissage, informatique, calcul distribué) forment un domaine, riche et actif, de recherches et de développements, au cœur des méthodes numériques pour l'analyse de données. Ce chapitre se veut un guide de lecture pour se frayer un chemin parmi les multiples documents et publications sur ce domaine. Il présente des éléments sur la formulation des problèmes d'optimisation en apprentissage et sur trois aspects des méthodes des traitement de grands volumes de données (algorithmes du premier ordre, incrémentaux, distribués). Le choix a été fait d'insister sur les idées générales, au détriment des détails (mathématiques ou algorithmiques), d'exemples concrets et des spécificités de certaines applications.

Pour approfondir les notions présentées dans cette courte introduction, on peut se référer aux livres ou articles suivants : (Boyd et Vandenberghe 2004) pour la modélisation en optimisation, (Bottou *et al.* 2017) pour une vue d'ensemble de l'optimisation pour l'apprentissage, (Hiriart-Urruty et Lemaréchal 2001) pour l'analyse analyse convexe, (Nesterov 2013) pour les algorithmes du premier ordre, (Bubeck 2015) pour l'étude des algorithmes d'optimisation pour l'apprentissage.

5.4 Exercices

Pour manipuler les notions présentées dans ce chapitre, des exercices variés sont indispensables, mais les réunir ici ne semble pas adapté à la diversité des lecteurs et aux multiples aspects (théoriques, algorithmiques, applicatifs) qu'il faudrait couvrir. Nous donnons donc uniquement quelques exercices qui précisent ou illustrent des points techniques présentés dans ce chapitre introductif. Nous renvoyons aux ouvrages cités précédemment, qui apportent des exercices et des compléments adaptés aux attentes spécifiques des lecteurs de cet vue d'ensemble du domaine.

Exercice 5.1

Opérations qui préservent la convexité. Montrer dans les trois cas suivants, que la fonction f est convexe :

a) une somme positive de fonctions convexes f_1 et f_2

$$f(\boldsymbol{\omega}) = \alpha_1 f_1(\boldsymbol{\omega}) + \alpha_2 f_2(\boldsymbol{\omega}) \quad \text{avec } \alpha_1, \alpha_2 \geq 0$$

b) une composition d'une fonction convexe g avec une application affine

$$f(\boldsymbol{\omega}) = g(X\boldsymbol{\omega} + b)$$

c) un maximum d'une famille de fonctions convexes $(f_i)_i$

$$f(\boldsymbol{\omega}) = \max_i f_i(\boldsymbol{\omega})$$

Exercice 5.2

Exemple simple de l'algorithme de gradient. Soit la fonction simple $f(\omega) = \omega^2$ d'une variable réelle $\omega \in \mathbb{R}$. Écrire l'itération de l'algorithme du gradient à pas constants avec cette fonction. Regarder les pas $\gamma_k = 1$, $\gamma_k = 2$ et $\gamma_k = 1/2$; pour lequel(s) a-t-on convergence ?

Exercice 5.3

Opérateur proximal pour la norme $\|\cdot\|_1$. Nous allons montrer que la fonction valeur absolue, non dérivable en 0, est prox-simple, puis en déduire que la norme $\|\cdot\|_1$ l'est aussi. L'opérateur proximal associé est appelé « soft-thresholding ».

a) En explicitant les trois cas ($z = 0$, $z > 0$ et $z < 0$), montrer que l'unique solution de (5.17) pour la valeur absolue s'écrit :

$$\text{prox}_{|\cdot|}(\omega) = \begin{cases} 0 & \text{si } -1 \leq \omega \leq 1 \\ \omega - 1 & \text{si } \omega > 1 \\ \omega + 1 & \text{si } \omega < -1 \end{cases}$$

b) En déduire que la norme $\|\cdot\|_1$ est prox-simple aussi, avec :

$$\text{prox}_{\|\cdot\|_1}(\boldsymbol{\omega}) = (\text{prox}_{|\cdot|}(\boldsymbol{\omega}_i))_{i=1,\dots,d} \in \mathbb{R}^d \tag{5.31}$$

On voit ainsi que cet opérateur a pour effet de produire des vecteurs avec des composantes nulles (en annulant $\boldsymbol{\omega}_i \in [-1, 1]$). Cet effet explique l'intérêt de la régularisation par la norme 1 pour sélectionner les attributs les plus importants.

Exercice 5.4

Éclatement de prox. Cet exercice propose de calculer les opérateurs proximaux des deux fonctions utilisées à la section 5.3.2 pour décomposer les calculs selon chaque bloc de données. Rappelons que le point proximal est l'unique solution du problème (5.17), ce qui, pour une fonction $h\colon (\mathbb{R}^d)^n \to \mathbb{R}$ et un point $(\boldsymbol{\omega}_1,\dots,\boldsymbol{\omega}_n) \in (\mathbb{R}^d)^n$, s'écrit :

$$\min_{(\mathbf{z}_1,\dots,\mathbf{z}_n)\in(\mathbb{R}^d)^n} h((\mathbf{z}_1,\dots,\mathbf{z}_n)) + \frac{1}{2}\sum_{i=1}^{n} \|\mathbf{z}_i - \boldsymbol{\omega}_i\|^2$$

a) Pour la fonction f de (5.29), montrer que :

$$\operatorname{prox}_f\left((\boldsymbol{\omega}_1,\dots,\boldsymbol{\omega}_n)\right) = \left(\operatorname{prox}_{f_i/n}(\boldsymbol{\omega}_i)\right)_{i=1,\dots,n}$$

b) Pour la fonction g de (5.30) et en supposant que r est différentiable, montrer que les composantes de $\operatorname{prox}_g\left((\boldsymbol{\omega}_1,\dots,\boldsymbol{\omega}_n)\right)$ sont toutes identiques et égales à :

$$\operatorname{prox}_{r/n}\left(\frac{1}{n}\sum_{i=1}^{n}\boldsymbol{\omega}_i\right)$$

Indication : avec la différentiabilité de r, écrire les conditions d'optimalité (5.11) (nécessaires et suffisantes, car r est convexe). Le cas non différentiable se traite de la même manière avec l'aide du sous-différentiel (Hiriart-Urruty et Lemaréchal 2001).

Exercice 5.5

Exercices sur machine. On trouve des exercices de tout type (modélisation, maths, programmation, utilisation de logiciels...) sur la page internet `ljk.imag.fr/membres/Jerome.Malick/teaching.html`. Ils ont été testés par les étudiants de l'école d'ingénieurs ENSIMAG et ceux du parcours « science des données » commun aux masters de mathématiques appliquées et d'informatique de Université Grenoble Alpes. En particulier, les lecteurs de ce chapitre pourraient être intéressés par les « jupyter notebooks » avec des exercices sur la régression logistique régularisée et sur les systèmes de recommandation.

Chapitre 6

Décomposition matricielle/tensorielle

6.1 Motivations

L'objectif général des méthodes de décomposition matricielle est de compresser de grands jeux de données. Ces méthodes interviennent naturellement lorsqu'on a une matrice A constituée de n observations $\mathbf{a}_j \in \mathbb{R}^p$ et qu'on veut trouver r vecteurs $u_1, \cdots, u_r$ et des poids $w_{i,j}$ tels que pour tout $j = 1, \cdots, n$:

$$\mathbf{a}_j \approx \sum_{i=1}^{r} v_{ij} \mathbf{u}_i$$

Cela revient à approcher A par une matrice de rang faible $r \leq n$, produit d'une matrice U de taille $p \times r$ et d'une matrice de poids $V = (v_{ij})$ de taille $r \times n$. Si $r \ll n$, cela permet de réduire la dimension du problème puisque, de manière sous jacente, on suppose qu'elle est beaucoup plus faible que la taille n du jeu de données.

Un exemple d'application classique est la conception de systèmes de recommandation. Un grand nombre de sites de e-commerce ont pour but de présenter à leurs clients/visiteurs des produits qu'ils sont susceptibles d'acheter ; et pour cela, ils essaient d'utiliser les informations qu'ils ont sur la proximité entre utilisateurs et/ou produits pour faire des recommandations pertinentes d'achat.

Si on choisit de stocker dans une matrice les notes que chaque utilisateur a attribuées à chaque produit (par exemple notes de films) ou le nombre d'achats du produit, cette matrice est creuse dans bien des cas, avec un grand nombre de valeurs manquantes que l'on choisit souvent de remplacer par des zéros. En effet, les utilisateurs ne notent pas les produits qu'ils n'ont pas achetés ou qu'ils ne connaissent pas.

Afin de prédire ces valeurs manquantes, une stratégie possible est de supposer que peu de facteurs déterminent la note ou le fait d'acheter un produit et, donc, que la matrice utilisateur/produit va être de faible rang ou proche d'une matrice de faible rang. On approche alors la matrice utilisateurs/produits donnée par une matrice de rang faible, souvent exprimée sous forme d'une décomposition en produit de matrices rectangulaires.

Nous allons ici nous concentrer sur deux exemples classiques de décomposition de matrice : la Décomposition en Valeurs Singulières (SVD en anglais) et la Factorisation en Matrices Non négatives (NMF en anglais). La première approche vise à trouver la meilleure approximation possible au sens de la norme de Frobenius sans imposer aucune contrainte ni sur U ni sur V, la deuxième à traiter le cas particulier très utile dans la pratique où la matrice que l'on cherche à décomposer a tous ses coefficients positifs ou nuls (non négatifs suivant la terminologie anglo-saxonne). Nous commencons par la SVD qui est la plus simple. Nous présenterons ensuite l'algorithme originel de la NMF dans une deuxième partie.

Nous présenterons ensuite une extension de toutes ces méthodes aux tableaux multidimensionnels qu'on appele aussi des tenseurs en nous concentrant plus particulièrement sur la décomposition canonique polyadique.

6.2   La SVD

Nous commencons par quelques rappels d'algèbre linéaire élémentaire sur valeurs propres et vecteurs propres, qui vont nous être indispensables pour expliquer la décomposition en valeurs singulières ou SVD.

6.2.1   Quelques rappels d'algèbre linéaire

On définit tout d'abord les notions de vecteur propre et de valeur propre associée.

Définition 1. *Soit A une matrice $n \times n$. On dit que le vecteur $x \in \mathbb{R}^n \setminus \{0\}$ est un vecteur propre de X associé à la valeur propre λ si :*

$$Ax = \lambda x$$

Définition 2. *Une matrice A de taille $n \times n$ pour laquelle il existe une base $\mathcal{B}$ de vecteurs propres est dite diagonalisable. On a alors la décomposition matricielle :*

$$A = PDP^{-1}$$

avec P la matrice de passage de la base canonique de $\mathbb{R}^n$ à $\mathcal{B}$ et D la matrice diagonale, avec comme coefficients diagonaux les valeurs propres correspondant aux vecteurs propres.

Rappelons que :
Définition 3. *Une matrice A de taille $n \times n$ est dite symétrique si elle est égale à sa transposée : $A = A^T$. Elle est dite symétrique positive si, pour tout $x \in \mathbb{R}^n$, $x^T A x \geq 0$.*

On a alors :
Proposition 4. *Toute matrice symétrique est diagonalisable et admet une base de vecteurs propres qui est orthonormée. Si elle est symétrique positive, ses valeurs propres sont toutes positives ou nulles.*

6.2.2 Approximation de rang faible

La SVD va être basée sur les notions de valeurs singulières et vecteurs singuliers d'une matrice rectangulaire. Rappelons tout d'abord le résultat suivant, qui découle du fait que $A^T A$ et AA^T sont toutes deux symétriques
Proposition 5. *Soit A une matrice de taille $p \times n$. Les matrices $A^T A$ et AA^T sont toutes deux symétrique positives ; elles sont donc toutes les deux diagonalisables à spectre positif ou nul. Leurs spectres sont identiques aux valeurs propres nulles près. On appelle alors valeurs singulières de la matrice A les racines carrées des valeurs propres positives de AA^T et $A^T A$. Si A est de rang r, elle a r valeurs singulières.*

On peut alors donner la définition suivante :
Définition 6. *Soit A une matrice de taille $p \times n$. Les vecteurs singuliers à droite de A sont les vecteurs propres de $A^T A$, tandis que les vecteurs propres à gauche sont les vecteurs propres de AA^T.*

On a le lien suivant entre vecteurs singuliers à gauche et à droite :

Proposition 7. *Si v est un vecteur singulier à droite, $u = Av$ est un vecteur singulier à gauche de A, tandis que si u est un vecteur singulier à droite, $v = A^T u$ est un vecteur singulier à droite de A.*

On peut maintenant définir la SVD d'une matrice :

Théorème 8. *Soit A une matrice de taille $p \times n$ et $s_1 \geq \cdots \geq s_r > 0$ ses valeurs singulières rangées dans l'ordre décroissant. On note U et V les matrices de taille $p \times n$ et $p \times n$ dont les colonnes sont les vecteurs propres de AA^T et $A^T A$ associés aux valeurs propres $s_1^2, \cdots, s_r^2$. Notons*

$$\Delta_r = \begin{pmatrix} s_1 & & 0 \\ & \ddots & \\ 0 & & s_r \end{pmatrix}. \ On \ a \ alors :$$

- *Si $p < n$:*

$$A = U\Sigma V \ avec \ \Sigma = \begin{pmatrix} \Delta_r & 0 \end{pmatrix}$$

- *Si $p = n$:*

$$A = U\Sigma V \ avec \ \Sigma = \Delta_r$$

- *Si $p > n$:*

$$A = U\Sigma V \ avec \ \Sigma = \begin{pmatrix} \Delta_r \\ 0 \end{pmatrix}$$

C'est ce qu'on appelle la décomposition en valeurs singulières de la matrice A (SVD en anglais). Elle est unique à permutation des vecteurs singuliers près.

On peut maintenant faire le lien entre SVD et meilleure approximation par une matrice de rang faible. Pour cela, notons $\Delta_m = \begin{pmatrix} s_1 & & 0 \\ & \ddots & \\ 0 & & s_m \end{pmatrix}.$

À toute matrice A et pour tout $m \leq r = rang(A)$, on associe la matrice A_m suivante :

$$A_m = U\Sigma_m V \ \text{où} \ \Sigma_m = \begin{pmatrix} \Delta_m & 0 \end{pmatrix}, \ \text{resp} \ \Delta_m \ \text{ou} \ \begin{pmatrix} \Delta_m \\ 0 \end{pmatrix}$$

suivant que $p < n$ (resp $p = n$ ou $n < p$). Cette décomposition s'appelle la SVD tronquée de la matrice A à l'ordre m.

Rappelons que, pour toute matrice $A = (a_{i,j})$ sa norme de Frobenius est définie par :

$$\|A\|_2 = \sqrt{\sum_{i,j} a_{ij}^2}$$

Nous pouvons maintenant énoncer le résultat suivant :

Proposition 9. *Soit A_m la matrice définie précédemment. Alors :*

$$\|A - A_m\|_2 = \min_{M,\, rang(M)=m} \|A - M\|_2$$

6.2.3   SVD et analyse en composantes principales

Nous allons maintenant rappeler ce qu'est l'analyse en composantes principales et expliciter son lien à la SVD. On suppose que l'on a n observations $x_1, \cdots, x_n$ qui sont la réalisation d'un vecteur aléatoire de $\mathbb{R}^p$. On les stocke dans une matrice X de taille $p \times n$. Pour simplifier, on suppose que cette dernière est centrée i.e. que la moyenne de chaque colonne a été soustraite et que donc toutes les colonnes sont de moyenne nulle.

Traditionellement, pour faire l'analyse en composantes principales de ces données, on considère la matrice de covariance C empirique, définie par $C = X^T X/(n-1)$. Cette dernière étant symétrique, on peut la diagonaliser et on a donc une écriture de la forme $C = VLV^T$ où V est la matrice des vecteurs propres et L une matrice diagonale où on a rangé les valeurs propres λ_i par ordre décroissant. Rappelons que les vecteurs propres sont ce qu'on appelle les directions ou axes principaux des données. On projette alors les données sur ces axes principaux et on obtient les composantes dites principales. La j-ème composante principale est donnée par la j-ème colonne XV.

On peut maintenant comparer cette information avec celle que nous apporte la SVD de X. On écrit $X = USV^T$ où S est une matrice diagonale contenant les valeurs singulières s_i. On a alors :

$$C = VSU^TUSV^T/(n-1) = V \times [S^2/(n-1)] \times V^T$$

Cela signifie que les vecteurs singuliers à droite de V sont les directions principales et que les valeurs singulières sont reliées aux valeurs propres de la matrice de covariance par la relation $\lambda_i = s_i^2/(n-1)$. Les composantes principales sont données par $XV = USV^TV = US$.

Tout ceci n'est valable que si X est centrée. Ce n'est que dans ce cas que la matrice de covariance est égale à $X^TX/(n-1)$. Si on veut faire l'analyse en composantes principales à partir d'une matrice de corrélation (au lieu de la matrice de covariance), les colonnes de X ne doivent pas uniquement être centrées mais aussi normalisées.

6.2.4 Algorithme pour déterminer la SVD d'une matrice

De nombreux algorithmes ont été proposés pour le calcul numérique de la SVD d'une matrice A. Nous en présentons les plus simples et renvoyons à la bibliographie pour des versions plus élaborées. À chaque fois, une étape préliminaire de la méthode consiste à bidiagonaliser la matrice A sous la forme $A = UBV$ où U, V sont deux matrices orthogonales et B une matrice bidiagonale en utilisant ce qu'on appelle des réflexions de Householder. Nous commencons par expliquer cette première étape, puis nous présentons différentes alternatives pour en déduire numériquement une approximation de la SVD d'une matrice.

Notions préliminaires sur les matrices orthogonales

Nous commencons par rappeler ce qu'est une matrice orthogonale.

Définition 10. *Soit A une matrice de taille $n\times n$. Elle est dite orthogonale si $AA^T = A^TA = I_n$ où I_n est la matrice identité de taille n. Cette définition est aussi équivalente à dire que les colonnes de A (ou ses lignes) forment une base orthonormée de $\mathbb{R}^n$.*

Donnons deux exemples fondamentaux de transformations orthogonales, qui nous seront utiles dans la suite :

Définition 11. *Soit $\mathcal{H}$ un hyperplan. La symétrie orthogonale par rapport à $\mathcal{H}$ est la transformation qui associe à tout vecteur $\mathbf{x}$:*

$$s(x) = x_{\mathcal{H}} - x_{\mathcal{H}\perp}$$

où $(x_{\mathcal{H}}, x_{\mathcal{H}\perp})$ sont respectivement les projections orthogonales de x sur $\mathcal{H}$ et $\mathcal{H}^{\perp}$.

Définition 12. *La matrice de la forme :*

$$H_{\mathbf{a}} = Id - 2\frac{\mathbf{a}\mathbf{a}^T}{\|\mathbf{a}\|_2^2} \ \ o\grave{u} \ \mathbf{a} \in \mathbb{R}^n \setminus \{0\}$$

est dite de Householder associée au vecteur $\mathbf{a}$. *C'est la matrice de la symétrie orthogonale par rapport à* $Vect(\mathbf{a})^{\perp}$.

Première étape de la SVD : la bidiagonalisation de Golub-Kahan

Nous donnons maintenant un algorithme fournissant la décomposition d'une matrice. La méthode de Householder consiste à multiplier A successivement par des matrices $Q_1, \cdots, Q_k$ de la forme $Q_k = \begin{pmatrix} I & 0 \\ 0 & \Gamma \end{pmatrix}$ où Γ est une matrice orthogonale, afin d'introduire des zéros en dessous de la diagonale de A et au-dessus de la première superdiagonale au fur et à mesure. Remarquons que, si A est diagonale par blocs de la forme $\begin{pmatrix} A_{11} & A_{12} \\ 0 & A_{22} \end{pmatrix}$, on a :

$$\begin{pmatrix} I & 0 \\ 0 & \Gamma \end{pmatrix} \times \begin{pmatrix} A_{11} & A_{12} \\ 0 & A_{22} \end{pmatrix} = \begin{pmatrix} A_{11} & A_{12} \\ 0 & \Gamma A_{22} \end{pmatrix}$$

Si on veut créer une nouvelle colonne de zéros sur la diagonale principale et au-dessus de la première superdiagonale, on voit qu'il suffit que la matrice ΓA_{22} ait sa première colonne de la forme $\begin{pmatrix} \star \\ \star \\ 0 \\ \vdots \\ 0 \end{pmatrix}$. Si on appelle $\mathbf{a} = \begin{pmatrix} a_1 \\ \vdots \\ a_p \end{pmatrix}$ la première colonne de A_{22} et si on choisit pour Γ la matrice de reflexion orthogonale S qui envoie $\mathbf{a}$ sur $\mathbf{a'} = \begin{pmatrix} \dfrac{a_1}{\sqrt{\sum_{i=2}^{p} a_i^2}} \\ 0 \\ \vdots \\ 0 \end{pmatrix}$ qui est un

vecteur de même norme que $\mathbf{a}$, on voit qu'on a bien les propriétés voulues.

Ceci mène ainsi à l'algorithme suivant, dit de réduction de Householder d'une matrice sous forme bidiagonale. L'algorithme est sous sa forme générale (cas $p \geq n$, sinon on passe à la transposée) :

Algorithme 1. Réduction de Householder d'une matrice A sous forme bidiagonale

---

Entrée :

- p, n, matrice A de taille $p \times n$

Initialisation :

- $U, V \leftarrow I_n, I_p$

pour $k = 1, \cdots, n$ **faire**

> - Trouver la matrice orthogonale Q qui transforme
> $\begin{pmatrix} 0 & b_{k-1,k} & \cdots & b_{p,k} \end{pmatrix}$ en $\begin{pmatrix} 0 & b_{k-1,k} & \sqrt{\sum_{j=k}^{p} b_{j,k}^2} & 0 \end{pmatrix}$
> - $B \leftarrow QB$
>
> **si** $k \leq n-2$ *est pair* **alors**
>
> > - Trouver la matrice orthogonale P qui transforme
> > $\begin{pmatrix} 0 & b_{k,k} & \cdots b_{k,n} \end{pmatrix}$ en $\begin{pmatrix} 0 & \cdots & b_{k,k} & \sqrt{\sum_{j=k}^{n} b_{k,j}^2} & 0 \end{pmatrix}$
> > - $B \leftarrow BP$
> > - $V \leftarrow PV$

Sortie : $\quad B$ matrice bidiagonale supérieure, U et V matrices orthogonales telles que $A = UBV$

Algorithme calculant la SVD d'une matrice bidiagonale

Une deuxième étape est maintenant nécessaire pour faire décroître les valeurs situées sur la première superdiagonale de B. Celle-ci est basée sur la décomposition QR.

Proposition 13. *Soit B une matrice de taille $p \times n$. Une décomposition QR de B, est une décomposition de la forme $B = QR$ où Q est orthogonale et R triangulaire supérieure. Elle est unique si on impose les signes des coefficients situés sur la diagonale de R.*

Pour déterminer numériquement la décomposition QR d'une matrice B, on utilise l'algorithme suivant :

Algorithme 2 Décomposition QR d'une matrice B

Entrée :

- p, n, matrice B de taille $p \times n$

Initialisation :

- $U, V \leftarrow I_n, I_p$

pour $k = 1, \cdots, n$ **faire**

- Trouver la matrice orthogonale Q qui transforme
$$\begin{pmatrix} 0 & b_{k-1,k} & \cdots & b_{p,k} \end{pmatrix} \text{ en } \left(0, b_{k-1,k}, \sqrt{\textstyle\sum_{j=k}^{p} b_{j,k}^2}, 0\right)$$
- $B \leftarrow QB$
- $U \leftarrow UQ$

  si $k \leq n-2$ *est pair* **alors**

  - Trouver la matrice orthogonale P qui transforme
  $$\begin{pmatrix} 0 & b_{k,k} & \cdots b_{k,n} \end{pmatrix} \text{ en } \left(0 \quad \cdots \quad b_{k,k} \quad \sqrt{\textstyle\sum_{j=k}^{n} b_{k,j}^2} \quad 0\right)$$
  - $B \leftarrow BP$
  - $V \leftarrow PV$

Sortie : $v_1, \cdots, v_n$ vecteurs non nuls et R matrice orthogonale tels que $B = H_{v_n} \cdots H_{v_1} R$

Cette décomposition QR va nous permettre de calculer numériquement une approximation de la SVD d'une matrice bidiagonale. Construisons par récurrence, pour une matrice B bidiagonale donnée, la suite suivante. Le premier terme B_0 est égal à B. Supposons ensuite avoir construit par récurrence $B_1, \cdots, B_k$. On pose alors :

$$B_{k+1} = R_k Q_k \text{ où } (Q_k, R_k) \text{ est la décomposition QR de } B_k \, .$$

Remarquons que pour tout k :

$$B = Q_0^T \cdots Q_k^T B_k Q_k \cdots Q_0$$

et que les deux matrices $U_k = Q_0^T \cdots Q_k^T$ et $V_k = Q_k \cdots Q_0$ sont orthogonales comme produits de matrices orthogonales.

Proposition 14. *Soit B une matrice bidiagonale. La suite (B_k) de matrices définie précédemment converge vers une matrice Σ diagonale quand $k \to \infty$.*

Cette proposition donne donc asymptotiquement la SVD recherchée. En pratique, on considère k tel que les valeurs de la super-diagonale de B_k soient inférieures à un certain seuil $\varepsilon > 0$ fixé à l'avance et on obtient donc une approximation de la SVD de B par :

$$B \approx U_k B_k V_k$$

A s'exprimant en fonction de B comme $A = UBV$, on en déduit que :

$$A \approx U\Sigma V \text{ avec } U = PU_k, \ \Sigma_k = B_k \text{ et } V = V_k Q \, .$$

D'autres variantes ont été proposées dans la littérature pour les matrices de grandes taille ou les matrices creuses. On renvoie à Berry *et al.* (2005).

On peut aussi proposer des versions parallèles de la SVD (voir par exemple le chapitre 4 de Berry *et al.* (2005) dans Kontoghiorghes (2005)).

6.3 Décomposition en matrices non négatives

Dans bien des situations, la matrice d'intérêt A est à coefficients tous positifs ou nuls (*non negative matrix* en anglais). C'est le cas par exemple des matrices utilisateurs/items qui interviennent dans les systèmes de recommandation. On peut alors chercher une expression de A comme produit de matrices qui conserve ce caractère positif. C'est l'objectif de la factorisation en matrices non négatives (*Non negative Matrix Factorization -* NMF) que nous allons exposer maintenant.

Dans tout ce qui suit, on se donne A une matrice à termes positifs ou nuls. On souhaite trouver U, V facteurs à termes positifs tels que $A \approx UV$. Pour cela, la démarche va consister à résoudre le problème d'optimisation :

$$\inf_{U,V} \|A - UV\|$$

pour différentes normes matricielles $\| \cdot \|$ et en imposant différentes contraintes sur les matrices U et V. Nous allons considérer la norme de Frobenius et exposer l'algorithme originel introduit par Lee et Seung (2001).

6.3.1 Algorithme de Seung et Lee

Tout ce qui suit est tiré de Lee et Seung (2001). Nous commencons par considérer le cas simple où la matrice A est un vecteur y et où la matrice U est fixée. On cherche donc un vecteur x à coefficients tous positifs tel que :

$$x \in \operatorname{Argmin} \|y - Ux\|_2^2$$

Ce problème de minimisation au sens des moindres carrés avec contrainte de positivité admet une solution, sans garantie toutefois d'unicité.

De nombreux algorithmes ont été proposés pour trouver une solution de ce problème, en particulier via des mises à jour multiplicatives qui ont la bonne propriété de conserver la positivité. Nous détaillons l'algorithme qui est un cas particulier de celui de la NMF.

Algorithme 3 Version de l'algorithme de la NMF dans le cas simple où A est un vecteur y

---

Entrée :
- matrice U de taille $p \times n$ à coefficients positifs, y vecteur de taille $(\mathbb{R}_+)^p$

Initialisation :
- $x \leftarrow x^{(0)}$ avec $x^{(0)} \in (\mathbb{R}_+)^n$

pour $k = 0, \cdots, n_{iter} - 1$ **faire**
    pour $\ell = 1, \cdots, n$ **faire**
        $x_\ell^{(k+1)} \leftarrow x_\ell^{(k)} \dfrac{(U^T y)_\ell}{(U^T U x^{(k)})_\ell}$

Sortie : x vecteur de $(\mathbb{R}_+)^n$ minimisant $\|Ux - y\|_2$

Commentons cet algorithme. Remarquons que minimiser $\|Ux - y\|_2$ sans tenir compte de la contrainte revient à résoudre $U^T U x = U^T y$. On est donc amené à résoudre un problème de point fixe, qui s'écrit coordonnée à coordonnée $x_\ell = f_\ell(x_\ell)$ avec $f_\ell(x_\ell) = (U^T y)_\ell / (U^T U x)_\ell$. Comme la fonction $f = \begin{pmatrix} f_1 \\ \vdots \\ f_n \end{pmatrix}$ conserve la positivité des coordonnées, il devient naturel de proposer :

$$x_\ell^{(k+1)} \leftarrow f_\ell(x_\ell)$$

Nous nous plaçons maintenant dans le cas général où A est une matrice donnée de taille $p \times n$. Les matrices U et V ne sont cette fois-ci connues ni l'une ni l'autre et nous devons les déterminer. Nous cherchons donc U, V deux matrices de tailles respectives $p \times r$ et $r \times n$ à coefficients tous positifs, telles que :

$$\min \|A - UV\|_2$$

Pour résoudre numériquement ce problème, on va fixer U puis optimiser $\|A - UV\|_2$ par rapport à V, puis fixer V et optimiser $\|A - UV\|_2$ par rapport à U.

Algorithme 4 Version générale de l'algorithme de Seung et Lee

Initialisation :

- $U, V \leftarrow U^{(0)}, V^{(0)}$

pour $k = 0, \cdots, n_{iter} - 1$ **faire**

   pour ℓ, m **faire**

$$U_{\ell m}^{(k+1)} \leftarrow U_{\ell m}^{(k)} \frac{(A V^{(k)\,T})_{\ell m}}{(U^{(k)} V^{(k)} V^{(k)\,T})_{\ell m}}$$

$$V_{\ell m}^{(k+1)} \leftarrow V_{\ell m}^{(k)} \frac{(U^{(k+1)\,T} A)_{\ell m}}{(U^{(k+1)\,T} U A)_{\ell m}}$$

Les itérations :

$$U_{\ell m}^{(k+1)} \leftarrow U_{\ell m}^{(k)} \frac{(A V^{(k)\,T})_{\ell m}}{(U^{(k)} V^{(k)} V^{(k)\,T})_{\ell m}} \quad \text{et} \quad V_{\ell m}^{(k+1)} \leftarrow V_{\ell m}^{(k)} \frac{(U^{(k+1)\,T} A)_{\ell m}}{(U^{(k+1)\,T} U A)_{\ell m}}$$

reviennent à résoudre $\min \|A - X V^{(k)}\|_2$ et $\min \|A - U^{(k+1)} Y\|_2$ en utilisant l'algorithme (3).

Seung et Lee ont montré que :

Théorème 15. *La distance* $\|A - U^{(k)}V^{(k)}\|_2$ *est une fonction décroissante de* k.

6.3.2 Algorithme des moindres carrés alternés

Comme nous l'avons déjà remarqué, nous avons deux problèmes des moindres carrés avec contrainte de positivité à résoudre en fixant succesivement U et V. Une méthode alternative à celle de Seung et Lee consiste à résoudre chacun de ces problèmes de moindres carrés en utilisant cette fois-ci une mise à jour classique, puis à projeter sur l'ensemble des matrices positives pour avoir à chaque fois des matrices itérées qui sont positives. Cela donne l'algorithme suivant :

Algorithme 5 Algorithme ALS

Initialisation :

- U

pour $i = 1, \cdots, n_{iter}$ **faire**

   | - Résoudre en $V : U^T U V = U^T A$

   | - Mettre à 0 les termes négatifs de V

   | - Résoudre en $U : V V^T U^T = V A^T$

   | - Mettre à 0 les termes négatifs de U

Dans chacun des deux algorithmes que nous venons de présenter, différentes variantes existent pour l'initialisation, initialisation aléatoire notamment. Il existe aussi des versions parallélisables de chacun. Nous renvoyons à Gillis (2017) pour plus de détails.

6.3.3 Comparaison de la SVD et de la NMF

La NMF est donc, de même que la SVD, une autre technique de décomposition de matrice qui va présenter l'avantage de plus d'interprétabilité puisque les entrées des matrices sont toutes positives. Soulignons toutefois qu'il n'y a pas unicité de la NMF, contrairement à ce qui se passe pour la SVD.

6.4   Décomposition tensorielle

Nous allons maintenant présenter une généralisation des méthodes précédentes aux tenseurs, c'est-à-dire à des tableaux multidimensionnels. Nous nous intéressons ici aux tenseurs réels du troisième ordre, notés $\underline{\mathbf{T}}(\in \mathbb{R}^{I \times J \times K})$ et caractérisés par trois dimensions : lignes, colonnes et *tubes*. L'extension aux ordres supérieurs est directe. Les tenseurs du troisième ordre permettent de représenter des ensembles de matrices. L'élément général d'un tenseur, à la ligne i, colonne j et au tube k, sera noté T_{ijk}. En fixant i, j ou k, on obtient respectivement une tranche horizontale $(T_{i::})$, latérale $(T_{:j:})$ ou frontale $(T_{::k})$. De même, en fixant deux indices sur trois, nous obtenons des fibres colonne $(T_{:jk})$, ligne $(T_{i:k})$ ou tube $(T_{ij:})$. La figure 6.1, tirée de Kolda et Bader (2009), illustre ces éléments.

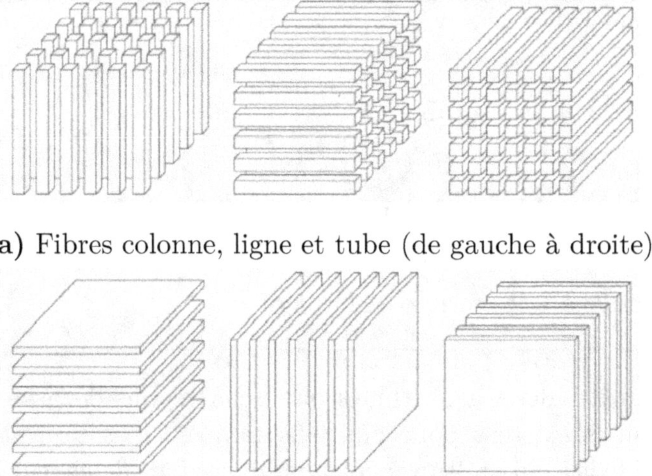

(**a**) Fibres colonne, ligne et tube (de gauche à droite)

(**b**) Tranches horizontales, latérales et frontales (de gauche à doite)

Figure 6.1 - Tranches et fibres d'un tenseur du troisième ordre

Nous présentons ici la décomposition de tenseurs du troisième ordre sous forme d'une somme d'un produit tensoriel de vecteurs, qui est très utilisée en pratique et qui porte le nom de décomposition canonique polyadique. D'autres types de décomposition existent, mettant par exemple en jeu des tenseurs d'ordre 2 ou 3 (comme celle de Tucker). Leur présentation dépasse néanmoins le cadre du présent chapitre et nous renvoyons le lecteur intéressé à Kolda et Bader (2009).

6.4.1 Décomposition canonique polyadique

La décomposition canonique polyadique d'un tenseur consiste à trouver la somme d'un produit de tenseurs de rang 1 (c'est-à-dire de vecteurs) qui approche au mieux un tenseur $\underline{\mathbf{T}}$ donné. En d'autres termes, on cherche les vecteurs $\mathbf{a}_r \in \mathbb{R}^I$, $\mathbf{b}_r \in \mathbb{R}^J$ et $\mathbf{c}_r \in \mathbb{R}^K$ ($1 \leq r \leq R$) tels que :

$$\underline{\mathbf{T}} \approx \sum_{r=1}^{R} \mathbf{a}_r \otimes \mathbf{b}_r \otimes \mathbf{c}_r \tag{6.1}$$

où $\otimes$ dénote le produit tensoriel. Le plus petit r pour lequel la décomposition ci-dessus est exacte correspond au rang du tenseur $\underline{\mathbf{T}}$.

Chaque terme T_{ijk} du tenseur est donc approché par la somme $\sum_{r=1}^{R} a_{ir} b_{jr} c_{kr}$. En notant $\mathbf{A}$ (resp. $\mathbf{B}$ et $\mathbf{C}$) la matrice dont les R colonnes correspondent aux vecteurs $\mathbf{a}_r$ (resp. $\mathbf{b}_r$ et $\mathbf{c}_r$), on voit que la décomposition polyadique d'un tenseur du troisième ordre vise à trouver trois matrices qui permettent de réécrire chaque terme du tenseur sous la forme d'un produit trilinéaire des vecteurs lignes de ces matrices.

L'erreur commise par l'approximation est mesurée par la somme des carrés des résidus :

$$\sum_{i,j,k} (T_{ijk} - \sum_{r=1}^{R} a_{ir} b_{jr} c_{kr})^2 \tag{6.2}$$

La décomposition polyadique a été introduite par Hitchcock (1927), puis réutilisée indépendamment par Harshman (1970) et Carroll et Chang (1970) sous les noms de PARAFAC (*Parallel Factor Analysis*) et CAN-DECOMP (*Canonical Decomposition*). Le succès de cette décomposition vient du fait qu'elle est en général unique modulo la permutation et le changement d'échelle des facteurs [1].

Une méthode standard pour trouver les matrices $\mathbf{A}$, $\mathbf{B}$ et $\mathbf{C}$ passe par l'algorithme des moindres carrés alternés, vu précédemment, qui consiste à calculer alternativement $\mathbf{A}$, $\mathbf{B}$ et $\mathbf{C}$ de manière à minimiser l'erreur donnée par 6.2, les deux autres matrices étant fixées. Pour cela, on **déplie**

---

1. Nous renvoyons le lecteur intéressé à Kolda et Bader (2009) pour plus de détails.

tout d'abord le tenseur du troisième ordre $\underline{\mathbf{T}}$ sous la forme d'une matrice qui comporte I lignes et JK colonnes et que nous noterons $\mathbf{T}_A$. Les J premières colonnes correspondent aux éléments T_{ijk} pour lesquels $k = 1$, les J suivantes aux éléments pour lesquels $k = 2$ et ainsi de suite. Un dépliage similaire est obtenu en considérant une matrice à J ou K lignes, donnant lieu à $\mathbf{T}_B$ et $\mathbf{T}_C$.

Connaissant $\mathbf{B}$ et $\mathbf{C}$, on peut former la matrice $\mathbf{Z}$ à R lignes et JK colonnes dans laquelle les J premières colonnes correspondent au produit terme à terme des vecteurs $\mathbf{b}_j$, $1 \leq j \leq J$ et $\mathbf{c}_1$. Les J colonnes suivantes sont obtenues avec $\mathbf{c}_2$ et ainsi de suite jusqu'à $\mathbf{c}_K$. Connaissant $\mathbf{Z}$ et $\mathbf{T}_A$, le problème donné par 6.1 consiste alors à trouver la matrice $\mathbf{A}$ qui permette de reconstruire $\mathbf{T}_A$ à partir de $\mathbf{Z}$:

$$\mathbf{T}_A \approx \mathbf{A}\mathbf{Z}$$

L'erreur est mesurée par la somme des carrés des résidus. Dans ce cas, l'estimé de $\mathbf{T}_A$ par la méthode des moindres carrés est donné par :

$$\mathbf{A} = \mathbf{T}_A \mathbf{Z}^t (\mathbf{Z}\mathbf{Z}^t)^{-1} \tag{6.3}$$

où ^{t} dénote la transposée.

L'algorithme complet prend alors la forme :

Algorithme 6 Algorithme des moindres carrés alternés (ALS) pour la décomposition polyadique

---

Entrée :
- La matrice R

Initialisation :
- Les matrices $\mathbf{B}$ et $\mathbf{C}$

tant que *Critère d'arrêt non satisfait* **faire**
> - Construire $\mathbf{T}_A$ et $\mathbf{Z}$ et estimer $\mathbf{A}$ à partir de 6.3
> - Estimer $\mathbf{B}$ de la même façon
> - Estimer $\mathbf{C}$ de la même façon

Plusieurs critères d'arrêt sont envisageables en pratique, fondés sur le nombre d'itérations ou sur le fait que les estimés des matrices $\mathbf{A}$, $\mathbf{B}$ et

C n'évoluent plus. Il est de plus possible d'accélérer l'algorithme précédent en appliquant tout d'abord une ACP sur une des matrices dépliées, puis en reconstruisant un tenseur de dimension réduite sur lequel l'algorithme PARAFAC est appliqué. En pratique, cela peut conduire à gagner plusieurs ordres de grandeur. D'autres méthodes d'accélération ont été proposées, comme celles fondées sur des recherches en lignes (voir par exemple Rajih *et al.* (2008)).

6.5 Conclusion

Les méthodes de décompositions matricielles et tensorielles sont utilisées dans diverses applications : compression de données, reconstruction/prédiction de valeurs manquantes ou non observées, dé-bruitage des données, (co-)clustering. Il existe des liens forts entre ces méthodes et les modèles probabilistes latents (voir par exemple Gaussier et Goutte (2005) et Peng et Li (2011)) qui montrent que les méthodes de décomposition non négatives ont presque toujours un équivalent probabiliste. Un modèle comme PLSI (*Probabilistic Latent Semantic Indexing*) introduit dans Hofmann (1999) est également considéré comme une version probabiliste du modèle LSI (*Latent Semantic Indexing*) fondé sur une décomposition en valeurs singulières (Deerwester *et al.* (1990)). Plus récemment, des liens entre ces méthodes et les méthodes permettant d'obtenir des plongements de mots (*word embeddings*) ont été établis (Levy et Goldberg (2014)). Enfin, comme nous l'avons déjà signalé, il existe de plus de nombreuses extensions de ces méthodes ; ainsi, Trouillon *et al.* (2016) s'intéressent à une décomposition dans le domaine complexe pour rendre compte de relations entre entités qui peuvent être symétriques ou antisymétriques.

6.6 Exercices

Exercice 6.1

Valeurs propres et vecteurs propres

Soit $A = \begin{pmatrix} 2 & 1 & 1 \\ 1 & 2 & 1 \\ 1 & 1 & 2 \end{pmatrix}$

1 Montrer que $x_1 = \begin{pmatrix} 1 \\ 1 \\ 1 \end{pmatrix}$, $x_2 = \begin{pmatrix} 1 \\ -1 \\ 0 \end{pmatrix}$ et $x_3 = \begin{pmatrix} 1 \\ 0 \\ -1 \end{pmatrix}$ sont des vecteurs propres de A associés respectivement aux valeurs propres $4, 1, 1$.

2 Montrer que A est diagonalisable.

3 Montrer que la matrice $A = \begin{pmatrix} 2 & 1 & 0 \\ 1 & 1 & -1 \\ 0 & -1 & 2 \end{pmatrix}$ est symétrique positive.

En déduire qu'elle est diagonalisable, sans utiliser la première question.

Exercice 6.2
Valeurs singulières et vecteurs singuliers

Soit $A = \begin{pmatrix} 1 & 1 & -1 \\ 1 & 0 & 1 \end{pmatrix}$

1 Expliciter ses valeurs singulières et vecteurs singuliers à droite et à gauche.

2 En déduire sa décomposition en valeurs singulières.

Exercice 6.3
Matrices orthogonales

1 Montrer que la matrice $A = \begin{pmatrix} \cos(\theta) & -\sin(\theta) \\ \sin(\theta) & \cos(\theta) \end{pmatrix}$ est orthogonale.

2 Soit $\mathbf{a} = \begin{pmatrix} a_1 \\ \vdots \\ a_n \end{pmatrix}$ un vecteur non nul de $\mathbb{R}^n$. Expliciter la matrice S de la symétrie orthogonale par rapport à $Vect(\mathbf{a})^\perp$. Montrer qu'elle est orthogonale.

3 Soient $\mathbf{a} = \begin{pmatrix} a_1 \\ \vdots \\ a_n \end{pmatrix}$ et $\mathbf{a}' = \begin{pmatrix} a'_1 \\ \vdots \\ a'_n \end{pmatrix}$ deux vecteurs non nuls de $\mathbb{R}^n$ de même norme. Donner la symétrie orthogonale qui transforme $\mathbf{a}$ en $\mathbf{a}'$.

Chapitre 7
Modèles génératifs

7.1   Motivations

Les chapitres 6, 8 et 9 de cet ouvrage illustrent comment, à l'aide d'approches combinant optimisation et fonctions de décision ou approches géométriques, il est possible de réaliser des prédictions dans des contextes d'apprentissage supervisé, notamment par réseaux de neurones ou fonctions discriminantes linéaires, quadratiques, etc. En utilisant des fonctions de distance entre objets et des règles d'affectation d'observations prises individuellement à des groupes, il est aussi possible d'effectuer du *clustering* (classification non supervisée). Ces méthodes sont basées sur des représentations d'objets ramenées à des descripteurs X ; elles peuvent ou non reposer sur des modèles probabilistes mais, dans les approches citées, ces modèles opèrent conditionnellement à $X = x$. Autrement dit, pour prédire une quantité d'intérêt Z (par exemple, une classe, ou une variable quantitative dépendant de X), elles ne nécessitent pas de modéliser l'incertitude ou le comportement stochastique de X.

Les modèles génératifs abordés dans ce chapitre, au contraire, non seulement incorporent une loi de probabilité conditionnelle reliant X et Z (en général, $p(z|x)$), mais permettent en définitive d'obtenir une loi jointe $p(x, z)$, qui prétend inclure (de manière éventuellement simplifiée) tous les aspects aléatoires du comportement simultané de X et Z. De ce fait, il devient possible, une fois p identifiée à partir d'échantillons de valeurs de X et Z, de simuler ces variables aléatoires, d'où le nom de « modèles génératifs ». Cependant, un modèle plus complet doit reposer sur des hypothèses plus nombreuses et donc en un sens plus restrictives. Dès lors, quel gain y a-t-il à en espérer et dans quelles situations ?

Nous présentons ici des approches pour traiter des problèmes d'analyse de données, notamment d'inférence et de prédiction, qui nécessitent d'incorporer au niveau de p des quantités d'intérêt dont l'estimation apporte une réponse, éventuellement indirecte, au problème posé sur les données. Pour ceci, les modèles font souvent appel à des variables aléatoires latentes dépendantes des variables observées et de paramètres, ces trois types de composants s'organisant de manière hiérarchique.

L'approche développée dans ce chapitre est fondée sur une démarche statistique bayésienne, c'est-à-dire prenant le parti de représenter l'incertitude du modélisateur concernant toutes les quantités intervenant dans le modèle en les considérant comme des variables aléatoires. C'est le cas en particulier pour les paramètres θ, dont dépendent X et Z. La caractérisation de θ repose sur le calcul de sa loi sachant les quantités observées $p(\theta|x)$ ou $p(\theta|x,z)$, dite loi a posteriori, plutôt que sur une procédure d'optimisation (maximum de vraisemblance, moindres carrés, ou autre).

L'intérêt des modèles génératifs pour la classification semi-supervisée est notamment illustré dans le cadre des bases d'images. Partant du principe qu'il est coûteux d'étiqueter de grandes quantités de données (par exemple de décrire le contenu de millions d'images), il est avantageux de modéliser les images non étiquetées par une approche générative (loi $p(x|\tilde{\theta})$) et les images étiquetées par une approche discriminative (loi $p(z|x,\theta)$). L'apprentissage de la dépendance a posteriori entre $\tilde{\theta}$ et θ à partir d'un grand nombre de données non étiquetées X et un petit nombre de données étiquetées (z,x) permet ainsi de prédire avec une précision accrue la classe Z de futures observations X, par rapport à deux modèles séparés – l'un purement génératif, l'autre purement discriminatif.

Nous développons ci-après deux types de problème d'apprentissage non supervisé basés sur des approches génératives : les modèles graphiques et ceux à variables latentes.

7.1.1 Modèles graphiques

Les modèles probabilistes graphiques reposent sur une représentation des relations de dépendance et d'indépendance conditionnelle entre variables aléatoires à l'aide de graphes. Ces derniers fournissent une représentation des interactions entre variables plus compacte et plus facilement interprétable que des équations. L'identification des relations de dépendance entre variables aléatoires permise par les modèles graphiques a souvent un intérêt en soi, pour l'interprétation du procédé de génération des données, éventuellement même en termes de relations de causalité. La connaissance de ces dépendances permet la prédiction de certaines variables en fonction d'autres. L'approche graphique facilite également la définition de modèles complexes, comportant divers niveaux de hiérarchie ou de structure entre des variables, dont certaines peuvent être latentes ; c'est pourquoi ce chapitre aborde une telle approche en premier.θ Enfin, la représentation de graphes en tant que structures de données dans un logiciel est aisée et permet d'automatiser et d'optimiser certaines procédures d'intérêt – comme le calcul de probabilités conditionnelles, l'identification de la valeur la plus probable de certaines variables sachant d'autres, ou l'estimation de paramètres.

7.1.2 Modèles à variables latentes

Introduire des variables latentes (c'est-à-dire non observées) dans un modèle permet en général de représenter des relations de dépendance complexes entre variables aléatoires observées, qui ne peuvent être obtenues via des dépendances directes uniquement, ou de représenter des caractéristiques dans les données qui sont cachées mais ont un intérêt pour le modélisateur – soit parce que les inférer à partir des données est l'objectif principal de l'étude, soit parce qu'elles ont un impact tel qu'on ne peut les ignorer dans la résolution d'un problème d'analyse de données.

Mélanges

Les modèles de « mélanges indépendants » visent à représenter de l'hétérogénéité dans les données, c'est-à-dire le fait que l'échantillon soit analogue à un regroupement de plusieurs sous-échantillons tels que les propriétés stochastiques soient les mêmes à l'intérieur de chaque sous-échantillon (indépendance, même loi), mais différentes de l'un à l'autre (indépendance mais lois différentes). La difficulté est que, en pratique, on ne sait pas de quel sous-échantillon provient chaque observation. Les modèles de mélanges constituent donc une approche privilégiée pour réaliser le *clustering* de données (classification non supervisée), puisque retrouver les sous-échantillons revient à trouver des groupes de données comparables en termes de distribution. Dans les modèles de mélanges, on associe une variable latente Z catégorielle (à valeur dans $\{1, \ldots, K\}$, K étant le nombre de *clusters* à former) à chaque variable observée X. Si $Z = k$, alors X suit une loi p_k et réciproquement. Si l'on met une loi de probabilités sur Z, alors on est capable de générer un échantillon : d'abord Z, puis X sachant Z. Le *clustering* proprement dit est basé sur l'estimation de la loi de Z et des $(p_k)_{1 \leq k \leq K}$, puis le calcul de la valeur de Z la plus probable sachant X.

Il s'agit donc d'un modèle génératif, par opposition à d'autres approches ne nécessitant pas de définir de loi de probabilités, mais par exemple simplement une mesure de distance d entre x et x', puis reposant sur un algorithme pour décider si l'on doit regrouper ou non x et x' au vu de $d(x, x')$ (classification hiérarchique ascendante ou K-moyennes entre autres exemples). L'avantage des modèles de mélanges sur ces approches est qu'ils représentent finement l'intention du modélisateur en termes de caractéristiques stochastiques à prendre ou non en compte dans le *clustering*. Par exemple pour des données X univariées, certaines applications nécessiteront de regrouper les données d'après leur espérance et d'autres d'après leur variance. Des problèmes d'analyse de données multivariées peuvent nécessiter de les regrouper d'après la corrélation entre certaines coordonnées, plutôt que d'après la moyenne, etc. La limite de cette approche, comme pour bien d'autres modèles génératifs, est qu'elle repose sur des hypothèses restrictives sur les lois $(p_k)_{1 \leq k \leq K}$ susceptibles d'engendrer une dégradation importante des résultats si elles ne sont pas vérifiées.

Analyse en composantes principales probabiliste

L'analyse en composantes principales (ACP), comme évoquée au chapitre précédent, vise à projeter des données observées dans un espace vectoriel de dimension réduite. Ce type d'analyse peut servir à visualiser non seulement ces données dans un plan ou en 3D, mais aussi les relations entre les variables. Parfois, l'ACP est utilisée en pré-traitement sur les données comme méthode de réduction de dimension préalable, par exemple, à une classification ou à un *clustering*.

Ce type d'ACP est basé sur une approche géométrique débouchant sur un critère à optimiser (l'inertie projetée). Nous présentons ici une approche différente, basée sur un modèle probabiliste pour les composantes principales Z et les données observées X. Elle est basée sur l'hypothèse qu'il existe des vecteurs aléatoires latents Z de dimension réduite M, dont on observe une transformation affine X de dimension $D > M$ à travers un bruit gaussien ε, isotrope (c'est-à-dire un vecteur gaussien dont les composantes, indépendantes, ont toutes la même variance).

Dans le cas où la transformation affine et la variance du bruit sont considérées comme des quantités déterministes, on retombe essentiellement sur les résultats du chapitre précédent. L'intérêt d'utiliser un modèle probabiliste explicite plutôt qu'une approche géométrique réside en la possibilité de faire de la validation ou de la sélection de modèles (pour déterminer notamment la dimension M), de pouvoir étendre le modèle à des données X partiellement observées, ou à des mélanges d'ACP probabilistes et, éventuellement, à d'autres hypothèses que celle gaussienne.

Chaînes de Markov cachées

Les chaînes de Markov cachées (CMC) visent, comme les modèles de mélanges indépendants, à représenter de l'hétérogénéité dans les données, mais dans le cas où cette hétérogénéité présente une structure de dépendance temporelle. Elles sont donc utilisées dans l'analyse de séries chronologiques (processus à pas de temps discret $X_1, \ldots, X_n$, noté X_1^n) présentant différents « régimes », c'est-à-dire des plages temporelles où les X_t consécutifs ont le même comportement stochastique. Les CMC sont une approche consistant également à associer une variable latente Z_t représentant le régime à chaque variable observée X_t, mais où l'hypothèse d'indépendance est remplacée par une hypothèse de dépendance markovienne entre les $(Z_t)_{1 \leq t \leq n}$ (en un sens à préciser, Z_t ne dépend que de Z_{t-1}). Le comportement stochastique de X_t quand $Z_t = k$ est également régi par une loi p_k, ce qui fait qu'on peut simuler des données en générant une chaîne de Markov Z_1^n, puis X_1^n. Pour détecter les instants où ont lieu les changements de régime, des alternatives existent à de tels modèles génératifs, en particulier les modèles de rupture. Ces derniers font l'hypothèse que les instants de rupture sont des paramètres indépendants, à estimer (plutôt qu'une chaîne de Markov). Leur limite est qu'ils ne prennent pas en compte un retour à un régime déjà visité auparavant et ne permettent pas de prédire les données qui pourraient être observées ultérieurement à X_n.

Les CMC ou leurs extensions ont été utilisées pour la segmentation de séquences (par exemple, l'identification de gènes dans l'ADN assimilé à une séquence), mais aussi pour leur classification supervisée. En effet, si l'on dispose de séquences regroupées en classes, on peut estimer un modèle de CMC p_g pour chaque groupe g en utilisant les séquences associées, puis prédire la classe d'une nouvelle séquence x_1^n en lui associant la classe g pour laquelle $p_g(x_1^n)$ est maximale.

7.2 Introduction à la statistique bayésienne

7.2.1 Généralités

Paradigme bayésien

L'approche dite « fréquentiste » de la statistique consiste (dans une version élémentaire de ce formalisme) à faire l'hypothèse que les quantités observées x_1^n sont des réalisations de variables aléatoires X_1^n d'une loi p_θ, où θ est un paramètre déterministe et inconnu que l'on cherche à estimer (par exemple, parce que sa connaissance et son interprétation apportent une meilleure compréhension du phénomène étudié, ou pour prédire un comportement futur des X_i). Du fait de la variabilité des X_i, leur utilisation pour estimer θ conduit à une estimation $\hat{\theta}$ (par maximum de vraisemblance, méthode de moments, moindres carrés ou autres) entachée d'incertitude, aléatoire en tant que fonction des X_i. En prenant en compte le lien qu'il y a entre θ et la loi de $\hat{\theta}$, et en moyennant sur toutes les réalisations possibles des X_i à θ fixé, on arrive à définir des propriétés désirables des estimateurs (absence de biais, optimalité, convergence) et à caractériser l'incertitude sur θ (notamment via des intervalles de confiance).

La statistique bayésienne prend le parti de représenter l'incertitude du modélisateur concernant les quantités intervenant dans le modèle en les considérant comme des variables aléatoires – non seulement pour X, mais aussi pour θ, dont dépend X.

Lois a priori et a posteriori

Ainsi, dans le cadre bayésien, l'incertitude sur θ intrinsèque au phénomène étudié présente préalablement à l'observation de l'événement $X = x$ est représentée par une loi $p(\theta)$, dite loi « a priori ». La loi de X quand θ est connu, définie par p_θ en statistique fréquentiste, est traduite par $p(x|\theta)$ en statistique bayésienne. Dès lors, la méthode naturelle pour prendre en compte l'information apportée par l'observation de X sur θ est le conditionnement. Ainsi, l'analyse statistique bayésienne repose sur le calcul de $p(\theta|x)$, dite loi « a posteriori », plutôt que sur une procédure d'optimisation visant à estimer θ par un nombre réel (ou un vecteur).

Le choix de la loi a priori constitue donc une étape nécessaire dans la construction du modèle. Plusieurs motivations sont susceptibles de guider ce choix. Citons notamment l'expérience que le praticien a souvent de ses données, qui lui permet de poser une loi a priori. Une autre approche consiste à poser ce qu'on appelle un a priori non informatif (par exemple, un a priori uniforme), si l'on souhaite tenir compte du fait qu'on n'a pas de connaissance préalable sur le modèle et les lois de ses différents paramètres. Un autre critère de choix important que nous allons détailler maintenant est la calculabilité des lois a posteriori. C'est ce qui amène parfois à considérer des lois a priori dites conjuguées.

Lois conjuguées – Cas particulier de la famille exponentielle

Comme nous l'avons souligné plus haut, en statistique bayésienne, une étape importante est celle du choix des lois a priori. L'estimation de la loi a posteriori, même si celle a priori est connue, n'est en toute généralité pas quelque chose de simple. Il existe pourtant un cas où la situation se simplifie : celui où elles sont dites conjuguées, c'est-à-dire que les lois a priori et a posteriori sont de même nature. Nous commençons par préciser ce concept, puis nous donnons l'exemple fondamental de la famille exponentielle.

Définition 16. *Soit une famille paramétrique de lois $\mathcal{F}$. Elle est dite conjuguée par rapport à la vraisemblance $p(x|\theta)$ si, lorsque $\pi(\theta)$ est une loi de la famille $\mathcal{F}$, la loi a posteriori $p(\theta|x)$ appartient encore à la famille $\mathcal{F}$.*

Dans les exercices 7.1 à 7.3, nous donnons quelques exemples de familles conjuguées.

Tous ces exemples sont des cas particuliers d'une famille plus générale que nous allons présenter maintenant : la famille exponentielle.

Définition 17. *Une loi appartient à la famille exponentielle si sa loi de probabilité (discrète ou continue) s'exprime sous la forme :*

$$p(x|\theta) = a(\theta)b(x)exp(\eta(\theta)T(x))$$

Si $\eta(\theta) = \theta$, on a $p(x|\theta) = b(x)exp(\theta T(x) - A(\theta))$ et la loi est dite sous forme canonique.

Deux exemples fondamentaux sont ceux des lois Beta et Gamma :

Définition 18. *La variable aléatoire X suit la loi Gamma de paramètres $k, \lambda > 0$ si elle a pour densité*

$$f(x) = \frac{x^{k-1}e^{-x/\lambda}}{\Gamma(k)\lambda^k}$$

Cette loi appartient bien à la famille exponentielle avec

$$\theta = \begin{pmatrix} k \\ \lambda \end{pmatrix}, \; \eta(\theta) = \begin{pmatrix} k-1 \\ -1/\lambda \end{pmatrix}, \; \mathcal{A}(\theta) = \ln\Gamma(k) + k\ln(\lambda)$$

et $b(x) = 1$, $T(x) = \begin{pmatrix} \ln(x) \\ x \end{pmatrix}$

Définition 19. *La variable aléatoire X suit la loi Beta de paramètres $\alpha, \beta > 0$ si elle a pour densité*

$$f(x) = \frac{\Gamma(\alpha + \beta)x^{\alpha-1}(1 - x)^{\beta-1})1_{[0,1]}(x)}{\Gamma(\alpha)\Gamma(\beta)}$$

Cette loi appartient bien à la famille exponentielle avec

$$\eta(\theta) = \theta = \begin{pmatrix} \alpha \\ \beta \end{pmatrix}, \; \mathcal{A}(\theta) = \ln\Gamma(\alpha) + \ln\Gamma(\beta) - \ln\Gamma(\alpha + \beta)$$

et $b(x) = 1/[x(1 - x)]$, $T(x) = \begin{pmatrix} \ln(x) \\ \ln(1 - x) \end{pmatrix}$

Dans les exercices 7.4 à 7.6, nous donnons des exemples de lois classiques appartenant à la famille exponentielle.

Proposition 20. *Si $p(x|\theta)$ est une loi de la famille exponentielle, la famille exponentielle est conjuguée par rapport à cette vraisemblance.*

7.2.2 Algorithmes génériques pour l'inférence bayésienne

Les algorithmes que nous allons présenter interviennent fréquemment en statistique bayésienne pour simuler des lois a posteriori. En effet, si on se donne une loi a priori sur les paramètres $\pi(\theta)$ et si on connaît la loi des observations $p(x|\theta)$, la loi a posteriori est donnée par :

$$p(\theta|x) = \frac{\pi(\theta)p(x|\theta)}{\int \pi(\theta)p(x|\theta)d\theta}.$$

À part dans des cas simples (lois conjuguées), il n'est pas toujours possible d'expliciter la loi a posteriori à cause du dénominateur $\int \pi(\theta)p(x|\theta)d\theta$. Ceci empêche par exemple d'avoir explicitement un intervalle de crédibilité pour les paramètres. Une manière de contourner ce problème est de simuler numériquement la loi a posteriori, afin d'approcher sa densité par un histogramme. Ceci reste possible même si l'on ne connaît sa distribution qu'à une constante près.

Nous commençons par quelques rappels simples sur la simulation de variables aléatoires, puis nous expliquons le principe des méthodes MCMC ainsi que deux algorithmes classiques : l'algorithme de Metropolis Hastings et l'échantilloneur de Gibbs.

Quelques algorithmes simples de simulation de variables aléatoires

Rappelons tout d'abord le principe de simulation par inversion :
Proposition 21. *Soit X une variable aléatoire de fonction de répartition F. Pour tout $u \in [0,1]$, on définit alors $F^-(u) = \inf\{x, F(x) \geq u\}$. Si $U \sim \mathcal{U}[0,1]$, alors $F^-(U)$ a même loi que X.*

L'exercice 7.7 aborde la simulation de variables aléatoires par inversion. D'autres algorithmes peuvent être proposés pour simuler d'autres lois :

gaussiennes, gamma à partir de la transformation d'une variable aléatoire suivant la loi uniforme. Nous présentons maintenant la méthode d'acceptation-rejet, qui nous servira dans la suite pour comprendre l'algorithme de Metropolis Hastings. On rapelle que si l'on se donne une densité de probabilité f d'une variable aléatoire X, son support noté $supp(f)$ est l'ensemble $\mathbb{R} \setminus \{x, f = 0\, p.p.$ au voisinage de $x\}$. On suppose que la densité f de la variable aléatoire que l'on cherche à simuler est dominée par une autre densité g telle que :

- Il est aisé de simuler suivant g

- $supp(f) \subset supp(g)$.

- Il existe une constante M telle que $f(x) \le Mg(x)$ pour tout x.

On peut proposer l'algorithme suivant (algorithme 7) pour simuler une variable aléatoire de densité f :

Algorithme 7 Algorithme d'acceptation-rejet

- Générer Y suivant la loi g.

- Générer U suivant une loi $\mathcal{U}[0,1]$

- Accepter la valeur Y et l'ajouter à l'échantillon si $U < f(Y)/(Mg(Y))$

On a alors le résultat suivant :

Proposition 22. *La variable aléatoire Y définie par l'algorithme précédent a pour densité f.*

Remarquons que si $\sup_y f(y)/(Mg(y))$ est très petit, cet algorithme est très coûteux car Y sera très souvent rejetée. Par ailleurs, il faut savoir trouver la valeur de M, si possible la plus petite. Cette méthode n'est donc, dans bien des cas, pas très efficace. Par ailleurs, si f n'est connue qu'à une constante près (ce qui est souvent le cas en statistique bayésienne), il est difficile de déterminer M. Ceci motive l'introduction de méthodes alternatives plus efficaces et valides dans un contexte plus général : les méthodes MCMC.

Méthodes MCMC

L'idée des méthodes MCMC est de simuler une chaîne de Markov dont la loi limite est la loi cible, de densité f. Nous présentons deux méthodes permettant de construire une telle chaîne.

Algorithme de Métropolis Hastings. Comme dans l'algorithme d'acceptation-rejet, on se donne une densité cible f et une loi auxiliaire q suivant laquelle on va simuler à chaque pas de l'algorithme. Il s'agit cette fois-ci d'une loi conditionnelle $q(\cdot|x)$, dépendant de l'échantillon obtenu lors du pas précédent de l'algorithme que nous détaillons ci-après.

Algorithme 8 Algorithme de Métropolis Hastings

Initialisation :

- Générer x_0 aléatoirement.

pour $n = 1, \cdots$ **faire**

- Générer y_n suivant $q(\cdot|x_n)$
- Choisir

$$x_{n+1} = \begin{cases} y_n \text{ avec probabilité } p(x_n, y_n) \\ x_n \text{ avec probabilité } 1 - p(x_n, y_n) \end{cases}$$

avec $p(x, y) = \min\left(\frac{f(y)}{f(x)} \frac{q(x|y)}{q(y|x)}, 1\right)$.

Pour énoncer un résultat de convergence, nous allons avoir besoin d'introduire la notion suivante :

Définition 23. *Une matrice $A = (a_{i,j})$ à coefficients positifs ou nuls est dite irréductible si, pour tous (i, j), il existe $p \in \mathbb{N}$ et $(i_1, \cdots, i_p)$ tels que $a_{ii_1}, \cdots a_{i_p j}$ sont tous strictement positifs. En particulier, une matrice à coefficients tous strictement positifs est irréductible.*

Proposition 24. *Les (x_n) forment une chaîne de Markov. Si q est tel que la matrice $(q(y|x))_{x,y}$ est irréductible, alors la chaîne de Markov (x_n) converge et sa loi limite est f.*

Le point clé est le choix de q qui influe en particulier sur la vitesse de convergence.En pratique, on peut se donner des critères empiriques de convergence (par exemple, regarder la moyenne empirique de l'échantillon et attendre qu'elle se stabilise).

Échantillonneur de Gibbs. Le contexte est un peu différent de celui que nous venons de décrire et est très adapté au cadre bayésien. Supposons qu'on cherche à simuler la loi a posteriori d'un paramètre multidimensionnel $\Theta = (\theta_1, \cdots, \theta_n)$ sachant des observations. On suppose qu'on ne sait pas simuler la loi jointe $p(\Theta|X)$ mais qu'on est capable de simuler, pour tout i, les lois conditionelles $p(\theta_i|X, \Theta_{-i})$ où on note Θ_{-i} le vecteur Θ auquel on a enlevé sa i^{e} coordonnée. L'algorithme de Gibbs consiste à réaliser les opérations suivantes :

Algorithme 9 Algorithme de Gibbs

Initialisation :

- $\Theta^{(0)}$

pour $t = 1, \cdots, T_{max}$ **faire**
  pour $i = 1, \cdots, n$ **faire**

  - Simuler $\theta_1^{(t+1)}$ suivant $p(\cdot|X, \theta_2 = \theta_2^{(t)}, \cdots, \theta_n = \theta_n^{(t)})$
  - Simuler $\theta_2^{(t+1)}$ suivant $p(\cdot|X, \theta_1 = \theta_1^{(t+1)}, \theta_3 = \theta_3^{(t)}, \cdots, \theta_n = \theta_n^{(t)})$
  - .....
  - Simuler $\theta_n^{(t+1)}$ suivant $p(\cdot|X, \theta_1 = \theta_1^{(t+1)}, \cdots, \theta_{n-1} = \theta_{n-1}^{(t+1)})$

On a le résultat suivant :

Proposition 25. *Supposons que les lois conditionelles sont toutes des lois à densité toutes positives. Alors la suite des vecteurs générés est une chaîne de Markov dont la distribution invariante, limite ergodique de la chaine, est la loi du paramètre Θ.*

La difficulté de cette méthode consiste à être capable de simuler les lois conditionnelles.

Approches empiriques. Lien avec EM

Rappelons qu'EM est un algorithme itératif qui sert à estimer les paramètres d'un modèle probabiliste à partir de la maximisation de sa vraisemblance dans le cas où il contient des variables latentes (i.e. non observées). Les deux étapes de cet algorithme sont les suivantes :

- Étape E : calcul de l'espérance de la vraisemblance par rapport aux variables latentes en tenant compte des dernières variables observées.

- Étape M : on maximise cette espérance par rapport aux paramètres du modèle.

L'étape E requiert l'estimation d'une espérance, ce qui n'est pas toujours possible. Une alternative à cette méthode est l'algorithme EM Monte Carlo, où le calcul de l'espérance est remplacé par la simulation de n réalisations iid des variables latentes et le calcul de la moyenne empirique associée.

7.3 Inférence dans les modèles à variables latentes

Avant d'expliquer l'inférence pour les différents modèles décrits en section 7.1, nous donnons une présentation formelle de la notion de modèle probabiliste graphique, afin d'unir dans un même formalisme la description de plusieurs de ces modèles et algorithmes d'inférence associés.

7.3.1 Modèles probabilistes graphiques

Il existe essentiellement deux classes de modèles probabilistes graphiques : non orientés et orientés sans circuit (*Directed Acyclic Graphs ou DAG*). Les deux visent à représenter des relations d'indépendance conditionnelle satisfaites par une loi P entre les composantes d'un vecteur aléatoire $\boldsymbol{X} = (X_1, \ldots, X_D)$. Soient A, B et C trois ensembles deux à deux disjoints inclus dans $\{1, \ldots, D\}$: on note $\boldsymbol{X}_A = (X_a)_{a \in A}$ et $\boldsymbol{x}_A = (x_a)_{a \in A}$ si $\boldsymbol{x}$ est une valeur possible de $\boldsymbol{X}$. On note $\boldsymbol{X}_A \perp\!\!\!\perp \boldsymbol{X}_B | \boldsymbol{X}_C$ si et seulement si $\boldsymbol{X}_A$ et $\boldsymbol{X}_B$ sont conditionnellement indépendants sachant $\boldsymbol{X}_C$, c'est-à-dire :

$$\forall (\boldsymbol{x}_A, \boldsymbol{x}_B, \boldsymbol{x}_C),\ p(\boldsymbol{x}_C) > 0 \Rightarrow p(\boldsymbol{x}_A, \boldsymbol{x}_B | \boldsymbol{x}_C) = p(\boldsymbol{x}_A | \boldsymbol{x}_C) p(\boldsymbol{x}_B | \boldsymbol{x}_C)$$

Soit $\mathcal{G} = (\mathcal{S}, \mathcal{A})$ un graphe non orienté dont l'ensemble des sommets $\mathcal{S}$ est $\{X_i\}_{1 \le i \le D}$. Étant donnés trois ensembles A, B et C deux à deux disjoints inclus dans $\mathcal{S}$: on dit que C sépare A de B si et seulement si, pour tout sommet dans A, tout sommet dans B et toute chaîne (chemin non orienté) entre ces deux sommets, la chaîne passe par un sommet de C (voir figure 7.1). On dit que $\mathcal{G}$ est un graphe d'indépendance conditionnelle pour P si et seulement si $\boldsymbol{X}_A \perp\!\!\!\perp \boldsymbol{X}_B | \boldsymbol{X}_C$ est équivalent à la séparation de A et B par C dans $\mathcal{G}$.

Les graphes d'indépendance conditionnelle non orientés sont plutôt utilisés pour modéliser des relations symétriques d'interaction entre variables

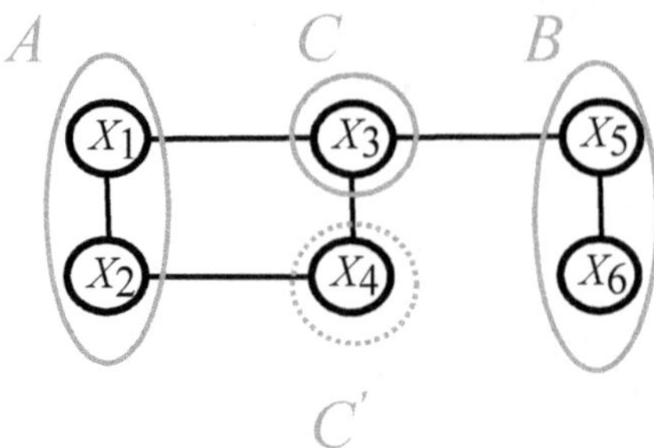

Figure 7.1 - Un graphe d'indépendance conditionnelle non orienté. C sépare A et B (donc $X_1, X_2 \perp\!\!\!\perp X_5, X_6 | X_3$) tandis que C' ne les sépare pas.

aléatoires, comme des corrélations, et des dépendances circulaires entre quatre variables ou plus (par exemple X_1 à X_4 figure 7.1).

Utiliser les DAG, graphes orientés « acycliques » (en fait, sans circuit), conduit à une représentation de l'indépendance conditionnelle un peu différente. Dans ce cas, l'ensemble $\mathcal{A}$ des arcs est une partie de $\mathcal{S} \times \mathcal{S}$ qui exclut les arcs en boucle du type $(s, s), s \in \mathcal{S}$. La notion de séparation dans les graphes orientés fait appel à celle de *graphe moral* $(\mathcal{S}, \mathcal{A}^M)$ de $(\mathcal{S}, \mathcal{A})$, où $\mathcal{A}^M$ est obtenu à partir de $\mathcal{A}$ en ajoutant une arête (non orientée) entre toutes les paires de parents non adjacents de tout sommet, puis en supprimant l'orientation de tous les autres arcs de $\mathcal{A}$. Pour décider si C sépare A de B (donc si $\boldsymbol{X}_A \perp\!\!\!\perp \boldsymbol{X}_B | \boldsymbol{X}_C$), on construit le graphe ancestral de $E = A \cup B \cup C$, c'est-à-dire celui de tous les sommets $s \in \mathcal{S}$ tels qu'il existe un chemin (orienté) de s vers un sommet $v \in E$. On construit alors le graphe moral (non orienté) du graphe ancestral de E et on vérifie si C y sépare A de B, au sens des graphes non orientés (voir figure 7.2).

La propriété de séparation dans les DAG implique que, conditionnellement à ses parents, une variable aléatoire est indépendante de toutes les autres variables sauf ses descendantes.

À tout DAG, on peut associer une propriété de factorisation :

$$p(\boldsymbol{x}) = \prod_{s \in \mathcal{S}} p(x_s | \boldsymbol{x}_{\mathrm{pa}(s)}) \tag{7.1}$$

en notant $p(x_s | \boldsymbol{x}_{\mathrm{pa}(s)}) = p(x_s)$ si $\mathrm{pa}(s) = \emptyset$, telle que si p vérifie (7.1) alors $\mathcal{G}$ est un DAG d'indépendance conditionnelle pour p.

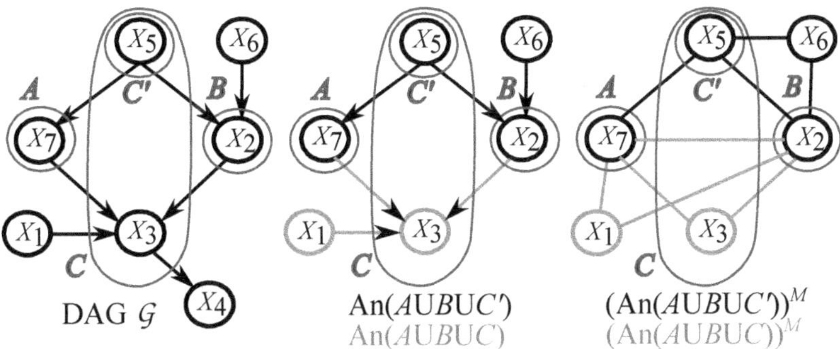

Figure 7.2 - Un DAG d'indépendance conditionnelle (à gauche), avec graphe ancestral (au milieu) et graphe ancestral moral (à droite). Dans le graphe ancestral/moral de $A \cup B \cup C'$, les sommets, arcs et arêtes en grisé disparaissent. C' sépare alors A et B (donc $X_2 \perp\!\!\!\perp X_7 | X_5$). Dans le graphe ancestral/moral de $A \cup B \cup C$, il existe une chaîne (X_7, X_2) ne passant pas par C (C ne sépare pas A et B).

Les DAG d'indépendance conditionnelle sont utilisés de manière privilégiée pour modéliser des relations asymétriques d'interaction ou d'influence entre variables aléatoires, voire potentiellement des relations causales. On peut représenter ainsi des hiérarchies entre variables aléatoires, comme la notion de succession, utile pour les séries chronologiques. Contrairement aux modèles orientés, on peut représenter la dépendance marginale entre variables conditionnellement dépendantes.

7.3.2 Mélanges

Comme mentionné dans l'introduction de ce chapitre, les mélanges de lois indépendants sont souvent utilisés pour modéliser une hétérogénéité des données et pour réaliser du *clustering*. On observe les réalisations de n variables aléatoires $X_1, \ldots, X_n$ indépendantes, tout en associant à chacune d'entre elles une variable aléatoire latente Z_i catégorielle à valeur dans $\{1, \ldots, K\}$, K étant le nombre de *clusters* à former. Les couples $((X_i, Z_i))_{i=1,\ldots,n}$ sont supposés mutuellement indépendants et sachant $Z_i = k$, X_i suit une loi p_k appelée loi d'émission, que l'on supposera ici appartenir à une famille paramétrique $\{p_\theta\}_{\theta \in \Theta}$, de sorte que $p(x_i | Z_i = k) = p_{\theta_k}(x_i)$ (on dit que la valeur x_i est émise dans l'état k). Les paramètres du modèle sont alors $\lambda = (\theta_1, \ldots, \theta_K)$. Dans une approche bayésienne, la loi a priori de Z_i peut être également choisie dans une famille paramétrique (loi de Dirichlet par exemple), ou être supposée uniforme sur $\{1, \dots, K\}$ – qui est l'approche suivie ci-après. On munit également λ d'une loi, avec l'hypothèse d'indépendance a priori $p(\theta_1, \dots, \theta_K) = \prod_{k=1}^{K} p(\theta_k)$. L'analyse statistique est basée sur le calcul de $p(z_1, \dots, z_n, \theta_1, \dots, \theta_K | x_1, \dots, x_n)$. Étant donné que, même en choisissant une famille de lois conjuguées pour les θ_i, cette quantité n'a pas d'expression explicite, on fait appel à un échantillonneur de Gibbs (voir paragraphe 7.2.2).

Notons $X_1^n = (X_1, \dots, X_n)$ (resp. $\boldsymbol{Z} = Z_1^n$) la séquence des observations (resp. des *clusters* associés). L'échantillonneur de Gibbs vise à approcher la loi $p(Z_1^n, \lambda | x_1^n)$ par des tirages qui suivent cette loi quand leur nombre tend vers l'infini. Il s'appuie sur le fait que les lois $p(Z_1^n | \lambda, x_1^n)$ et $p(\lambda | Z_1^n, x_1^n)$ ont une expression explicite. Il part d'une valeur initiale λ_1 des paramètres, puis est basé sur l'itération suivante à chaque étape $m \leq M$. À l'itération m, on note λ_m les paramètres simulés, $\lambda_{m,-k} = (\theta_{1,m}, \dots, \theta_{k-1,m}, \theta_{k+1,m-1}, \dots, \theta_{K,m-1})$ avec des notations analogues $Z_{i,m}$, $\boldsymbol{Z}_m$ et $\boldsymbol{Z}_{m,-i}$ pour les *clusters* simulés.

1 Simuler $p(Z_1^n | \lambda_m, x_1^n)$ ainsi : pour $i = 1, \dots, n$
simuler $Z_{i,m} \sim p(Z_i | \boldsymbol{z}_{m,-i}, \lambda_m, x_1^n)$

2 Simuler $p(\lambda | \boldsymbol{Z}_m, x_1^n)$ ainsi : pour $k = 1, \dots, K$
simuler $\theta_{k,m+1} \sim p(\theta_k | \boldsymbol{Z}_m, \lambda_{m+1,-k}, x_1^n)$.

L'étape 1 est basée sur le calcul suivant :

$$p(z_i | \boldsymbol{z}_{-i}, \lambda, x_1^n) = \frac{p(z_i, z_{-i}, \lambda, x_1^n)}{p(z_{-i}, \lambda, x_1^n)} = \frac{p(x_1^n | z_i, z_{-i}, \lambda) p(z_i, z_{-i} | \lambda) p(\lambda)}{p(x_i, x_{-i} | z_{-i}, \lambda) p(z_{-i} | \lambda) p(\lambda)}$$

$$= \frac{p(x_i | z_i, \lambda) p(x_{-i} | z_i, \lambda) p(z_i | \lambda)}{p(x_i | \lambda)} = \frac{p_{\theta_{z_i}}(x_i)}{\sum_{k=1}^{K} p_{\theta_k}(x_i)} = p(z_i | x_i, \lambda)$$

$$\tag{7.2}$$

Du fait que les Z_i sont indépendants sachant λ_m et x_1^n, il est possible de les simuler en parallèle.

L'étape 2 est basée sur le calcul suivant. Tout d'abord, en notant $\mathcal{I}_k = \{i \in \{1,\dots,n\}|z_i = k\}$ pour $1 \le k \le K$, on a :

$$p(x_1^n|z_1^n,\lambda) = \prod_{k=1}^{K} \prod_{i \in \mathcal{I}_k} p(x_i|z_i = k,\lambda) = \prod_{k=1}^{K} \prod_{i \in \mathcal{I}_k} p_{\theta_k}(x_i)$$

Donc :

$$p(\theta_k|,z_1^n\lambda_{-k},x_1^n) = \frac{p(\theta_k,\lambda_{-k},z_1^n,x_1^n)}{p(\lambda_{-k},z_1^n,x_1^n)}$$

$$= \frac{p(x_1^n|\lambda,z_1^n)p(z_1^n|\lambda)p(\theta_k)p(\lambda_{-k})}{p(x_1^n|\lambda_{-k},z_1^n)p(z_1^n|\lambda)p(\lambda_{-k})} = \frac{\left[\prod_{j=1}^{K}\prod_{i\in\mathcal{I}_j}p_{\theta_j}(x_i)\right]p(\theta_k)}{\left[\prod_{j\neq k}^{K}\prod_{i\in\mathcal{I}_j}p_{\theta_j}(x_i)\right]}$$

$$= p(\theta_k|(z_i,x_i)_{i\in\mathcal{I}_k}) \propto p(\theta_k)\prod_{i\in\mathcal{I}_j}p_{\theta_k}(x_i) \qquad (7.3)$$

Ces étapes correspondent à l'exercice 7.9. On remarque que, pour simuler suivant la loi $p(\theta_k|,z_1^n\lambda_{-k},x_1^n)$ à l'étape 2, il suffit de savoir simuler la loi a posteriori dans le cas d'un échantillon i.i.d., ici l'échantillon des x_i tels que $z_i = k$. Cette étape est directe quand on a choisi une famille de lois conjuguées pour la loi a priori $p(\theta_k)$.

Les valeurs simulées $(\boldsymbol{Z}_m,\lambda_m)_{m\geq 0}$ forment une chaîne de Markov dont la loi converge vers la loi stationnaire $p(\boldsymbol{Z},\lambda|x_1^n)$. Étant donné que la loi des premières centaines de valeurs simulées peut être éloignée de la loi stationnaire, on les ignore en général. Les valeurs conservées permettent de tracer des histogrammes approchant la densité a posteriori des paramètres (θ_k ici), ou d'estimer toute quantité requise pour l'inférence (espérance a posteriori $E[\theta_k|x_1^n]$ approchée par $\frac{1}{M}\sum_{m=1}^{M}\theta_{k,m}$ par exemple). Cette inférence est relative à la marginale $p(\lambda|x_1^n)$ mais on peut approcher l'autre marginale $p(\boldsymbol{Z}|x_1^n)$ en calculant les fréquences $\frac{1}{M}\sum_{m=1}^{M}\mathbb{1}_{\{Z_{i,m}=k\}}$ (approximation de $p(Z_i = k|x_i)$, probabilité a posteriori que x_i soit dans le *cluster* k) et $\frac{1}{MN}\sum_{m=1}^{M}\sum_{i=1}^{n}\mathbb{1}_{\{Z_{i,m}=k\}}$ (approximation de la proportion globale d'individus dans le *cluster* k). Une alternative est de réaliser l'estimation ponctuelle de λ (comme la moyenne empirique des valeurs simulées, leur mode, etc.) et d'utiliser l'équation (7.2) pour calculer la probabilité pour chaque observation d'être dans chacun des *clusters*. On peut alors déterminer, pour chaque observation, son *cluster* le plus probable pour parachever le *clustering*.

Dans le cas des modèles de mélanges, une difficulté survient du fait que le modèle n'est identifiable qu'à une permutation près des valeurs de Z_i (étiquettes des *clusters*) et donc des indices des paramètres. Autrement dit, si on remplace dans toutes les équations θ_1 par θ_2, θ_2 par θ_1, $Z_i = 1$ par $Z_i = 2$ et $Z_i = 2$ par $Z_i = 1$, on n'a fondamentalement rien changé au modèle. Ceci se traduit par la possibilité que les étiquettes des Z_i soient permutées en cours d'échantillonnage de Gibbs et que, dans les moyennes empiriques ci-après, on somme des quantités qui aient des interprétations différentes. Pour éviter ce problème, on peut ré-étiqueter les Z_i et θ_k à la fin de l'algorithme, par exemple en ordonnant les paramètres dans l'ordre lexicographique (si $\theta_k \in \mathbb{R}$ on décide par exemple que θ_1 est le plus petit des θ_k).

En pratique, le nombre de *clusters* K existant dans les données est rarement connu à l'avance et il faut le déterminer. De nombreuses approches existent. Des études comparatives ont mis en évidence le bon comportement du critère BIC (*Bayesian Information Criterion*) pour les mélanges gaussiens. BIC est défini par :

$$\text{BIC}(K) = 2 \max_{\lambda_K} \ln(p(x_1^n | K, \lambda_K)) - d_K \ln(n)$$

où λ_K désigne le paramètre d'un modèle à K *clusters* et $p(x_1^n | K, \lambda_K)$ la vraisemblance de λ_K. On choisit la valeur de K qui maximise $\text{BIC}(K)$.

7.3.3 Analyse en composantes principales probabiliste

L'analyse en composantes principales (ACP) probabiliste est une ACP basée sur l'hypothèse que, pour chaque individu i, on observe un vecteur aléatoire $\boldsymbol{X}_i$ de dimension D qui est une version bruitée d'une variable aléatoire latente $\boldsymbol{Z}_i$ de dimension réduite M, ayant subi au préalable une transformation affine $\mathbf{W}$: $\boldsymbol{X}_i = \mathbf{W}\boldsymbol{Z}_i + \mu + \varepsilon_i$ avec $\boldsymbol{Z}_i \sim \mathcal{N}(0, \mathbf{I}_M)$, et où $\varepsilon_i \sim \mathcal{N}(0, \sigma^2 \mathbf{I}_D)$ est indépendant de $\boldsymbol{Z}_i$ et $\mathbf{W} \in \mathbb{R}^{D \times M}$.

On observe n réalisations de $\boldsymbol{X}_i \in \mathbb{R}^D$, indépendantes sachant les paramètres $\lambda = (\mathbf{W}, \mu, \sigma^2)$, tandis que les $\boldsymbol{Z}_i \in \mathbb{R}^M$ ne sont pas observés. La variable ε_i étant un bruit, $\boldsymbol{Z}_i$ représente le signal d'intérêt (de faible dimension) qui contient toute l'information utile ; c'est pourquoi l'objectif de l'étude est l'inférence de $\boldsymbol{Z}_i$ (réduction de dimension).

La loi marginale de $\boldsymbol{X}_i$ est $\mathcal{N}(\mu, \mathbf{W}^t\mathbf{W} + \sigma^2\mathbf{I}_D)$. Or, pour toute matrice orthogonale $\mathbf{R} \in \mathbb{R}^{M \times M}$, le modèle $\boldsymbol{X}_i = \mathbf{W}\mathbf{R}\boldsymbol{Z}_i + \mu + \varepsilon_i$ est équivalent au précédent au sens où les deux conduisent à la même loi des observations $\boldsymbol{X}_i \sim \mathcal{N}(\mu, \mathbf{W}^t\mathbf{W} + \sigma^2\mathbf{I}_D)$. En conclusion, en n'observant que les $\boldsymbol{X}_i$, on ne peut espérer estimer $\mathbf{W}$ qu'à une transformation orthogonale $\mathbf{R}$ près.

En notant $\boldsymbol{z}_1^n = (\boldsymbol{z}_1, \ldots, \boldsymbol{z}_n)$ et $\boldsymbol{x}_1^n = (\boldsymbol{x}_1, \ldots, \boldsymbol{x}_n)$, l'inférence se fonde sur le calcul de la loi $p(\boldsymbol{z}_1^n | \boldsymbol{x}_1^n)$. Même en considérant des lois a priori de type N-Iχ^2 (exercice 7.8), qui sont conjuguées dans le cas d'un échantillon i.i.d. gaussien, les lois prédictives ou a posteriori n'ont pas d'expression explicite dans le cas du modèle d'ACP. On a donc recours à un échantillonneur de Gibbs, qui met en jeu les paramètres inconnus σ^2, μ et $\mathbf{W}$ et les variables latentes.

Cet algorithme part d'une valeur initiale λ_1 des paramètres, puis est basé sur l'itération suivante à chaque étape $e \leq E$. À l'itération e, on note $\lambda_e = (\sigma_e^2, \mu_e, \mathbf{W}_e)$ les paramètres simulés.

1 Simuler $p(\boldsymbol{Z}_1^n | \lambda_e, \boldsymbol{X}_1^n)$

2 Simuler $\sigma_{e+1}^2 \sim p(\sigma^2 | \mu_e, \mathbf{W}_e, \boldsymbol{Z}_1^n, \boldsymbol{X}_1^n)$

3 Simuler $\mu_{e+1} \sim p(\mu | \sigma_{e+1}^2, \mathbf{W}_e, \boldsymbol{Z}_1^n, \boldsymbol{X}_1^n)$

4 Simuler $p(\mathbf{W} | \mu_{e+1}, \sigma_{e+1}^2, \boldsymbol{X}_1^n)$

Chaque étape met en jeu des lois explicites si on choisit les lois a priori suivantes : $(\mu, \sigma^2) \sim$ N-I$\chi^2(\mu_0, \rho_0^2, \nu_0, \sigma_0^2)$ et $\mathbf{W}$ avec des coefficients i.i.d. $\mathcal{N}(0, 1)$.

Les étapes 1 et 4 sont simplifiées grâce à la proposition 26 (à montrer dans l'exercice 7.10) :

Proposition 26. *On note $\tilde{\mathbf{W}}_1, \ldots, \tilde{\mathbf{W}}_D$ les vecteurs colonnes dont les transposés sont les lignes de $\mathbf{W}$, $\mathbf{Z}$ la matrice dont les colonnes sont les $(\boldsymbol{Z}_i)_{1 \leq i \leq n}$, $\mathbf{X}$ la matrice dont les colonnes sont les $(\boldsymbol{X}_i)_{1 \leq i \leq n}$ et $\tilde{\boldsymbol{X}}_1, \ldots, \tilde{\boldsymbol{X}}_n$ les vecteurs colonnes dont les transposés sont les lignes de $\mathbf{X}$ ($\tilde{\boldsymbol{X}}_j$ représente les valeurs de la j^e variable pour les n individus). Sous les hypothèses précédentes,*

- *sachant $\mu, \sigma^2, \mathbf{W}$ et $\boldsymbol{X}_1^n$, les $\boldsymbol{Z}_1, \ldots, \boldsymbol{Z}_n$ sont indépendants et $\boldsymbol{Z}_i \sim \mathcal{N}(\tau_i, \boldsymbol{\Sigma})$ avec $\tau_i = {}^t\mathbf{W}\mathbf{S}^{-1}(\boldsymbol{X}_i - \mu)$, $\boldsymbol{\Sigma} = \mathbf{I}_M - {}^t\mathbf{W}\mathbf{S}^{-1}\mathbf{W}$ et $\mathbf{S} = \mathbf{W}\,{}^t\mathbf{W} + \sigma^2\mathbf{I}_D$;*

- *sachant $\mu, \sigma^2, \boldsymbol{Z}_1^n$ et $\boldsymbol{X}_1^n$, les $\tilde{\mathbf{W}}_1, \ldots, \tilde{\mathbf{W}}_D$ sont indépendants et $\tilde{\mathbf{W}}_j \sim \mathcal{N}(\rho_j, \boldsymbol{\Xi})$ avec $\mathbf{Q} = \mathbf{Z}\,{}^t\mathbf{Z} + \sigma^2\mathbf{I}_n$, $\rho_j = {}^t\mathbf{Z}\mathbf{Q}^{-1}(\tilde{\boldsymbol{X}}_j - \mu_j \mathbb{1}_n)$ et $\boldsymbol{\Xi} = \mathbf{I}_M - {}^t\mathbf{Z}\mathbf{Q}^{-1}\mathbf{Z}$.*

Les étapes 2 et 3 sont obtenues remplaçant $\boldsymbol{X}_i$ par $\boldsymbol{Y}_i$ dans le résultat de l'exercice 7.8, avec $\boldsymbol{Y}_i = \boldsymbol{X}_i - \mathbf{W}\boldsymbol{Z}_i$ pour $i = 1, \ldots, n$.

7.3.4 Chaînes de Markov cachées

Les chaînes de Markov cachées (CMC) sont des processus aléatoires, permettant de modéliser des séquences x_1^n qui comportent des changements de régime (de comportement stochastique) au cours du temps, séparées par des zones homogènes où les X_t ont même « loi » (techniquement, même loi conditionnelle). Ce modèle se distingue des approches par détection de ruptures, où les instants des ruptures sont considérés comme des paramètres du modèle et où le processus ne revient pas dans un régime déjà visité. A contrario dans les CMC, les ruptures sont liées à des variables latentes et non pas directement à des paramètres du modèle ; un régime donné peut être visité plusieurs fois. Les CMC se distinguent également des modèles de mélanges indépendants évoqués en section 7.3.2, car une dépendance est introduite entre les X_t, pour éviter qu'une observation isolée dans une zone ne crée à elle seule un changement de zone. Les CMC ont été utilisées pour de nombreuses applications, entre autres en traitement du signal et de la parole, analyse d'électroencéphalogrammes et de séquences génomiques.

Ces propriétés sont obtenues, comme pour les mélanges, en incorporant dans le modèle des variables latentes catégorielles $Z_t \in \{1, \ldots, K\}$ qui à la fois représentent le régime du processus à l'instant t et permettent d'introduire indirectement des dépendances entre les X_t.

Les CMC peuvent être vues comme un modèle probabiliste graphique, dont le graphe correspond à la figure 7.3 et satisfaisant la propriété de factorisation (7.1) associée, qui s'écrit donc ici :

$$p(z_1^n, x_1^n) = p(z_1) \prod_{t=2}^{n} p(z_t | z_{t-1}) \prod_{t=1}^{n} p(x_t | z_t)$$

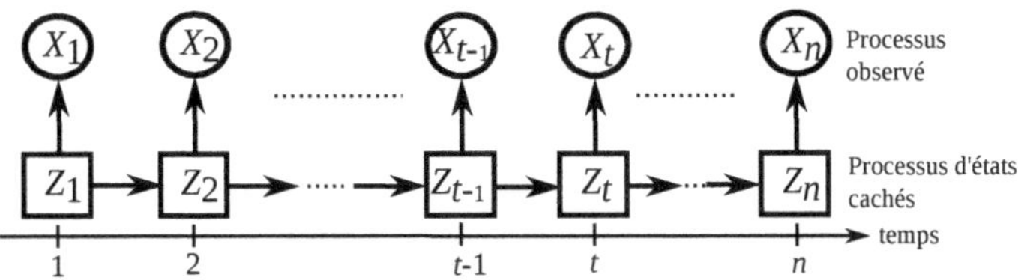

Figure 7.3 - Modèle graphique définissant les dépendances entre variables aléatoires d'une CMC.

En supposant une loi uniforme pour Z_1 et en paramétrant le modèle par la matrice des probabilités de transition de la chaîne de Markov non observée $A = (P(Z_t = k | Z_{t-1} = j))_{\substack{j=1...,K \\ k=1...,K}}$ et les lois d'émission $p(x_t | z_t = k) = p_{\theta_k}(x_t)$, on obtient dans un cadre bayésien la vraisemblance des données complètes (observées et cachées) :

$$p(z_1^n, x_1^n | \lambda) = \pi_{z_1} \prod_{t=2}^{n} A_{z_{t-1}, z_t} \prod_{t=1}^{n} p_{\theta_{z_t}}(x_t)$$

où $\lambda = (\pi, A, \theta_1, \ldots, \theta_K)$. On munit alors λ d'une loi a priori : les lignes de A et les θ_k sont supposés indépendants et la k^{e} ligne de A est de loi de Dirichlet $\mathcal{D}(\alpha_1^k, \ldots, \alpha_1^k)$. Comme pour les modèles de mélanges indépendants, l'analyse statistique du modèle est basée sur le calcul de $p(z_1^n, \lambda | x_1^n)$ approché à l'aide d'un échantillonneur de Gibbs basé sur l'itération m suivante :

1 Pour $t = 1, \ldots, n$, simuler $Z_{t,m} \sim p(Z_t | \boldsymbol{z}_{m,-t}, x_1^n, \lambda_m)$.

2 Pour $k = 1, \ldots, K$, simuler $\theta_{k,m+1} \sim p(\theta_k | \boldsymbol{Z}_m, x_1^n, \lambda_{m+1,-\theta_k})$.

3 Pour $k = 1, \ldots, K$, simuler $A_{k,m+1} \sim p(A_k | \boldsymbol{Z}_m, x_1^n, \lambda_{m+1,-A_k})$

où A_k désigne la k^{e} ligne de A, $\lambda_{m+1,-A_k}$ le paramètre λ courant privé de A_k et de même pour $\lambda_{m+1,-\theta_k}$.

L'étape 1 est basée sur le fait que $p(z_t | \boldsymbol{z}_{-t}, x_1^n, \lambda) = p(z_t | z_{t-1}, z_{t+1}, x_t, \lambda)$, car $Z_t \perp\!\!\!\perp Z_1^{t-2}, Z_{t+2}^n, X_1^{t-1}, X_{t+1}^n, | Z_{t-1}, Z_{t+1}, X_t, \lambda$ (voir figure 7.3 et la propriété de séparation associée). On en déduit, pour $1 < t < n$:

$$p(z_t|\boldsymbol{z}_{-t}, x_1^n, \lambda) = p(z_t|z_{t-1}, z_{t+1}, x_t, \lambda) = \frac{p(z_{t+1}, z_t|z_{t-1}, x_t, \lambda)}{p(z_{t+1}|z_{t-1}, x_t, \lambda)}$$

$$= \frac{p(z_{t+1}|z_t, x_t, \lambda)p(z_t|z_{t-1}, x_t, \lambda)}{p(z_{t+1}|z_{t-1}, x_t, \lambda)} = \frac{p(z_{t+1}|z_t, \lambda)p(x_t, z_t|z_{t-1}, \lambda)}{p(z_{t+1}|z_{t-1}, x_t, \lambda)p(x_t|z_{t-1}, \lambda)}$$

$$= \frac{p(z_{t+1}|z_t, \lambda)p(x_t|z_t, \lambda)p(z_t|z_{t-1}, \lambda)}{p(z_{t+1}|z_{t-1}, x_t, \lambda)p(x_t|z_{t-1}, \lambda)} = \frac{A_{z_t, z_{t+1}}p_{\theta_{z_t}}(x_t)A_{z_{t-1}, z_t}}{\sum_{k=1}^{K} A_{k, z_{t+1}}p_{\theta_k}(x_t)A_{z_{t-1}, k}}$$

Les cas particuliers de $t = 1$ et $t = n$ sont à traiter en exercice.

L'étape 2 est identique à l'étape équivalente des modèles de mélanges indépendants, l'équation (7.3) restant valide.

L'étape 3 est basée sur le fait que les lois de Dirichlet forment une famille conjuguée et que $p(A_k|\boldsymbol{Z}_m, x_1^n, \lambda_{m+1, -A_k})$ a l'expression explicite $\mathcal{D}(\alpha_1^k + \nu_1^k, \ldots, \alpha_K^k + \nu_K^k)$ où ν_j^k est le nombre de transitions de l'état j vers l'état k dans z_1^n.

En général, il est utile pour la validation et l'interprétation du modèle de donner une valeur aux Z_t. On peut alors utiliser l'ensemble des valeurs simulées lors des itérations en gardant les séquences les plus probables. Une alternative est de faire une estimation ponctuelle de λ, puis d'utiliser la valeur de Z_1^n la plus probable sachant λ et x_1^n (voir exercice). Comme pour les mélanges indépendants, on peut utiliser le critère BIC pour déterminer le nombre d'états cachés K.

7.3.5   Modèles hiérarchiques à variables latentes

Il s'agit de modèles génératifs, permettant de travailler avec des données multi-niveaux. Nous allons les illustrer en considérant le modèle *Latent Dirichlet Allocation* (LDA) très populaire lorsqu'on travaille sur un ensemble de documents. Le LDA est un modèle probabiliste génératif de corpus. L'idée consiste à considérer les documents comme des mélanges aléatoires sur des *topics*, qui sont les thèmes sous-jacents du corpus. Chaque topic k est caractérisé par une distribution multinomiale $p(\cdot|\beta_k)$ de paramètre β_k sur les mots du vocabulaire, supposée connue dans le modèle original. On peut résumer le processus de génération des mots (w_{id}) de chaque document d de la manière suivante :

- Pour chaque document indépendamment, générer θ_d, proportion des thèmes dans le document d suivant une loi de Dirichlet de paramètre α.

- Pour chaque mot du document d :
  - Générer indépendamment un topic z_n.
  - Tirer ensuite le mot w_n avec la probabilité $p(w_n|\beta_{z_n})$.

On peut visualiser ce processus génératif à l'aide du graphe correspondant à la figure 7.4. Les modèles du type LDA permettent de générer le corpus

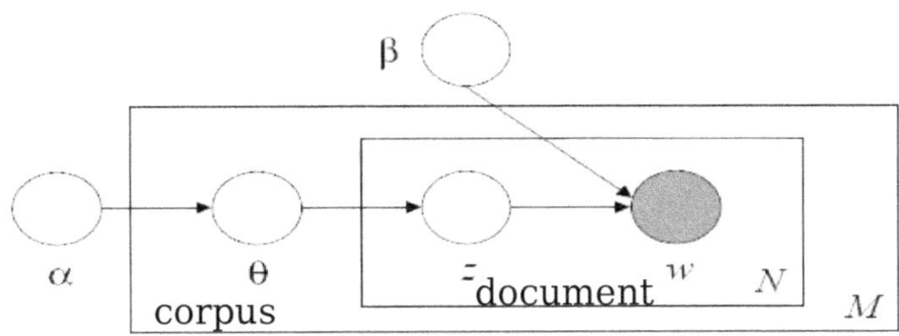

Figure 7.4 - Modèle graphique définissant les dépendances entre variables aléatoires du LDA.

en se plaçant successivement à différents niveaux : corpus entier, document et mots. On obtient dans un cadre bayésien la vraisemblance des données complètes (observées et cachées) :

$$p(w, z) = \int p(\theta|\alpha) \prod_{n=1}^{N} p(z_n|\theta)p(w_n|\beta_{z_n})d\theta$$

On a alors les lois a posteriori.

L'analyse statistique du modèle est basée sur la simulation des paramètres θ et β à l'aide d'un échantillonneur de Gibbs. On utilisera les notations suivantes :

- $n_{w,k}$ est le nombre de fois que le mot w apparaît dans le topic k et $N_k = \sum_w n_{w,k}$
- $top_{d,k}$ est le nombre de mots du document d associé au topic k. On a alors $Top_d = \sum_k t_{d,k}$

L'algorithme est le suivant :

Algorithme 10 Algorithme de LDA

Initialisation :

- Affecter aléatoirement des topics aux mots
- Initialiser les compteurs $n_{w,k}$, $top_{d,k}$, N_k et Top_d
- $\alpha = 50/K$, $\beta = 0.1$

// Itération de Gibbs;
pour iter $i \in [1, \ldots, NbreIter]$ **faire**
    pour document $d \in [1, \ldots, M]$ **faire**
        pour mots $w \in [1, \ldots, N]$ dans le document d **faire**

- w=MotCourant
- Décrémenter les compteurs
  pour $k \in [1, \ldots, K]$ **faire**

  $$- p(z = k|\cdot) = \frac{top_{d,k}+\alpha}{Top_d+\alpha K} \frac{n_{w,k}+\mu}{N_k+\mu V}$$

- Tirer les topics des mots $z = (z_1, \cdots, z_{d,s})$ suivant la distribution $p(z = k| \cdots)$
- Incrémenter les compteurs

Sortie :   estimation de β et θ

Cet algorithme ci dessus calcule à chaque étape une estimation de β et θ en utilisant les formules :

$$\beta_{w,k} = \frac{top_{d,k} + \alpha}{Top_d + \alpha K}, \; \theta_{d,k} = \frac{n_{w,k} + \mu}{N_k + \mu V}$$

Une approximation de $p(z = k|\cdot)$ est alors :

$$p(z = k|\cdot) = \frac{\beta_{w,k}\theta_{d,k}}{\sum_{w,d} \beta_{w,k}\theta_{d,k}}$$

7.4   Références

L'apport des modèles génératifs en classification semi supervisée de bases de données d'images a été mis en évidence par Bishop et Lassere (2007). La contribution des auteurs réside en l'unification dans un formalisme bayésien des principes d'apprentissage génératif et discriminatif. Ils proposent ensuite un nouveau modèle combinant les deux principes : les données non étiquetées sont traitées par approche générative (loi $p(x|\tilde{\theta})$) et les données étiquetées par une approche discriminative (loi $p(z|x,\theta)$). Le degré de dépendance a priori entre $\tilde{\theta}$ et θ, contrôlé par un paramètre α, sert à régler l'importance donnée à chaque approche ; on retrouve chacune des deux comme cas extrême de dépendance (ou d'indépendance) et la valeur optimale de α peut être estimée par validation sur des données de test.

La présentation formelle des modèles probabilistes graphiques s'inspire de Lauritzen (1996), qui s'appuie lui-même sur des travaux de Pearl menés dans les années 1980. Les deux auteurs ont contribué à apporter une vision unifiée à différentes théories plus ou moins développées et à des cas spécifiques d'utilisation de modèles graphiques de dépendances, dont certains remontent au début du 20e siècle. Leur cadre, qui reste une référence actuelle, a depuis donné lieu à diverses extensions utilisées avec succès dans un nombre important d'applications, dans des domaines et avec des types de données variés. Citons notamment le traitement d'image, de la parole et du signal en général. L'identification des relations de dépendance entre variables aléatoires permis par les modèles graphiques a souvent un intérêt en soi, pour l'interprétation du procédé de génération des données. Ce problème, pas abordé dans ce chapitre, revient à identifier le graphe d'indépendances conditionnelles proprement dit. Il a été traité dans un cadre bayésien par Donnet et Marin (2012) pour des modèles gaussiens. Une théorie dédié à la représentation de dépendances causales à l'aide de modèles orientés a même été proposée par Pearl (1995).

Notre présentation simplifiée de l'approche bayésienne de la statistique est issue de Robert (2006). L'auteur en fait une description beaucoup plus approfondie et aborde notamment en détail différentes stratégies de choix de la loi a priori.

La présentation des modèles de mélanges indépendants et les développements algorithmiques associés sont inspirés de Diebolt et Robert (1994). Le choix du nombre de composantes (d'états cachés) pour ces modèles est traité dans une étude comparative par Steele et Raftery (2010). Les auteurs mettent en évidence le bon comportement du critère BIC dans le cas gaussien.

Un tutoriel très complet sur les chaînes de Markov cachées a été proposé par Ephraim et Merhav (2002) ; on y trouve notamment une description du modèle, des algorithmes d'inférence et de nombreux exemples d'application, entre autres en traitement du signal et de la parole, analyse d'électroencéphalogrammes et de séquences génomiques. Ici, nous avons repris le traitement algorithmique bayésien proposé par Robert *et al.* (1993). Pour des approches alternatives aux CMC par détection de rupture, voir Fearnhead (2006).

L'ACP probabiliste est une approche développée par Bishop (2006). Ces travaux se basent sur une estimation par maximum de vraisemblance, mais des approches bayésiennes avec des approximations différentes de la nôtre sont proposées dans Nakajima *et al.* (2011).

7.5   Exercices

Exercice 7.1

Supposons que la vraisemblance $p(x|\theta)$ est la densité de la loi gaussienne $\mathcal{N}(\theta, \sigma^2)$. Quelle est la loi a posteriori de $\mathcal{N}(\mu, \tau^2)$ par rapport à cette vraisemblance ? Montrer que la famille des lois gaussiennes est une famille conjuguée par rapport à la vraisemblance $p(x|\theta)$.

Exercice 7.2

Supposons que la vraisemblance $p(x|\theta)$ est celle d'une loi binomiale $\mathcal{B}(n, \theta)$. Quelle est la loi a posteriori de $\mathcal{B}](\alpha, \beta)$ par rapport à cette vraisemblance ? Montrer que la famille des lois $\mathcal{B}]$ est conjuguée par rapport à la vraisemblance $p(x|\theta)$.

Exercice 7.3

Supposons que la vraisemblance $p(x|\theta)$ est la densité de la loi de Poisson $\mathcal{P}(\theta)$. Quelle est la loi a posteriori de $\mathcal{G}(\alpha, \beta)$ par rapport à cette vraisemblance ? Montrer que la famille des lois Gamma est conjuguée par rapport à la vraisemblance $p(x|\theta)$.

Exercice 7.4

Montrer que la loi gaussienne $\mathcal{N}(\theta, \sigma^2)$ appartient à la famille exponentielle.

Exercice 7.5

Montrer que la loi exponentielle appartient à la famille exponentielle.

Exercice 7.6

Montrer que la loi binomiale $\mathcal{B}(n, \theta)$ appartient à la famille exponentielle.

Exercice 7.7

Expliquer comment on peut simuler une variable aléatoire de loi exponentielle de paramètre λ à partir d'un générateur de nombres pseudo-aléatoires.

Exercice 7.8

Soit $\boldsymbol{X}_1^n$ un échantillon i.i.d. gaussien de taille n, chaque $\boldsymbol{X}_i$ étant de loi $\mathcal{N}(\mu, \sigma^2 \mathbf{I}_D)$ sachant (μ, σ^2). On considère la loi a priori suivante, $(\mu_0, \rho_0^2, \nu_0, \sigma_0^2)$ étant des hyperparamètres :

$$p(\mu, \sigma^2) \propto \sigma^{-\nu_0 - 3} \exp\left(-\frac{1}{2\sigma^2} \left[\nu_0 \sigma_0^2 + \frac{1}{\rho_0^2} \|\mu - \mu_0\|^2 \right] \right)$$

Ceci s'interprète comme $\frac{\nu_0 \sigma_0^2}{\sigma^2} \sim \chi_{\nu_0}^2$ et $\mu \sim \mathcal{N}(\mu_0, (\sigma \rho_0)^2 \mathbf{I}_D)$ sachant σ^2 – on dit que $(\mu, \sigma^2) \sim \text{N-I}\chi^2(\mu_0, \rho_0^2, \nu_0, \sigma_0^2)$. La vraisemblance est alors :

$$p(\boldsymbol{x}_1^n | m, \sigma^2) = \prod_{i=1}^{n} \frac{1}{(\sqrt{2\pi\sigma^2})^D} \exp\left(-\frac{1}{2\sigma^2} \|\boldsymbol{x}_i - \mu\|^2 \right)$$

a) Montrer que la loi a posteriori des paramètres est $\text{N-I}\chi^2(\mu_n, \rho_n^2, \nu_n, \sigma_n^2)$

avec $\qquad \rho_n^2 = \dfrac{1}{n + \frac{1}{\rho_0^2}}, \mu_n = \rho_n^2 \left(\dfrac{\mu_0}{\rho_0^2} + n\bar{x}_n \right), \nu_n = Dn + \nu_0 \qquad$ et

$$\sigma_n^2 = \frac{1}{\nu_n} \left(n s_n^2 + \nu_0 \sigma_0^2 + \frac{n}{1 + n\rho_0^2} \|\mu_0 - \bar{x}_n\|^2 \right)$$

b) Déterminer la loi prédictive (par simulation) et la loi a posteriori des paramètres (par un calcul exact) :

   1 pour un jeu de données simulé : échantillons de taille 10 et 1 000 000 de loi normale d'espérance 8, d'écart-type 2 ;

   2 dans le cas du jeu de données SBF250 : rentabilités journalières du CAC40 (ignorer les valeurs manquantes).

c) Que concluez-vous dans chaque cas ?

Exercice 7.9

Dans cet exercice nous allons nous intéresser à l'échantillonneur de Gibbs pour les mélanges indépendants.

a) Programmer de manière générique la fonction $x, \theta_1, \ldots, \theta_K \to (p(z = k \mid x, \theta_1, \ldots, \theta_K))_{1 \leq k \leq K}$.

b) Programmer de manière générique l'échantillonneur de Gibbs présenté à la section 7.3.2. L'implémenter sous forme de fonction prenant en paramètre le nombre d'itérations M, les données x_1^n, les paramètres initiaux λ_1, la fonction $x, \theta_k \to p(x|\theta_k)$, la fonction simulant un échantillon i.i.d. de taille donnée suivant $p(x|\theta_k)$, la fonction simulant la loi a posteriori $p(\theta_k|x_1^n, z_1^n = k)$ et les hyperparamètres.

c) Appliquer ces fonctions pour l'analyse bayésienne :

1 D'un jeu de données simulé : échantillon de taille 500 en proportions $2/5$ et $3/5$ des lois $\mathcal{N}(7; 4)$ et $\mathcal{N}(-10; 9)$, respectivement.

2 Du jeu de données de Pearson et Lee : stature des parents. Que dire de l'adéquation d'un mélange gaussien à deux composantes à ce jeu de données ? Proposer une interprétation possible des deux états.

3 Du jeu de données SBF250 : rentabilités journalières du CAC40 (ignorer les valeurs manquantes et considérer un mélange des lois $\mathcal{N}(0; \sigma_1^2)$ et $\mathcal{N}(0; \sigma_2^2)$). Comparer l'adéquation de ce modèle au jeu de données par rapport à un simple modèle gaussien (exercice 7.8).

Exercice 7.10

Dans cet exercice nous allons nous intéresser à l'échantillonneur de Gibbs pour l'ACP probabiliste.

a) Montrer la proposition 26 en 7.3.3.

On admettra le résultat suivant (dérivé de résultats classiques sur les vecteurs gaussiens) :

Proposition. *Soit le modèle $X = \mathbf{D}\beta + \mathbf{U}\gamma + \varepsilon$ où $\varepsilon \sim \mathcal{N}(0, \sigma^2 \mathbf{I}_n), \gamma \sim \mathcal{N}(0, \mathbf{I}_d)$ indépendant de ε, $\mathbf{U} \in \mathbb{R}^{n \times d}$ et $\mathbf{D} \in \mathbb{R}^{n \times c}$ sont deux matrices connues et $\beta \in \mathbb{R}^c$ est un paramètre (souvent considéré comme inconnu, mais cela n'a pas d'importance ici).*

Alors, en notant $\mathbf{V} = \mathbf{U}\,{}^t\mathbf{U} + \sigma^2\mathbf{I}_n$, *on a* : $\gamma|X \sim \mathcal{N}(\tau, \Sigma)$ *avec* $\tau = {}^t\mathbf{U}\mathbf{V}^{-1}(X - \mathbf{D}\beta)$ *et* $\Sigma = \mathbf{I}_d - {}^t\mathbf{U}\mathbf{V}^{-1}\mathbf{U}$.

C'est ce qu'on appelle le « modèle linéaire mixte gaussien ».

Chapitre 8
Modèles discriminants

La conception de modèles discriminants, dont le but est de trouver l'association entre les observations et leurs étiquettes de sortie sans faire d'hypothèse distributionnelle sur la génération des données, a été le précurseur dans le développement d'algorithmes de classification et de régression.

Un modèle discriminant construit une fonction de prédiction à partir d'un ensemble fini d'exemples, appelé base d'entraînement ou base d'apprentissage (Fukunaga 1972 ; Duda *et al.* 2001 ; Schölkopf et Smola 2002 ; Boucheron *et al.* 2005). Suivant le cadre supervisé, chaque exemple est un couple constitué généralement du vecteur représentatif d'une observation et de sa réponse associée (aussi appelée sortie désirée). Le but de l'apprentissage est d'induire une fonction qui prédise les réponses associées à de nouvelles observations en commettant une erreur de prédiction aussi faible possible. Cette réponse est généralement une valeur réelle ou une étiquette de classe, comme nous allons le voir dans la suite. L'hypothèse sous-jacente ici est que les données sont stationnaires, c'est-à-dire que les exemples de la base d'entraînement, sur laquelle la fonction de prédiction est apprise, sont en quelque sorte représentatifs du problème général que l'on souhaite résoudre. Nous allons revenir sur cette hypothèse dans la section suivante.

En pratique, parmi une classe de fonctions existante, le modèle d'apprentissage choisit celle qui réalise la plus faible erreur moyenne de prédiction (ou erreur empirique) sur une base d'entraînement. La fonction d'erreur quantifie le désaccord entre la prédiction de sortie donnée par la fonction que l'on souhaite apprendre pour une observation de la base d'entraînement et sa réponse associée. Le but de cette recherche n'est pas que le modèle d'apprentissage induise une fonction donnant exactement les sorties désirées des observations de la base d'entraînement (ou faire du surapprentissage), mais de trouver, comme nous venons de l'évoquer, la fonction qui aura de bonnes performances de généralisation.

En logique, ce raisonnement ou procédé de recherche d'une règle générale à partir d'un ensemble d'observations fini est appelé induction (Genesereth et Nilsson 1987, chapitre 7, pp.161-176) [1]. En apprentissage automatique, le cadre inductif a été mis en place suivant le principe de la minimisation du risque empirique (MRE), (ou *Empirical Risk Minimisation*) et ses propriétés statistiques ont été étudiées dans la théorie développée par Vapnik (1999). Le lecteur intéressé par ces concepts est renvoyé à l'ouvrage Amini (2015) qui les explique de façon détaillée dans un contexte plus général de l'apprentissage inductif.

Dans ce chapitre, nous allons nous intéresser au cadre de la classification, dont le but est d'apprendre une fonction de prédiction pour affecter des étiquettes de classes aux observations suivant les paradigmes supervisé et semi-supervisé. Nous allons commencer notre exposé par présenter en détail quelques modèles de classification bi-classes et multi-classes conventionnels (section 8.1). Dans la section 8.2, nous présentons ensuite le paradigme de l'apprentissage semi-supervisé en décrivant les approches classiques développées suivant ce paradigme.

8.1   Approches supervisées

La conception d'algorithmes de classification binaires et multi-classes, dont le but est d'affecter des étiquettes de classes à des observations, a été le précurseur dans le développement d'algorithmes d'apprentissage plus complexes. L'étude des modèles développés dans ce contexte aide ainsi à mieux comprendre le fonctionnement général des algorithmes supervisés et à faire le lien avec la théorie développée par Vapnik (1999), ce qui est le but de ce chapitre.

---

1. Le raisonnement contraire, appelé déduction, se base, quant à lui, sur des axiomes et produit des règles spécifiques (qui sont toujours vraies) comme des conséquences de la loi.

8.1.1 Modèles binaires

Régression logistique

La discrimination (ou *régression*) logistique a été introduite par les statisticiens vers la fin des années soixante (Truett *et al.* 1967) et a été popularisée ensuite par Anderson (1982). Il s'agit d'une tentative pour s'affranchir des hypothèses restrictives souvent associées aux méthodes linéaires paramétriques (Duda *et al.* 2001). La seule hypothèse qui soit faite dans ce cas est que le logarithme des rapports de probabilités conditionnelles des classes pour une entrée $\mathbf{x}$ soit linéaire par rapport à $\mathbf{x}$, ce qui, dans le cas d'un problème de classification à deux classes se traduit par [2] :

$$\ln \left(\frac{\mathbb{P}(X = \mathbf{x} \mid Y = 1)}{\mathbb{P}(X = \mathbf{x} \mid Y = -1)} \right) = w_0 + \langle \bar{\boldsymbol{\omega}}, \mathbf{x} \rangle \tag{8.1}$$

où $\bar{\boldsymbol{\omega}} = (w_1, \ldots, w_d)$. L'intérêt du modèle (8.1) est qu'il recouvre une grande variété de distributions, par exemple toutes celles de la famille exponentielle (Kupperman 1958), et que les probabilités a posteriori s'expriment sous une forme logistique simple :

$$\begin{aligned}
\mathbb{P}(Y = 1 \mid X = \mathbf{x}) &= \frac{\mathbb{P}(Y = 1)\mathbb{P}(X = \mathbf{x} \mid Y = 1)}{\sum_{y \in \{-1,+1\}} \mathbb{P}(Y = y)\mathbb{P}(X = \mathbf{x} \mid Y = y)} \\
&= \frac{e^{(\tilde{w}_0 + \langle \bar{\boldsymbol{\omega}}, \mathbf{x} \rangle)}}{1 + e^{(\tilde{w}_0 + \langle \bar{\boldsymbol{\omega}}, \mathbf{x} \rangle)}} = \frac{1}{1 + e^{-(\tilde{w}_0 + \langle \bar{\boldsymbol{\omega}}, \mathbf{x} \rangle)}}
\end{aligned}$$

et $\mathbb{P}(Y = -1 \mid X = \mathbf{x}) = 1 - \mathbb{P}(Y = 1 \mid X = \mathbf{x}) = \frac{1}{1 + e^{(\tilde{w}_0 + \langle \bar{\boldsymbol{\omega}}, \mathbf{x} \rangle)}}$, avec $\tilde{w}_0 = w_0 + \ln \left(\frac{\mathbb{P}(Y=1)}{\mathbb{P}(Y=-1)} \right) \in \mathbb{R}$ qui est une constante. Les paramètres du modèle $\boldsymbol{\omega} = (\tilde{w}_0, \bar{\boldsymbol{\omega}})$ sont alors estimés en maximisant le logarithme de la vraisemblance classifiante sur une base d'entraînement $S = ((\mathbf{x}_i, y_i))_{i=1}^{m}$:

$$\begin{aligned}
\mathcal{V}(S, \boldsymbol{\omega}) &= \ln \prod_{i=1}^{m} \mathbb{P}(Y = y_i, X = \mathbf{x}_i) = \ln \prod_{i=1}^{m} \mathbb{P}(Y = y_i \mid X = \mathbf{x}_i)\mathbb{P}(X = \mathbf{x}_i) \\
&= \sum_{i=1}^{m} \ln \left(\frac{1}{1 + e^{-y_i(\tilde{w}_0 + \langle \bar{\boldsymbol{\omega}}, \mathbf{x} \rangle)}} \right) + \sum_{i=1}^{m} \ln \mathbb{P}(X = \mathbf{x}_i)
\end{aligned} \tag{8.2}$$

---

2. Dans la version originale, les sorties désirées sont binaires, 0 ou 1.

Comme on ne pose aucune hypothèse sur la génération des exemples, la maximisation de l'équation 8.2 est équivalente à la maximisation de :

$$\bar{\mathcal{V}}(S,\boldsymbol{\omega}) = \sum_{i=1}^{m} \ln\left(\frac{1}{1 + e^{-y_i(\tilde{w}_0 + \langle \bar{\boldsymbol{\omega}}, \mathbf{x}\rangle)}}\right) \tag{8.3}$$

Une fois ces paramètres estimés, la règle de décision consiste à affecter un exemple $\mathbf{x}$ à la classe d'étiquette 1 si $\mathbb{P}(Y = 1 \mid X = \mathbf{x}) > \frac{1}{2}$ (ou de façon équivalente si $h_{\boldsymbol{\omega}}(\mathbf{x}) = \tilde{w}_0 + \langle \bar{\boldsymbol{\omega}}, \mathbf{x}\rangle > 0$) et à la classe d'étiquette -1 sinon.

Adaboost

Les méthodes d'ensemble constituent une famille générale d'algorithmes en apprentissage qui combinent plusieurs classifieurs de base afin de créer un classifieur plus performant. Parmi ces méthodes, l'algorithme de *boosting* (Freund 1995), plus particulièrement Adaboost (*Adaptive Boosting*) (Schapire 1999), a connu une grande popularité due notamment à ses performances et ses justifications théoriques. Il génère un ensemble de classifieurs de base (ou classifieurs *faibles*) et les combine par une méthode à base de votes, donnant ce qu'on appelle le classifieur de vote. Les classifieurs faibles sont entraînés séquentiellement ; le t^e classifieur généré prend en compte les erreurs du classifieur précédent déjà construit. Ceci est réalisé en affectant un poids $D(i)$ à chaque exemple i de la base d'apprentissage : un exemple mal classé par le $(t-1)^e$ classifieur va être affecté d'un poids plus élevé qu'un exemple bien classé. De cette façon, à l'étape t, le nouveau classifieur faible se focalisera sur la classification des exemples jugés difficiles par celui de l'étape $t-1$. L'algorithme 11 décrit la première variante de l'algorithme Adaboost proposé par Freund et Schapire pour la classification en deux classes.

À l'initialisation, la distribution des poids sur les exemples est uniforme ($\forall i \in \{1, \ldots, m\}, D_1(i) = \frac{1}{m}$) et on choisit le nombre T de classifieurs intervenant dans le vote final. À chaque itération t, un classifieur binaire, appartenant à la classe $\mathcal{F} = \{f : \mathbb{R}^d \to \{-1, +1\}\}$, est appris en minimisant l'erreur empirique de classification et en considérant les poids D_t sur les exemples ($f_t = \underset{f \in \mathcal{F}}{\operatorname{argmin}} \sum_{i:f(\mathbf{x}_i)\neq y_i} D_t(i)$). D'après l'erreur empirique ϵ_t du classifieur appris sur la base d'apprentissage ($\epsilon_t = \sum_{i:f_t(\mathbf{x}_i)\neq y_i} D_t(i)$), on affecte au classifieur appris un poids a_t d'autant plus grand que l'erreur ϵ_t

---

Algorithme 11. Algorithme d'Adaboost

Entrée :

- une base d'entraînement $\mathcal{S} = ((\mathbf{x}_1, y_1), ..., (\mathbf{x}_m, y_m))$

Initialisation :

- nombre d'itérations maximal T
- initialiser la distribution des poids $\forall i \in \{1, \dots, m\}, D_1(i) = \frac{1}{m}$

pour $t = 1, \dots, T$ **faire**

> - apprendre un classifieur $f_t : \mathbb{R}^d \to \{-1, +1\}$ avec la distribution D_t
> - poser $\epsilon_t = \sum_{i: f_t(\mathbf{x}_i) \neq y_i} D_t(i)$
> - choisir $a_t = \frac{1}{2} \ln \frac{1-\epsilon_t}{\epsilon_t}$
> - mettre à jour la distribution des poids sur les exemples (Eq. 8.4)
>
> $$\forall i \in \{1, \dots, m\}, D_{t+1}(i) = \frac{D_t(i)e^{-a_t y_i f_t(\mathbf{x}_i)}}{Z_t}$$
>
> où $Z_t = \sum_{i=1}^{m} D_t(i)e^{-a_t y_i f_t(\mathbf{x}_i)}$ est un facteur de normalisation pour que D_{t+1} reste une distribution.

Sortie :   le classifieur de vote $\forall \mathbf{x}, F(\mathbf{x}) = \mathrm{sign}\left(\sum_{t=1}^{T} a_t f_t(\mathbf{x})\right)$

---

est grande. La distribution des poids est alors mise à jour d'après la règle suivante :

$$\forall i \in \{1, \dots, m\}, D_{t+1}(i) = \frac{D_t(i)e^{-a_t y_i f_t(\mathbf{x}_i)}}{Z_t} \tag{8.4}$$

où $Z_t = \sum_{i=1}^{m} D_t(i)e^{-a_t y_i f_t(\mathbf{x}_i)}$ est un facteur de normalisation pour que D_{t+1} reste une distribution. Si le classifieur courant f_t donne une mauvaise prédiction de classe sur un exemple d'apprentissage $(\mathbf{x}_i, y_i)$ (i.e. $y_i f_t(\mathbf{x}_i) = -1$), le poids associé à cet exemple, $D_{t+1}(i)$, sera plus élevé que son poids précédent, $D_t(i)$. Le classifieur final F est alors une combinaison linéaire des classifieurs $(f_t)_{t=1}^{T}$ avec leurs poids associés $(a_t)_{t=1}^{T}$ et la prédiction de classe pour un nouvel exemple $\mathbf{x}$ se fait sur la base d'un vote majoritaire de ces classifieurs avec leurs poids respectifs. La figure 8.1 illustre le fonctionnement de l'algorithme 11 sur un exemple jouet.

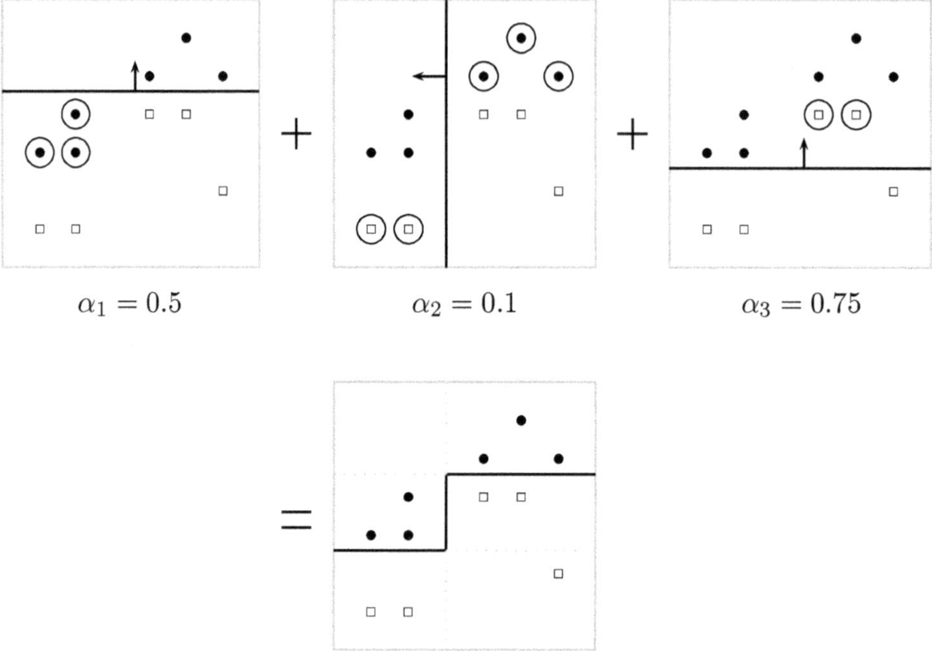

$$\alpha_1 = 0.5 \qquad \alpha_2 = 0.1 \qquad \alpha_3 = 0.75$$

Figure 8.1 - Illustration du fonctionnement de l'algorithme d'Adaboost sur un problème jouet où la combinaison finale des classifieurs linéaires de base (ou faibles) conduit à un classifieur non linéaire. Le vecteur normal de chaque classifieur faible pointe vers le demi-espace des exemples positifs (cercles pleins et les exemples mal classés sont encerclés). À une itération donnée, le classifieur courant tente de bien classer les exemples mal classés par celui de l'itération précédente et les poids w de ces classifieurs, intervenant dans le vote majoritaire final, sont inversement proportionnels à leurs erreurs de classification.

Séparateurs à vaste marge

Dans cette section, nous présentons le modèle des séparateurs à vaste marge (SVM, appelé aussi machine à vecteurs de support ou *support vector machine*) qui, grâce à ses justifications théoriques, est sans aucun doute l'algorithme de classification le plus populaire aujourd'hui. Pour sa présentation, le choix s'est porté à exposer ses fondements théoriques, qui ont conduit aux développements de différentes techniques d'optimisation proposées dans la littérature ces dernières années.

Marge dure

L'algorithme des SVM est conçu autour de la notion de *marge* définie ci-après. Considérons tout d'abord le cas des fonctions linéaires pour un problème de classification linéairement séparable, c'est-à-dire que nous supposons qu'il existe $(\boldsymbol{\omega}, w_0)$ tel que :

$$\forall \mathbf{x}_i \in S_+, \quad \langle \bar{\boldsymbol{\omega}}, \mathbf{x}_i \rangle + w_0 \geq 0 \quad \text{et}$$
$$\forall \mathbf{x}_i \in S_-, \quad \langle \bar{\boldsymbol{\omega}}, \mathbf{x}_i \rangle + w_0 \leq 0$$

où S_+ (resp. S_-) est l'ensemble des exemples positifs (resp. négatifs) de la base d'entraînement. Moyennant une normalisation des paramètres, on peut réécrire ces équations sous la forme suivante, qui sera utilisée par la suite :

$$\forall \mathbf{x}_i \in S_+, \quad \langle \bar{\boldsymbol{\omega}}, \mathbf{x}_i \rangle + w_0 \geq +1 \quad \text{et} \tag{8.5}$$
$$\forall \mathbf{x}_i \in S_-, \quad \langle \bar{\boldsymbol{\omega}}, \mathbf{x}_i \rangle + w_0 \leq -1 \tag{8.6}$$

Ces deux conditions peuvent se combiner en un seul ensemble d'inéquations :

$$\forall (\mathbf{x}, y) \in S, y(\langle \bar{\boldsymbol{\omega}}, \mathbf{x} \rangle + w_0) - 1 \geq 0 \tag{8.7}$$

S'il existe des points vérifiant l'égalité dans l'inéquation (8.5), ils appartiendront à l'hyperplan d'équation $\langle \bar{\boldsymbol{\omega}}, \mathbf{x}_i \rangle + w_0 = 1$ et $d_+ = \frac{1}{\|\bar{\boldsymbol{\omega}}\|}$ sera la distance entre le point le plus proche de la classe des exemples positifs et l'hyperplan séparateur. De même, les points vérifiant l'égalité dans l'inéquation (8.6) appartiendront à l'hyperplan d'équation $\langle \bar{\boldsymbol{\omega}}, \mathbf{x}_i \rangle + w_0 = -1$ et $d_- = \frac{1}{\|\bar{\boldsymbol{\omega}}\|}$ sera la distance entre le point le plus proche de la classe des exemples négatifs et l'hyperplan. Dans ces conditions, la marge est définie comme $\rho = d_+ = d_- = \frac{1}{\|\bar{\boldsymbol{\omega}}\|}$.

De plus, parmi les points de la base d'entraînement, ceux qui vérifient l'égalité dans l'inéquation (8.7) sont appelés les *vecteurs de support*. La figure 8.2 illustre ces faits dans le cas d'un problème à deux dimensions. L'idée principale sous-jacente aux SVM est alors que plus la marge associée à une frontière de décision est grande, plus la fonction de prédiction associée est susceptible de bien généraliser sur de nouvelles données. Cette idée se traduit par la recherche d'un hyperplan de plus grande marge tout en respectant les contraintes de l'équation (8.7), ce qui mène à la résolution du problème d'optimisation suivant [3] :

$$\min_{\bar{\boldsymbol{\omega}} \in \mathbb{R}^d, w_0 \in \mathbb{R}} \frac{1}{2} ||\bar{\boldsymbol{\omega}}||^2 \tag{8.8}$$

$$\text{sous les contraintes} \quad \forall i, y_i(\langle \bar{\boldsymbol{\omega}}, \mathbf{x}_i \rangle + w_0) - 1 \geq 0$$

Le problème (8.8) est dit problème d'optimisation sous contraintes prenant la forme d'inéquations. Posons $\boldsymbol{\omega}^*$ la solution de ce problème ; deux situations sont envisageables pour chaque contrainte $i \in \{1, \dots, m\}$:

- $y_i(\langle \bar{\boldsymbol{\omega}}^*, \mathbf{x}_i \rangle + w_0^*) - 1 = 0$, la contrainte i est dite saturée à l'optimum,
- $y_i(\langle \bar{\boldsymbol{\omega}}^*, \mathbf{x}_i \rangle + w_0^*) - 1 > 0$, la contrainte i est dite non saturée à l'optimum,

La formulation de ce problème d'optimisation sous contraintes en utilisant les variables de Lagrange $\boldsymbol{\alpha} = (\alpha_1, \dots, \alpha_m); \alpha_i \geq 0, \forall i \in \{1, \dots, m\}$ associées aux m contraintes du problème s'écrit :

$$L_p(\bar{\boldsymbol{\omega}}, w_0, \boldsymbol{\alpha}) = \frac{1}{2} ||\bar{\boldsymbol{\omega}}||^2 - \sum_{i=1}^{m} \alpha_i \left[y_i(\langle \bar{\boldsymbol{\omega}}, \mathbf{x}_i \rangle + w_0) - 1 \right] \tag{8.9}$$

Pour pouvoir utiliser le Lagrangien dans la résolution de ce problème, il suffit que l'une des conditions suivantes soit vérifiée ; on dit alors que les conditions sont qualifiées :

- La matrice des dérivées partielles des contraintes, ou la matrice jacobienne des n contraintes saturées, est de rang n lorsqu'elle est évaluée à l'optimum.

- Les fonctions contraintes sont toutes affines, ce qui est le cas du problème 8.8.

La fonction de coût $\mathcal{L} : \bar{\boldsymbol{\omega}} \mapsto \frac{1}{2} ||\bar{\boldsymbol{\omega}}||^2$ est deux fois dérivable. Son vecteur gradient et sa matrice hessienne au point $\bar{\boldsymbol{\omega}}$ sont $\nabla \mathcal{L}(\bar{\boldsymbol{\omega}}) = \bar{\boldsymbol{\omega}}$ et $\mathbf{H}(\bar{\boldsymbol{\omega}}) = \mathbf{I}$, la matrice identité. La hessienne $\mathbf{H}(\bar{\boldsymbol{\omega}})$ admet ainsi d valeurs propres strictement positives, la fonction de coût $\mathcal{L}$ est strictement convexe et les contraintes d'inégalité $c_i : (\bar{\boldsymbol{\omega}}, w_0) \mapsto 1 - y_i(\langle \bar{\boldsymbol{\omega}}, \mathbf{x}_i \rangle + w_0)$ sont des fonctions affines et donc des contraintes qualifiées. Le problème d'optimisation (8.8) admet ainsi une solution unique. De plus, comme la fonction-objectif est convexe et que les points qui satisfont les contraintes forment aussi un ensemble convexe, la résolution relève d'un problème

---

3. Ce type de SVM est appelé *SVM à marge dure* (ou *hard margin* en anglais).

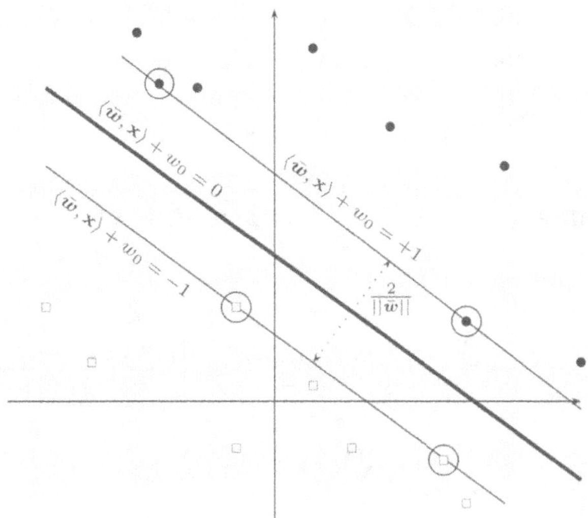

Figure 8.2 - Hyperplans pour un problème de classification linéairement séparable en dimension 2. Les vecteurs de support appartenant aux hyperplans marginaux d'équations $\langle \bar{\boldsymbol{\omega}}, \mathbf{x} \rangle + w_0 = \pm 1$ sont encerclés.

de programmation quadratique, qui constitue une famille de techniques largement étudiée en optimisation.

Les conditions que doit vérifier la solution $\boldsymbol{\omega}^*$ du problème (8.8) sont celles de Karush-Kuhn-Tucker et elles sont obtenues en annulant le gradient du Lagrangien par rapport aux variables primales $\bar{\boldsymbol{\omega}}^*$ et w_0^* et en écrivant les conditions complémentaires :

$$\nabla L_p(\bar{\boldsymbol{\omega}}^*) = \bar{\boldsymbol{\omega}}^* - \sum_{i=1}^{m} \alpha_i y_i \mathbf{x}_i = 0, \text{ soit } \bar{\boldsymbol{\omega}}^* = \sum_{i=1}^{m} \alpha_i y_i \mathbf{x}_i \qquad (8.10)$$

$$\nabla L_p(w_0^*) = -\sum_{i=1}^{m} \alpha_i y_i = 0, \text{ soit } \sum_{i=1}^{m} \alpha_i y_i = 0 \qquad (8.11)$$

$$\forall i, \alpha_i \left[y_i(\langle \bar{\boldsymbol{\omega}}^*, \mathbf{x}_i \rangle + w_0^*) - 1 \right] = 0, \text{ soit } \begin{cases} \alpha_i = 0, \text{ ou} \\ y_i(\langle \bar{\boldsymbol{\omega}}^*, \mathbf{x}_i \rangle + w_0^*) = 1 \end{cases} \qquad (8.12)$$

Avec l'équation 8.10, nous voyons bien que le vecteur des poids $\bar{\boldsymbol{\omega}}^*$ solution du problème d'optimisation est une combinaison linéaire des exemples d'entraînement. Les exemples $\mathbf{x}_i$ qui apparaissent dans cette solution sont ceux pour lesquels les coefficients $\alpha_i > 0$. Ces exemples sont appelés des vecteurs de support qui, par les conditions complémentaires (eq. 8.12), vérifient $y_i(\langle \bar{\boldsymbol{\omega}}^*, \mathbf{x}_i \rangle + w_0^*) = 1$. Les vecteurs de support reposent ainsi sur les hyperplans d'équations $\langle \bar{\boldsymbol{\omega}}^*, \mathbf{x}_i \rangle + w_0^* = \pm 1$ et les autres exemples pour lesquels $\alpha_i = 0$ n'influent pas sur la solution.

En substituant les égalités (8.10) et (8.11) dans le primal (8.9), on obtient :

$$
L_p = \frac{1}{2} \left\| \sum_{i=1}^{m} \alpha_i y_i \mathbf{x}_i \right\|^2 - \sum_{i=1}^{m} \sum_{j=1}^{m} \alpha_i \alpha_j y_i y_j \langle \mathbf{x}_i, \mathbf{x}_j \rangle - w_0^* \underbrace{\sum_{i=1}^{m} \alpha_i y_i}_{=0} + \sum_{i=1}^{m} \alpha_i
$$

$$
= -\frac{1}{2} \sum_{i=1}^{m} \sum_{j=1}^{m} y_i y_j \alpha_i \alpha_j \langle \mathbf{x}_i, \mathbf{x}_j \rangle + \sum_{i=1}^{m} \alpha_i
\tag{8.13}
$$

soit le problème d'optimisation dual suivant appelé dual de *Wolfe* :

$$
\max_{(\alpha_1,\dots,\alpha_m) \in \mathbb{R}^m} \sum_{i=1}^{m} \alpha_i - \frac{1}{2} \sum_{i=1}^{m} \sum_{j=1}^{m} y_i y_j \alpha_i \alpha_j \langle \mathbf{x}_i, \mathbf{x}_j \rangle
\tag{8.14}
$$

$$
\text{sous les contraintes } \sum_{i=1}^{m} y_i \alpha_i = 0 \text{ et } \forall i, \alpha_i \geq 0
\tag{8.15}
$$

La fonction-objectif $\mathfrak{D} : \boldsymbol{\alpha} \mapsto \sum_{i=1}^{m} \alpha_i - \frac{1}{2} \sum_{i=1}^{m} \sum_{j=1}^{m} y_i y_j \alpha_i \alpha_j \langle \mathbf{x}_i, \mathbf{x}_j \rangle$ est deux fois dérivable et l'opposé de sa hessienne $-\mathbf{H}_{\mathfrak{D}} = (\langle y_i \mathbf{x}_i, y_j \mathbf{x}_j \rangle)_{1 \leq i,j \leq m}$ est la matrice de Gram de la famille de vecteurs $(y_1 \mathbf{x}_1, \dots, y_m \mathbf{x}_m)$, qui est positive, semi-définie. $\mathfrak{D}$ est ainsi une fonction concave et, comme les contraintes (8.15) sont affines, les deux problèmes primal et dual sont équivalents.

Nous remarquons que la solution du problème dual $\boldsymbol{\alpha}$ pourrait être directement employée pour déterminer la fonction de décision f associée au modèle pour prédire la classe d'un nouvel exemple $\mathbf{x}'$ en utilisant l'équation (8.10) :

$$
f(\mathbf{x}') = \text{sgn} \left(\sum_{i=1}^{m} y_i \alpha_i \langle \mathbf{x}_i, \mathbf{x}' \rangle + w_0^* \right)
\tag{8.16}
$$

De plus, comme les vecteurs de support appartiennent aux hyperplans marginaux d'équations $\langle \bar{\boldsymbol{\omega}}^*, \mathbf{x} \rangle + w_0^* = \pm 1$ dans l'espace des caractéristiques, nous pouvons déduire l'expression de l'ordonnée à l'origine en prenant n'importe quel vecteur de support $(\mathbf{x}_i, y_i)$:

$$\langle \bar{\boldsymbol{\omega}}^*, \mathbf{x}_i \rangle + w_0^* = y_i \Rightarrow w_0^* = y_i - \sum_{j=1}^{m} \alpha_j y_j \langle \mathbf{x}_i, \mathbf{x}_j \rangle \tag{8.17}$$

Avec l'égalité précédente, nous pouvons obtenir une expression simple de la marge. En effet, comme l'équation 8.17 est valable pour tous les vecteurs de support avec $\alpha_i \neq 0$, en multipliant les deux côtés de cette égalité par $\alpha_i y_i$ et en prenant la somme sur tous les exemples de la base d'entraînement, il vient :

$$\sum_{i=1}^{m} \alpha_i y_i b = \sum_{i=1}^{m} \alpha_i y_i^2 - \sum_{i=1}^{m} \sum_{j=1}^{m} \alpha_i \alpha_j y_i y_j \langle \mathbf{x}_i, \mathbf{x}_j \rangle$$

D'après les équations (8.11) et (8.10) et en considérant le fait que $\forall i, y_i^2 = 1$ et $\alpha_i \geq 0$ nous avons :

$$\sum_{i=1}^{m} \alpha_i - \|\bar{\boldsymbol{\omega}}^*\|_2^2 = \|\boldsymbol{\alpha}\|_1 - \|\bar{\boldsymbol{\omega}}^*\|_2^2 = 0$$

soit la marge qui est égale à :

$$\rho = \frac{1}{\|\bar{\boldsymbol{\omega}}^*\|_2} = \frac{1}{\sqrt{\|\boldsymbol{\alpha}\|_1}}$$

L'intérêt essentiel de passer par le problème dual est que la dimension de l'espace d'entrée n'intervient pas dans la résolution du problème d'optimisation, qui ne dépend plus que des produits scalaires entre les couples d'exemples de la base d'entraînement.

Ce constat a motivé l'utilisation de *noyaux* pour les SVM, qui permettent d'apprendre des classifieurs non linéaires. Cette utilisation suit les travaux qui ont montré que, dans certains cas, il est possible de rendre un problème non linéairement séparable en un problème linéairement séparable en plongeant les données initiales dans un espace de Hilbert $\mathbb{H}$ de plus grande dimension que l'espace de départ, appelé espace de redescription (ou *feature space*). Ainsi, si on pose $\phi : \mathcal{X} \to \mathbb{H}$ la fonction de projection, le noyau correspond au produit scalaire dans l'espace de plongement :

$$\begin{aligned} \kappa : \mathcal{X} \times \mathcal{X} &\to \mathbb{R} \\ (\mathbf{x}, \mathbf{x}') &\mapsto \langle \phi(\mathbf{x}), \phi(\mathbf{x}') \rangle \end{aligned}$$

Les deux principaux noyaux utilisés dans la littérature sont :

$$\kappa(\mathbf{x}, \mathbf{x}') \;=\; (\langle \mathbf{x}, \mathbf{x}' \rangle + 1)^r \text{ pour } r \in \mathbb{N} \quad (\text{noyau polynomial})$$

$$\kappa(\mathbf{x}, \mathbf{x}') \;=\; e^{-\frac{||\mathbf{x}-\mathbf{x}'||^2}{2\sigma^2}}, \sigma \neq 0 \quad (\text{noyau Gaussien RBF})$$

Les noyaux s'utilisent dans les SVM en lieu et place du produit scalaire. Avec ces notations, l'algorithme des SVM à marge dure est :

Algorithme 12. SVM à marge dure

Entrée :

- une base d'entraînement $S = ((\mathbf{x}_1, y_1), ..., (\mathbf{x}_m, y_m))$

- trouver, $\boldsymbol{\alpha}^*$, la solution du problème d'optimisation

$$\max_{\boldsymbol{\alpha} \in \mathbb{R}^m} \sum_{i=1}^{m} \alpha_i - \frac{1}{2} \sum_{i=1}^{m} \sum_{j=1}^{m} y_i y_j \alpha_i \alpha_j \kappa(\mathbf{x}_i, \mathbf{x}_j)$$

$$\text{sous les contraintes } \sum_{i=1}^{m} y_i \alpha_i = 0 \text{ et } \forall i, \alpha_i \geq 0$$

- choisir $i \in \{1, \dots, m\}$ tel que $\alpha_i^* > 0$

$$\text{Poser } w_0^* = y_i - \sum_{j=1}^{m} \alpha_j^* y_j \kappa(\mathbf{x}_j, \mathbf{x}_i) \; // \; \triangleright \text{ (eq. 8.17)}$$

- $\bar{\boldsymbol{\omega}}^* = \sum_{i=1}^{m} y_i \alpha_i^* \phi(\mathbf{x}_i) \; // \; \triangleright \text{ (eq. 8.10)}$

Sortie : fonction de décision

$$\forall \mathbf{x}, f(\mathbf{x}) = \text{sgn} \left(\sum_{i=1}^{m} y_i \alpha_i^* \kappa(\mathbf{x}_i, \mathbf{x}) + w_0^* \right)$$

Il existe une multitude de programmes implémentant les SVM de façon efficace, dont les plus populaires sont sans doute ceux de (Joachims 1999)[4] et de (Fan *et al.* 2008)[5].

Marge souple

Un inconvénient majeur de ce problème d'optimisation est que, lorsque les données sont complexes ou bruitées, ce qui est généralement le cas, la

---

4. `http://svmlight.joachims.org/`
5. `http://www.csie.ntu.edu.tw/~cjlin/liblinear/`

condition de séparabilité n'est plus respectée. Une solution à ce problème est de relâcher les contraintes sur la marge en introduisant de nouvelles variables ξ_i, appelées variables d'écart ; cela assouplit les contraintes dans les inéquations (8.5) et (8.6) qui, dans l'espace de redescription, s'écrivent :

$$\forall i, \qquad \qquad \xi_i \geq 0 \qquad \qquad (8.18)$$

$$\forall \mathbf{x}_i \in S_+, \quad \langle \bar{\boldsymbol{\omega}}, \phi(\mathbf{x}_i) \rangle + w_0 \geq 1 - \xi_i \qquad (8.19)$$

$$\forall \mathbf{x}_i \in S_-, \quad \langle \bar{\boldsymbol{\omega}}, \phi(\mathbf{x}_i) \rangle + w_0 \leq -1 + \xi_i \qquad (8.20)$$

D'après ces inéquations, lorsqu'un exemple $\mathbf{x}_i$ de la base d'entraînement est mal classé, la variable ξ_i correspondante doit être plus grande que l'unité, puisque dans ce cas $1 - \xi_i$ ou $-1 + \xi_i$ change de signe. De ce fait, la somme $\sum_i \xi_i$ détermine une borne supérieure du nombre d'erreurs de classification sur la base d'entraînement (figure 8.3).

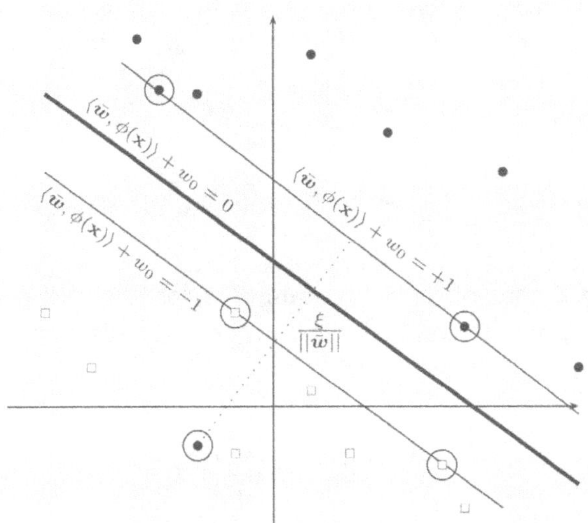

Figure 8.3 - Hyperplans linéaires pour un problème de classification non linéairement séparable. Les vecteurs de support sont encerclés. Soit ces vecteurs reposent sur un des hyperplans marginaux, soit ce sont des points aberrants. La distance d'un point aberrant $\mathbf{x}$ à l'hyperplan marginal associé à sa classe est $\frac{\xi}{\|\bar{\boldsymbol{\omega}}\|}$.

On cherche alors à minimiser les erreurs de classification tout en maximisant la marge, ce qui revient à changer la fonction-objectif du problème primal de $\frac{\|\bar{\boldsymbol{\omega}}\|^2}{2}$ en $\frac{\|\bar{\boldsymbol{\omega}}\|^2}{2} + C \sum_{i=1}^m \xi_i$, où C est un paramètre fixé à l'avance (plus C est grand, plus les erreurs sont pénalisées). Le problème d'optimisation prend alors la forme :

$$\min_{\bar{\boldsymbol{\omega}}\in\mathbb{H}, w_0\in\mathbb{R}, \xi\in\mathbb{R}^m} \frac{1}{2}\|\bar{\boldsymbol{\omega}}\|^2 + C\sum_{i=1}^{m}\xi_i \tag{8.21}$$

sous les contraintes $\forall i, \xi_i \geq 0$ et $y_i(\langle\bar{\boldsymbol{\omega}}, \phi(\mathbf{x}_i)\rangle + w_0) \geq 1 - \xi_i$

C'est ce qu'on appelle *SVM à marge souple* (ou *soft margin*), puisque les contraintes sur la marge sont assouplies pour certains exemples.

Comme pour le cas séparable, les contraintes sont affines et qualifiées ; la fonction-objectif étant aussi convexe, les conditions de Karush-Kuhn-Tucker s'appliquent à l'optimum. Soit $\beta_i \geq 0, \forall i$ les variables de Lagrange associées aux contraintes de non négativité des variables d'écart et $\alpha_i \geq 0, i \in \{1, \ldots, m\}$ les variables associées à l'ensemble des m contraintes suivantes. Nous notons par $\boldsymbol{\xi}$ le vecteur $(\xi_1, \ldots, \xi_m)^\top$ par $\boldsymbol{\alpha}$ le vecteur $(\alpha_1, \ldots, \alpha_m)^\top$ et par $\boldsymbol{\beta}$ le vecteur $(\beta_1, \ldots, \beta_m)^\top$. Le Lagrangien peut alors être défini pour tout $\bar{\boldsymbol{\omega}} \in \mathbb{H}$, $w_0 \in \mathbb{R}$, $\boldsymbol{\xi} \in \mathbb{R}_+^m$, $\boldsymbol{\alpha} \in \mathbb{R}_+^m$ et $\boldsymbol{\beta} \in \mathbb{R}_+^m$ par :

$$L_p(\bar{\boldsymbol{\omega}}, w_0, \boldsymbol{\xi}, \boldsymbol{\alpha}, \boldsymbol{\beta}) = \frac{1}{2}\|\bar{\boldsymbol{\omega}}\|^2 + C\sum_{i=1}^{m}\xi_i - \sum_{i=1}^{m}\alpha_i[y_i(\langle\phi(\mathbf{x}_i), \bar{\boldsymbol{\omega}}\rangle + w_0) - 1 + \xi_i] - \sum_{i=1}^{m}\beta_i\xi_i$$

Les conditions de KKT sont obtenues en annulant les dérivées partielles du Lagrangien par rapport aux variables $\bar{\boldsymbol{\omega}}, w_0, \boldsymbol{\xi}, \boldsymbol{\alpha}$ et $\boldsymbol{\beta}$ et en écrivant les conditions complémentaires :

$$\nabla L_p(\bar{\boldsymbol{\omega}}) = \bar{\boldsymbol{\omega}} - \sum_{i=1}^{m}\alpha_i y_i \phi(\mathbf{x}_i) = 0, \text{ soit } \bar{\boldsymbol{\omega}} = \sum_{i=1}^{m}\alpha_i y_i \phi(\mathbf{x}_i) \tag{8.22}$$

$$\nabla L_p(w_0) = -\sum_{i=1}^{m}\alpha_i y_i = 0, \text{ soit } \sum_{i=1}^{m}\alpha_i y_i = 0 \tag{8.23}$$

$$\nabla L_p(\boldsymbol{\xi}) = C \times \mathbf{1}_m - \boldsymbol{\alpha} - \boldsymbol{\beta} = 0, \text{ soit } \forall i, C = \alpha_i - \beta_i \tag{8.24}$$

$$\forall i, \alpha_i[y_i h_{\boldsymbol{\omega}}(\mathbf{x}_i) - 1 + \xi_i] = 0, \quad \text{soit} \quad \alpha_i = 0 \text{ ou } y_i h_{\boldsymbol{\omega}}(\mathbf{x}_i) = 1 - \xi_i \tag{8.25}$$

$$\forall i, \beta_i\xi_i = 0, \quad \text{soit} \quad \beta_i = 0 \text{ ou } \xi_i = 0 \tag{8.26}$$

où $\mathbf{1}_m$ est le vecteur de dimension m ayant toutes ses composantes égales à 1 et $h_{\boldsymbol{\omega}}(\mathbf{x}) = \langle\phi(\mathbf{x}), \bar{\boldsymbol{\omega}}\rangle + w_0$. Comme dans le cas séparable, le vecteur de poids $\bar{\boldsymbol{\omega}}$ solution du problème est une combinaison linéaire des exemples de la base d'entraînement (eq. 8.22). D'après l'équation (8.25), nous voyons qu'il y a cependant deux types de vecteurs de support. En effet, un exemple $\mathbf{x}_i \in \mathcal{S}$ est un vecteur support si son coefficient α_i associé est non nul. Dans ce cas, d'après l'équation $y_i(\langle \bar{\boldsymbol{\omega}}, \mathbf{x}_i \rangle + w_0) = 1 - \xi_i$, si $\xi_i = 0$ alors l'exemple $\mathbf{x}_i$ est sur l'un des hyperplans marginaux et, si $\xi_i \neq 0$, le vecteur support est un point aberrant (ou un *outlier*) (voir figure 8.3). Pour un point aberrant $\mathbf{x}_i$, nous avons d'après l'équation (8.26) $\beta_i = 0$, ce qui d'après l'équation (8.24) implique que $\alpha_i = C$. Ainsi, les vecteurs de support sont soit des points aberrants dont les coefficients α sont tous égaux à C, soit des points reposant sur un des hyperplans marginaux. La forme duale du problème d'optimisation sous contraintes (8.21) s'obtient en remplaçant l'expression du vecteur poids (eq. 8.22) dans le Lagrangien et en utilisant les équations (8.24) et (8.23).

D'après l'équation (8.24), nous avons :

$$C \sum_{i=1}^{m} \xi_i - \sum_{i=1}^{m} \alpha_i \xi_i - \sum_{i=1}^{m} \beta_i \xi_i = \sum_{i=1}^{m} \xi_i \underbrace{\left(C - \alpha_i - \beta_i \right)}_{=0} = 0$$

soit

$$L_p = \frac{1}{2} \left\| \sum_{i=1}^{m} \alpha_i y_i \phi(\mathbf{x}_i) \right\|^2 - \sum_{i=1}^{m} \sum_{j=1}^{m} \alpha_i \alpha_j y_i y_j \kappa(\mathbf{x}_i, \mathbf{x}_j) - w_0 \underbrace{\sum_{i=1}^{m} \alpha_i y_i}_{=0} + \sum_{i=1}^{m} \alpha_i$$

$$= -\frac{1}{2} \sum_{i=1}^{m} \sum_{j=1}^{m} y_i y_j \alpha_i \alpha_j \kappa(\mathbf{x}_i, \mathbf{x}_j) + \sum_{i=1}^{m} \alpha_i$$

$$(8.27)$$

C'est exactement la forme de la fonction-objectif obtenue dans le cas séparable (eq. 8.13) avec, comme seule différence, les contraintes sur les variables de Lagrange $\beta_i \geq 0$, ce qui d'après l'équation (8.24) impose une borne supérieure sur les contraintes $\alpha_i \leq C$. L'optimisation duale des SVM dans le cas non séparable est ainsi la même que celle des SVM dans le cas séparable avec cette borne supérieure sur les contraintes $(\alpha_i)_{i=1}^{m}$, soit :

$$\max_{(\alpha_1,\ldots,\alpha_m)\in\mathbb{R}^m} \sum_{i=1}^{m} \alpha_i - \frac{1}{2}\sum_{i=1}^{m}\sum_{j=1}^{m} y_i y_j \alpha_i \alpha_j \kappa(\mathbf{x}_i,\mathbf{x}_j) \tag{8.28}$$

$$\text{sous les contraintes } \sum_{i=1}^{m} y_i \alpha_i = 0 \text{ et } \forall i, 0 \le \alpha_i \le C \tag{8.29}$$

Algorithme 13. SVM à marge souple

Entrée :

- une base d'entraînement $S = ((\mathbf{x}_1, y_1), \ldots, (\mathbf{x}_m, y_m))$

  - trouver, $\boldsymbol{\alpha}^*$, la solution du problème d'optimisation

  $$\max_{\boldsymbol{\alpha}\in\mathbb{R}^m} \sum_{i=1}^{m} \alpha_i - \frac{1}{2}\sum_{i=1}^{m}\sum_{j=1}^{m} y_i y_j \alpha_i \alpha_j \kappa(\mathbf{x}_i,\mathbf{x}_j)$$
  $$\text{sous les contraintes } \sum_{i=1}^{m} y_i \alpha_i = 0 \text{ et } \forall i, 0 \le \alpha_i \le C$$

  - choisir $i \in \{1,\ldots,m\}$ tel que $0 < \alpha_i^* < C$

  $$\text{poser } w_0^* = y_i - \sum_{j=1}^{m} \alpha_j^* y_j \kappa(\mathbf{x}_j,\mathbf{x}_i)$$

  - $\bar{\boldsymbol{\omega}}^* = \displaystyle\sum_{i=1}^{m} y_i \alpha_i^* \phi(\mathbf{x}_i)$ // $\triangleright$ (eq. 8.22)

Sortie : fonction de décision
$$\forall \mathbf{x}, f(\mathbf{x}) = \mathrm{sgn}\left(\sum_{i=1}^{m} y_i \alpha_i^* \kappa(\mathbf{x}_i,\mathbf{x}) + w_0^*\right)$$

Comme dans le cas linéairement séparable, nous obtenons la valeur de l'ordonnée à l'origine w_0^* en prenant un vecteur support $(\mathbf{x}_i, y_i)$ qui n'est pas un point aberrant (i.e. $\xi_i = 0$ et $\alpha_i < C$). Pour ce vecteur support, nous avons alors $\sum_{j=1}^{m} \alpha_j y_j \kappa(\mathbf{x}_i,\mathbf{x}_j) + w_0^* = y_i$, soit $w_0^* = y_i - \sum_{j=1}^{m} \alpha_j y_j \kappa(\mathbf{x}_i,\mathbf{x}_j)$.

L'algorithme des SVM à marge souple est ainsi identique à l'algorithme (12) avec, comme seule différence, le problème d'optimisation (8.29) et la borne supérieure C sur les variables $(\alpha_i)_{i=1}^{m}$.

8.1.2 Modèles multi-classes

Dans les problèmes multi-classes, les deux cas d'étude sont le mono-label, où chaque exemple n'appartient qu'à une seule classe, et le cas contraire dénommé souvent multi-label . Dans le cas mono-label, l'espace de sortie est un ensemble d'étiquettes de classe $\mathcal{Y} = \{1, \ldots, K\}$ et les deux manières usuelles de représenter la sortie d'un exemple $\mathbf{x} \in \mathcal{X}$ est soit de lui affecter son étiquette de classe $y \in \mathcal{Y}$, soit de lui associer un vecteur indicateur de classe $\mathbf{y} \in \{0,1\}^K$ qui est binaire avec toutes ses composantes égales à 0 sauf la composante correspondant à la classe de l'exemple, qui vaut 1 :

$$\forall (\mathbf{x}, y) \in \mathcal{X} \times \mathcal{Y}, y = k \Leftrightarrow \mathbf{y}^\top = \left(\underbrace{y_1, \ldots, y_{k-1},}_{\text{tous égaux à } 0} \underbrace{y_k}_{=1}, \underbrace{y_{k+1}, \ldots, y_K}_{\text{tous égaux à } 0} \right) \quad (8.30)$$

Dans le cas multi-label, l'espace de sortie est $\mathcal{Y} = \{-1, +1\}^K$ et chaque exemple $\mathbf{x} \in \mathcal{X}$ peut appartenir à plusieurs classes, auquel cas la sortie associée à l'exemple est un vecteur $\mathbf{y} \in \mathcal{Y}$ dont les composantes correspondant aux classes de l'exemple sont égales à +1 et les autres valent -1.

Erreurs de classification

Comme dans le cas binaire, nous supposons que les paires d'exemples $(\mathbf{x}, y) \in \mathcal{X} \times \mathcal{Y}$ sont i.i.d. suivant une distribution de probabilités fixe mais inconnue $\mathcal{D}$. Le but de l'apprentissage est de trouver la fonction de classification dans un espace de fonctions $\mathcal{F} = \{f : \mathcal{X} \to \mathcal{Y}\}$ donné qui a la plus faible erreur de généralisation :

$$\mathcal{L}(f) = \mathbb{E}_{(\mathbf{x},y) \sim \mathcal{D}}[\ell(f(\mathbf{x}), y)] \quad (8.31)$$

où $f(\mathbf{x}) = (f_1(\mathbf{x}), \ldots, f_K(\mathbf{x})) \in \mathcal{Y}$ est le vecteur de sortie prédit pour l'exemple $\mathbf{x}$ dans le cas multi-label ou l'indice de classe dans le cas mono-label et $\ell : \mathcal{Y} \times \mathcal{Y} \to \mathbb{R}_+$ est une erreur de classification instantanée. Dans le cas multi-label, cette erreur est souvent basée sur la distance de Hamming (1950), comptant le nombre de composantes différentes entre les vecteurs de classe prédits $f(\mathbf{x})$ et réels y pour un exemple $\mathbf{x}$.

$$\ell(f(\mathbf{x}), y) = \frac{1}{2} \sum_{k=1}^{K} (1 - \operatorname{sgn}(y_k f_k(\mathbf{x}))) \quad (8.32)$$

où sgn désigne la fonction signe. Dans le cas mono-label, l'erreur instantanée est définie simplement comme :

$$\ell(f(\mathbf{x}), y) = [\![f(\mathbf{x}) \neq y]\!] \qquad (8.33)$$

Comme dans le cas binaire, la fonction de classification est trouvée suivant le principe de la minimisation du risque empirique ERM, en utilisant une base d'entraînement $\mathcal{S} = \{(\mathbf{x}_1, y_1), \ldots, (\mathbf{x}_m, y_m)\} \in (\mathcal{X} \times \mathcal{Y})^m$.

$$f^* = \operatorname*{argmin}_{f \in \mathcal{F}} \hat{\mathcal{L}}(f, \mathcal{S}) = \operatorname*{argmin}_{f \in \mathcal{F}} \frac{1}{m} \sum_{i=1}^{m} \ell(f(\mathbf{x}_i), y_i) \qquad (8.34)$$

En pratique, on apprend une fonction $\boldsymbol{h}$ définie comme :

$$\boldsymbol{h} : \mathbb{R}^d \to \mathbb{R}^K$$
$$\mathbf{x} \mapsto (h(\mathbf{x}, 1), \ldots, h(\mathbf{x}, K))$$

où $h \in \mathbb{R}^{\mathcal{X} \times \mathcal{Y}}$, en minimisant une borne convexe dérivable de l'erreur empirique. La fonction de prédiction f pour un exemple $\mathbf{x}$ est alors obtenue en seuillant les sorties de $h(\mathbf{x}, k), k \in \{1, \ldots, K\}$ pour le cas multi-label ou en prenant l'indice de classe donnant la plus grande valeur de sortie prédite suivant h pour le cas mono-label :

$$\forall \mathbf{x}, f_{\boldsymbol{h}}(\mathbf{x}) = \operatorname*{argmax}_{k \in \{1, \ldots, K\}} h(\mathbf{x}, k) \qquad (8.35)$$

Différentes approches

Pour apprendre les fonctions $h \in \mathbb{R}^{\mathcal{X} \times \mathcal{Y}}$, il existe deux approches classiques appelées *approches pures* et *approches combinées*. Les premières consistent à apprendre un seul modèle qui prédit les classes des exemples, par exemple les SVM multi-classes ou les perceptrons multi-couches que nous verrons dans le chapitre suivant. Les approches combinées sont quant à elles basées sur une réduction du problème multi-classe à la classification binaire et elles dérivent du modèle des codes correcteurs d'erreur, ou *error correction codes* (ECOC), proposée par Dietterich et Bakiri (1995).

Cette technique est composée de deux étapes. Dans la première, chaque classe k est d'abord codée (ou représentée) par une séquence de bits de longueur fixe n, $\mathfrak{D}_k$, appelée mot de code, qui traduit les caractéristiques intrinsèques de la classe. Avec la matrice de code résultante $\mathfrak{D} \in \{-1, +1\}^{K \times n}$, n classifieurs binaires sont appris en créant n bases d'entraînement $\tilde{S}_j$ avec la base initiale S. Chacune des bases $\tilde{S}_j$ est créée en considérant la colonne j correspondante de la matrice $\mathfrak{D}$ et en ré-étiquetant les exemples avec leurs étiquettes d'entrée correspondantes dans cette colonne.

$$\forall (\mathbf{x}, y) \in \mathcal{X} \times \mathcal{Y}, \forall j \in \{1, \ldots, n\}, \text{ le codage associé à l'observation est } (\mathbf{x}, \mathfrak{D}_y(j)) \tag{8.36}$$

Ce procédé est illustré dans l'algorithme (14).

Algorithme 14 Stratégie des codes correcteurs d'erreur pour la classification multi-classe

---

Entrée :

- une base d'entraînement $S = \{(\mathbf{x}_1, \mathbf{y}_1), \ldots, (\mathbf{x}_m, \mathbf{y}_m)\} \in (\mathcal{X} \times \mathcal{Y})^m$;
- la matrice de codage des classes $\mathfrak{D} \in \{-1, +1\}^{K \times n}$

pour $j = 1 \ldots n$ **faire**

    $\tilde{S}_j \leftarrow \emptyset$ **pour** $i = 1 \ldots m$ **faire**

        $\tilde{S}_j \leftarrow (\mathbf{x}_i, \mathfrak{D}_{y_i}(j))$; $// \triangleright$ (eq. 8.36)

    apprendre un classifieur $h_j : \mathcal{X} \rightarrow \mathbb{R}$ sur $\tilde{S}_j$

Sortie : $\qquad \forall \mathbf{x} \in \mathcal{X}, \mathbf{h}(\mathbf{x}) = (h_1(\mathbf{x}), \ldots, h_n(\mathbf{x}))^\top$

La deuxième étape, dite de prédiction, consiste alors à affecter chaque exemple à la classe dont le code associé $\mathfrak{D}$ est le plus proche des sorties des classifieurs binaires appris d'après la distance de Hamming (1950) :

$$\forall \mathbf{x} \in \mathcal{X}, f(\mathbf{x}) = \operatorname*{argmin}_{k \in \{1, \ldots, K\}} \frac{1}{2} \sum_{j=1}^{n} (1 - \operatorname{sgn}(\mathfrak{D}_k(j) h_j(\mathbf{x}))) \tag{8.37}$$

Allwin *et al.* (2000) ont étendu le codage de la matrice aux codes ternaires $\mathfrak{D} \in \{-1, 0, +1\}^{K \times n}$ pour ne pas tenir compte des exemples ayant une sortie de classe 0 après codage, dans l'apprentissage des fonctions binaires. Avec ce codage, les stratégies un contre tous et un contre un deviennent des cas particuliers des codes correcteurs. En effet, la matrice de code pour le cas un contre tous est une matrice carrée $K \times K$ ayant ses éléments diagonaux égaux à $+1$ et tous les autres éléments égaux à -1. La matrice de code pour le cas un contre un est quant à elle, une matrice $K \times n$, avec $n = \frac{K(K-1)}{2}$, où chaque colonne est associée à une paire de classes $(k, \ell), k < \ell$ avec tous ses éléments égaux à 0 sauf ceux correspondant à la ligne k, qui est égal à $+1$, et à la ligne ℓ, qui vaut -1.

8.2 Approches semi-supervisées

L'apprentissage semi-supervisé, aussi appelé apprentissage avec des données partiellement étiquetées, est un apprentissage supervisé où l'on dispose à la fois d'exemples étiquetés et d'exemples non étiquetés. Les exemples étiquetés sont en général supposés trop peu nombreux pour que l'on puisse obtenir une bonne estimation des dépendances recherchées et l'on veut s'aider des exemples non étiquetés pour obtenir une meilleure estimation. Pour cela, nous supposerons disponibles un ensemble d'exemples étiquetés $\mathcal{S} = \{(\mathbf{x}_i, y_i) \mid i = 1, \ldots, m\}$ issus de la distribution jointe $\mathbb{P}(\mathbf{x}, y)$ (notée aussi par $\mathcal{D}$) et un ensemble d'exemples non étiquetés $\mathcal{Z} = \{\mathbf{x}_i \mid i = m + 1, \ldots, m + u\}$ supposés issus de la distribution marginale $\mathbb{P}(\mathbf{x})$. Si $\mathcal{Z}$ est vide, on retombe sur le problème de l'apprentissage supervisé. Si $\mathcal{S}$ est vide, on est en présence d'un problème d'apprentissage non supervisé. Au cours de l'apprentissage, les algorithmes semi-supervisés estiment des étiquettes pour les exemples non étiquetés. On pose $\tilde{y}$ et $\tilde{\mathbf{z}}$ respectivement l'étiquette et le vecteur indicateur de classe de l'exemple non étiqueté $\mathbf{x} \in \mathcal{Z}$ estimés par ces algorithmes. L'intérêt de l'apprentissage semi-supervisé survient lorsque $u = |\mathcal{Z}| >> m = |\mathcal{S}|$ et le but est que la connaissance que l'on gagne sur la distribution marginale, $\mathbb{P}(\mathbf{x})$, à travers les exemples non étiquetés puisse apporter de l'information utile dans l'inférence de $\mathbb{P}(y \mid \mathbf{x})$. Si ce but n'est pas atteint, l'apprentissage semi-supervisé sera moins performant que le supervisé et il peut même arriver que l'utilisation des données non étiquetées dégradent la performance de la fonction de prédiction apprise (Zhang et Oles 2000 ; Cozman et Cohen 2002). Il est alors nécessaire de formuler des hypothèses de travail pour la prise en compte des données non étiquetées dans l'apprentissage supervisé d'une fonction de prédiction.

8.2.1 Modèles graphiques

Les modèles graphiques utilisent un graphe empirique $G = (V, E)$ construit sur les exemples étiquetés et non étiquetés pour exprimer leur géométrie. Les nœuds $V = 1, \ldots, m + u$ de ce graphe représentent les exemples d'apprentissage et les arêtes E traduisent les similarités entre eux. Ces similarités sont généralement données par une matrice symétrique positive $\boldsymbol{W} = [W_{ij}]_{i,j}$, où $\forall (i, j) \in \{1, \ldots, m + u\}^2$ le poids W_{ij} est non nul si et seulement si les exemples d'indices i et j sont connectés, ou si $(i, j) \in E \times E$ est une arête du graphe G. Les deux exemples de matrices de similarité communément utilisées dans la littérature sont :

- la matrice binaire des k-plus proches voisins :

$$\forall (i, j) \in \{1, \ldots, m + u\}^2 ; W_{ij} = 1 \text{ si et seulement si l'exemple } \mathbf{x}_i \text{ est parmi les}$$
$$k\text{-plus proches voisins de l'exemple } \mathbf{x}_j$$

- la matrice de similarité gaussienne de paramètre σ :

$$\forall (i, j) \in \{1, \ldots, m + u\}^2 ; W_{ij} = e^{-\frac{\|\mathbf{x}_i - \mathbf{x}_j\|^2}{2\sigma^2}} \tag{8.38}$$

Par convention, $W_{ii} = 0$. Dans la suite de cette section, nous allons exposer un ensemble de techniques semi-supervisées basées sur la propagation des étiquettes dans les graphes.

Propagation des étiquettes

Une idée simple pour tirer parti de G construit sur les exemples est de propager les étiquettes des exemples à travers le graphe. Aux nœuds $1, \ldots, m$ associés aux exemples étiquetés sont attribués des étiquettes de classe, $+1$ ou -1, de ces exemples ; et aux nœuds associés aux exemples non étiquetés $m + 1, \ldots, m + u$ est affectée l'étiquette 0. Les algorithmes proposés suivant ce cadre, appelés algorithmes de propagation des étiquettes (ou *label spreading*), sont assez similaires ; ils propagent l'étiquette de chaque nœud du graphe à ses voisins (Zhu et Ghahramani 2002 ; Zhu *et al.* 2003 ; Zhou *et al.* 2004). Leur objectif est que les étiquettes trouvées, $\tilde{Y} = (\tilde{Y}_m, \tilde{Y}_u)$, soient cohérentes avec les étiquettes de classes des exemples étiquetés, $Y_m = (y_1, \ldots, y_m)$, mais aussi avec la géométrie des données induite par la structure du graphe G et exprimée par la matrice $\boldsymbol{W}$.

La consistance entre les étiquettes initiales des exemples étiquetés, Y_m, et les étiquettes estimées pour ces exemples, $\tilde{Y}_m$, est mesurée par :

$$\sum_{i=1}^{m}(\tilde{y}_i - y_i)^2 \;=\; \|\tilde{Y}_m - Y_m\|^2$$

$$=\; \|\boldsymbol{S}\tilde{Y} - \boldsymbol{S}Y\|^2 \tag{8.39}$$

où $\boldsymbol{S}$ est la matrice par blocs diagonale avec ses m premiers éléments diagonaux égaux à 1 et ses autres éléments tous nuls.

La cohérence avec la géométrie des exemples, quant à elle, suit l'hypothèse de continuité (ou de variété). Elle consiste à pénaliser les changements rapides dans $\tilde{Y}$ entre les exemples proches, étant donnée la matrice $\boldsymbol{W}$. Cette dernière est ainsi mesurée par :

$$\frac{1}{2}\sum_{i=1}^{m+u}\sum_{j=1}^{m+u}W_{ij}(\tilde{y}_i - \tilde{y}_j)^2 \;=\; \frac{1}{2}\left(2\sum_{i=1}^{m+u}\tilde{y}_i^2\sum_{j=1}^{m+u}W_{ij} - 2\sum_{i,j=1}^{m+u}W_{ij}\tilde{y}_i\tilde{y}_j\right)$$

$$=\; \tilde{Y}(\boldsymbol{D}\ominus\boldsymbol{W})\tilde{Y} \tag{8.40}$$

où $\boldsymbol{D} = [D_{ij}]$ est la matrice diagonale définie par $D_{ii} = \sum_{j=1}^{m+u}W_{ij}$, $\ominus$ représente la soustraction matricielle terme à terme et $(\boldsymbol{D}\ominus\boldsymbol{W})$ est appelée la matrice laplacienne non normalisée.

La fonction-objectif considérée exprime ainsi un compromis entre ces deux termes (eq. 8.39 et 8.40) :

$$\Delta(\tilde{Y}) = \|\boldsymbol{S}\tilde{Y} - \boldsymbol{S}Y\|^2 + \lambda\tilde{Y}(\boldsymbol{D}\ominus\boldsymbol{W})\tilde{Y} \tag{8.41}$$

où $\lambda \in (0,1)$ module ce compromis. La dérivée de la fonction-objectif est ainsi :

$$\frac{\partial\Delta(\tilde{Y})}{\partial\tilde{Y}} = 2\left[\boldsymbol{S}(\tilde{Y} - Y) + \lambda(\boldsymbol{D}\ominus\boldsymbol{W})\tilde{Y}\right]$$

$$= 2\left[\left(\boldsymbol{S}\oplus\lambda(\boldsymbol{D}\ominus\boldsymbol{W})\right)\tilde{Y} - \boldsymbol{S}Y\right]$$

où $\oplus$ est l'addition matricielle terme à terme. De plus, la matrice hessienne de la fonction-objectif :

$$\frac{\partial^2\Delta(\tilde{Y})}{\partial\tilde{Y}\partial\tilde{Y}^\top} = 2\left(\boldsymbol{S}\oplus\lambda(\boldsymbol{D}\ominus\boldsymbol{W})\right)$$

est positive définie, ce qui assure que le minimum de $\Delta(\tilde{Y})$ est atteint lorsque sa dérivée s'annule, soit :

$$\tilde{Y}^* = (\boldsymbol{S} \oplus \lambda(\boldsymbol{D} \ominus \boldsymbol{W}))^{-1}\boldsymbol{S}Y \tag{8.42}$$

Algorithme 15 Propagation des étiquettes pour l'apprentissage semi-supervisé

   Entrée : des bases d'entraînement étiquetée $\mathcal{S}$ et non étiquetée $\mathcal{Z}$

Initialisation : $t \leftarrow 0$

estimer la matrice de similarité $\boldsymbol{W}$ (eq. 8.38) (pour $i \neq j, W_{ii} \leftarrow 0$)

construire la matrice $\boldsymbol{N} \leftarrow \boldsymbol{D}^{-1/2}\boldsymbol{W}\boldsymbol{D}^{-1/2}$ où $\boldsymbol{D}$ est la matrice diagonale définie par $D_{ii} \leftarrow \sum_j W_{ij}$

poser $\tilde{Y}^{(0)} \leftarrow (y_1, \ldots, y_m, 0, 0, \ldots, 0)$

choisir le paramètre $\alpha \in (0, 1)$

répéter

   | $\tilde{Y}^{(t+1)} \leftarrow \alpha\boldsymbol{N}\tilde{Y}^{(t)} + (1 - \alpha)\tilde{Y}^{(0)}$ $t \leftarrow t + 1$

jusqu'à *convergence* ;

   Sortie : soit $\tilde{Y}^* = (y_1^*, \ldots, y_{m+u}^*)$ le vecteur après convergence. Attribuer des étiquettes de classes aux exemples $\mathbf{x}_i \in \mathcal{Z}$ suivant le signe de y_i^*

Nous remarquons que les pseudo-étiquettes des exemples non étiquetés sont ainsi obtenues par une simple inversion matricielle et que cette matrice ne dépend que de la matrice laplacienne non normalisée. Les autres techniques basées sur la propagation des étiquettes sont une variante de la formulation précédente. Nous pouvons notamment citer celle proposée par (Zhou *et al.* 2004) qui est une approche itérative (algorithme 15) où, à chaque itération, un nœud i du graphe reçoit une contribution de son voisin j (sous forme d'une pondération normalisée du poids de l'arête (i, j)), avec en plus une faible contribution de son étiquette initiale. Soit la règle de mise à jour :

$$\tilde{Y}^{(t+1)} = \alpha\boldsymbol{N}\tilde{Y}^{(t)} + (1 - \alpha)\tilde{Y}^{(0)} \tag{8.43}$$

où $\tilde{Y}^{(0)} = (\underbrace{y_1, \ldots, y_m}_{=Y_m}, \underbrace{0, 0, \ldots, 0}_{=Y_u})$ est le vecteur des étiquettes initiales, $\boldsymbol{D}$ est la matrice diagonale définie par $D_{ii} = \sum_j W_{ij}$, $\boldsymbol{N} = \boldsymbol{D}^{-1/2}\boldsymbol{W}\boldsymbol{D}^{-1/2}$

est la matrice des poids normalisée et α est une valeur réelle dans $(0,1)$. La preuve de convergence de l'algorithme (15) suit la règle de mise à jour (eq. 8.43). En effet, après t itérations, nous avons :

$$\tilde{Y}^{(t+1)} = (\alpha\boldsymbol{N})^t\tilde{Y}^{(0)} + (1-\alpha)\sum_{l=0}^{t}(\alpha\boldsymbol{N})^l\tilde{Y}^{(0)} \tag{8.44}$$

Par définition de la matrice diagonale $\boldsymbol{D}$, la matrice carrée $\boldsymbol{N}$ est la matrice laplacienne normalisée dont les éléments sont des réels positifs compris entre 0 et 1 et la somme des éléments de chacune de ses lignes vaut 1. La matrice $\boldsymbol{N}$ est ainsi par définition une matrice stochastique (ou une matrice de Markov) et ses valeurs propres sont inférieures ou égales à 1 (Latouche et Ramaswami 1999, ch. 2). Comme α est un réel positif strictement inférieur à 1, les valeurs propres de la matrice $\alpha\boldsymbol{N}$ sont toutes strictement inférieures à 1 et nous avons $\lim_{t\to\infty}(\alpha\boldsymbol{N})^t = 0$. De même, $(\alpha\boldsymbol{N})^l; l \in \mathbb{N}$ est une suite géométrique matricielle de raison $\alpha\boldsymbol{N}$ et donc $\lim_{t\to\infty}\sum_{l=0}^{t}(\alpha\boldsymbol{N})^l = (\boldsymbol{I} \ominus \alpha\boldsymbol{N})^{-1}$, où $\boldsymbol{I}$ est la matrice identité. D'après ces résultats, le vecteur des pseudo-étiquettes des exemples $\tilde{Y}^{(t)}$ converge alors vers :

$$\lim_{t\to\infty}\tilde{Y}^{(t+1)} = \tilde{Y}^* = (1-\alpha)(\boldsymbol{I} \ominus \alpha\boldsymbol{N})^{-1}\tilde{Y}^{(0)} \tag{8.45}$$

La fonction-objectif correspondant à ce problème est la suivante :

$$
\begin{aligned}
\Delta_n(\tilde{Y}) &= \|\tilde{Y} - \boldsymbol{S}Y\|^2 + \frac{\lambda}{2}\sum_{i=1}^{m+u}\sum_{j=1}^{m+u}W_{ij}\left(\frac{\tilde{y}_i}{\sqrt{D_{ii}}} - \frac{\tilde{y}_j}{\sqrt{D_{jj}}}\right)^2 \tag{8.46}\\
&= \|\tilde{Y}_m - Y_m\|^2 + \|\tilde{Y}_u\|^2 + \lambda\tilde{Y}^\top(\boldsymbol{I} \ominus \boldsymbol{N})\tilde{Y}\\
&= \|\tilde{Y}_m - Y_m\|^2 + \|\tilde{Y}_u\|^2 + \lambda\left(\boldsymbol{D}^{-1/2}\tilde{Y}\right)^\top(\boldsymbol{D} \ominus \boldsymbol{W})\left(\boldsymbol{D}^{-1/2}\tilde{Y}\right)
\end{aligned}
$$

En effet, la dérivée de cette fonction par rapport aux pseudo-étiquettes $\tilde{Y}$ est :

$$\frac{\partial\Delta_n(\tilde{Y})}{\partial\tilde{Y}} = 2\left[\tilde{Y} - \boldsymbol{S}Y + \lambda\left(\tilde{Y} - \boldsymbol{N}\tilde{Y}\right)\right]$$

et elle s'annule pour :

$$\tilde{Y} = ((1+\lambda)\boldsymbol{I} \ominus \lambda\boldsymbol{N})^{-1}\boldsymbol{S}Y$$

qui pour $\lambda = \alpha/(1 - \alpha)$ est la même solution que celle trouvée par l'algorithme (15) après convergence (eq. 8.45). Par rapport au critère (eq. 8.41), les deux différences majeures sont (a) la matrice laplacienne normalisée et (b) le terme $\|\tilde{Y}_m - Y_m\|^2 + \|\tilde{Y}_u\|^2$ qui contraint, non seulement les pseudo-étiquettes à s'accorder aux étiquettes des exemples étiquetés, mais aussi les pseudo-étiquettes des exemples non étiquetés à ne pas atteindre de grandes valeurs.

Marche aléatoire markovienne

Une variante à l'algorithme de la propagation des étiquettes (algorithme 15) introduite par (Szummer et Jaakkola 2002) considère une marche aléatoire markovienne[6] sur le graphe G, définie avec des probabilités de transition entre les nœuds i et j estimées sur la matrice de similarité par :

$$\forall (i,j), p_{ij} = \frac{W_{ij}}{\sum_l W_{il}} \tag{8.47}$$

La similarité W_{ij} est définie avec un noyau gaussien (eq. 8.38) pour les voisins des nœuds i et j et elle est fixée à 0 partout ailleurs. L'algorithme proposé initialise d'abord les probabilités d'appartenance à la classe $+1$ pour tous les nœuds du graphe, $\mathbb{P}(y = 1 \mid i), i \in V$ en utilisant l'algorithme EM et estime, pour chaque exemple $\mathbf{x}_j$, la probabilité $\mathbb{P}^{(t)}(y_s = 1 \mid j)$ à partir d'un exemple de classe $y_s = 1$ pour arriver à l'exemple $\mathbf{x}_j$ après t marches aléatoires, définie comme :

$$\mathbb{P}^{(t)}(y_s = 1 \mid j) = \sum_{i=1}^{m+u} \mathbb{P}(y = 1 \mid i)\mathbb{P}_{1 \to t}(i \mid j) \tag{8.48}$$

où $\mathbb{P}_{1 \to t}(i \mid j)$ est la probabilité de partir du nœud i pour arriver au nœud j après t marches aléatoires. Au nœud j est alors attribuée la pseudo-étiquette de classe $+1$, dans le cas où $\mathbb{P}^{(t)}(y_s = 1 \mid j) > \frac{1}{2}$, et -1 sinon. En pratique, le choix de la valeur de t a un grand impact sur les performances de l'algorithme de la marche aléatoire et il n'est pas facile à faire. Une alternative, proposée dans (Zhu et Ghahramani 2002 ; Zhu *et al.* 2003), est d'attribuer une pseudo-étiquette de classe au nœud i suivant la

---

6. Une marche aléatoire modélise les systèmes avec une dynamique discrète composée d'une succession de pas aléatoires (Montroll 1956). Le caractère markovien du processus traduit la décorrélation complète entre les pas aléatoires.

probabilité d'arriver à un nœud d'étiquette $+1$ en partant de ce nœud i pour arriver au nœud étiqueté, $\mathbb{P}(y_e = 1 \mid i)$, en effectuant une marche aléatoire. Dans le cas où l'exemple $\mathbf{x}_i$ est étiqueté, nous avons :

$$\mathbb{P}(y_e = 1 \mid i) = \begin{cases} 1 & \text{si } y_i = 1, \\ 0 & \text{sinon.} \end{cases}$$

Si $\mathbf{x}_i$ est non étiqueté, nous avons la relation suivante :

$$\mathbb{P}(y_e = 1 \mid i) = \sum_{j=1}^{m+u} \mathbb{P}(y_e = 1 \mid j) p_{ij} \tag{8.49}$$

où p_{ij} est la probabilité de transition définie dans l'équation 8.47. En posant $\forall\, i$, $\tilde{z}_i = \mathbb{P}(y_e = 1 \mid i)$ et $\tilde{Z} = (\tilde{Z}_m\ \tilde{Z}_u)$ le vecteur correspondant divisé en deux parties étiquetée et non étiquetée, puis en subdivisant aussi les matrices $\boldsymbol{D}$ et $\boldsymbol{W}$ en quatre parties :

$$\boldsymbol{D} = \begin{pmatrix} \boldsymbol{D}_{mm} & 0 \\ 0 & \boldsymbol{D}_{uu} \end{pmatrix}, \qquad \boldsymbol{W} = \begin{pmatrix} \boldsymbol{W}_{mm} & \boldsymbol{W}_{mu} \\ \boldsymbol{W}_{um} & \boldsymbol{W}_{uu} \end{pmatrix}$$

l'équation (8.49) peut s'écrire :

$$\begin{aligned} \tilde{Z}_u &= \begin{pmatrix} \boldsymbol{D}_{uu}^{-1}\boldsymbol{W}_{um} & \boldsymbol{D}_{uu}^{-1}\boldsymbol{W}_{uu} \end{pmatrix} \begin{pmatrix} \tilde{Z}_m \\ \tilde{Z}_u \end{pmatrix} \\ &= \boldsymbol{D}_{uu}^{-1}\left(\boldsymbol{W}_{um}\tilde{Z}_m + \boldsymbol{W}_{uu}\tilde{Z}_u \right) \end{aligned} \tag{8.50}$$

L'équation (8.50) mène au système linéaire suivant :

$$(\boldsymbol{D} \ominus \boldsymbol{W})_{uu}\tilde{Z}_u = \boldsymbol{W}_{um}\tilde{Z}_m \tag{8.51}$$

Nous remarquons que si $(\tilde{Z}_m\tilde{Z}_u)$ est solution de l'équation précédente, alors $(\tilde{Y}_m\tilde{Y}_u)$ définie comme :

$$\begin{aligned} \tilde{Y}_m &= 2\tilde{Z}_m - \mathbf{1}_m = Y_m \\ \tilde{Y}_u &= 2\tilde{Z}_u - \mathbf{1}_u \end{aligned}$$

où $\mathbf{1}_m$ et $\mathbf{1}_u$ sont respectivement des vecteurs de dimension m et u dont tous les éléments sont égaux à 1, en est aussi une solution. Cette dernière égalité permet d'exprimer le système linéaire par rapport aux vecteurs des étiquettes et des pseudo-étiquettes des exemples, soit :

$$\tilde{Y}_u = (\boldsymbol{D} \ominus \boldsymbol{W})_{uu}^{-1}\boldsymbol{W}_{um}Y_m$$

8.2.2 Modèles de mélange

La prédiction semi-supervisée avec des modèles génératifs implique l'estimation de la densité conditionnelle $\mathbb{P}(\mathbf{x} \mid y, \Theta)$ en utilisant, comme dans le cas non supervisé, l'algorithme EM pour estimer les paramètres Θ du modèle. Toutefois, la différence majeure avec le partitionnement non supervisé est que les variables cachées associées aux exemples étiquetés sont connues à l'avance et correspondent aux étiquettes de classes de ces exemples. L'hypothèse de base de ces modèles est ainsi l'hypothèse de partition qui stipule que, si deux exemples $\mathbf{x}_1$ et $\mathbf{x}_2$ sont dans le même groupe, ils sont alors susceptibles d'appartenir à la même classe y. Cette hypothèse pourrait se comprendre de la façon suivante : s'il existe un groupe formé par un ensemble d'exemples dense, il est alors improbable qu'ils puissent appartenir à différentes classes. Ceci n'est pas équivalent à dire qu'une classe est formée par un seul groupe d'exemples, mais qu'il est improbable de trouver deux exemples appartenant à différentes classes dans le même groupe. Nous pouvons ainsi interpréter l'apprentissage semi-supervisé avec des modèles génératifs (*a*) comme une classification supervisée où l'on dispose de l'information additionnelle sur la densité de probabilité $\mathbb{P}(\mathbf{x})$ des données, ou (*b*) comme un partitionnement avec de l'information additionnelle sur les étiquettes de classes d'un sous-ensemble d'exemples (Basu *et al.* 2002). Dans le cas où l'hypothèse générant les données est connue, les modèles génératifs peuvent devenir très performants.

8.2.3 Modèles discriminants

L'inconvénient des modèles génératifs est que, dans le cas où les hypothèses distributionnelles ne sont plus valides, leur utilisation tendra à détériorer leurs performances par rapport au cas où seuls les exemples étiquetés sont utilisés pour apprendre un modèle (Cohen *et al.* 2004). Ce constat a motivé de nombreux travaux pour s'affranchir de ces hypothèses. Les premiers travaux proposés suivant ce cadre ont utilisé des modèles discriminants estimant des probabilités a posteriori de classes pour les exemples en entrée, par exemple la régression logistique, et ils ont montré que la maximisation de la vraisemblance classifiante semi-supervisée est équivalente à la minimisation du risque empirique sur les exemples étiquetés et pseudo-étiquetés. L'extension de l'algorithme CEM semi-supervisé au cas discriminant serait dans ce cas équivalente à la technique dite de décision dirigée (ou l'algorithme auto-apprenant ou encore *self-training*) proposée dans le cadre du traitement adaptatif du signal et qui consiste à utiliser les sorties prédites par le système pour des exemples non étiquetés afin de construire des sorties désirées (Fralick 1967 ; Patrick *et al.* 1970). Ce processus de pseudo-étiquetage et d'apprentissage de modèle est répété jusqu'à ce qu'il n'y ait plus de changement sur l'étiquetage des exemples. Dans le cas où les pseudo-étiquettes de classe sont attribuées aux exemples non étiquetés, en seuillant les sorties du classifieur correspondant à ces exemples, on peut montrer que l'algorithme auto-apprenant fonctionne suivant l'hypothèse de partition.

8.3   Exercices

Exercice 8.1

Dans cet exercice, nous allons nous intéresser à la convergence de l'algorithme Adaboost (algorithme 11). À l'itération t, le coefficient α_t est choisi de façon à ce que le facteur de normalisation $Z_t = \sum_{i=1}^{m} D_t(i)e^{-a_t y_i f_t(\mathbf{x}_i)}$ soit minimal.

a) En considérant le fait que les prédictions du classifieur faible, f_t, sont dans $\{-1, +1\}$, montrer que ce facteur de normalisation peut s'écrire sous la forme suivante :

$$Z_t = \sum_{i:y_i \neq f_t(\mathbf{x}_i)} D_t(i)e^{a_t} + \sum_{i:y_i = f_t(\mathbf{x}_i)} D_t(i)e^{-a_t}$$

b) En déduire que :

$$a_t = \frac{1}{2} \ln \frac{1 - \epsilon_t}{\epsilon_t}$$

avec $\epsilon_t = \sum_{i:f_t(\mathbf{x}_i) \neq y_i} D_t(i)$.

c) Avec la valeur de a_t trouvée à la question précédente, montrer que :

$$Z_t = 2\sqrt{\epsilon_t(1 - \epsilon_t)}$$

d) En posant $\gamma_t = \frac{1}{2} - \epsilon_t$, montrer que si $\epsilon_t < \frac{1}{2}$ nous avons :

$$Z_t \leq e^{-2\gamma_t^2}$$

e) Montrer alors que l'erreur empirique du classifieur final est bornée par :

$$\frac{1}{m}\sum_{i=1}^{m}[\![y_i \neq F(\mathbf{x}_i)]\!] \leq \frac{1}{m}\sum_{i=1}^{m}e^{-y_i H(\mathbf{x}_i)}$$

où $H(\mathbf{x}) = \sum_{t=1}^{T}\alpha_t f_t(\mathbf{x})$ et $F(\mathbf{x}) = \operatorname{sign}(H(\mathbf{x}))$.

f) Montrer que :

$$\frac{1}{m}\sum_{i=1}^{m}e^{-y_i H(\mathbf{x}_i)} = \sum_{i=1}^{m}D_2(i)Z_1\prod_{t>1}e^{-y_i\alpha_t f_t(\mathbf{x}_i)}$$

g) Par récursion, en déduire que :

$$\frac{1}{m}\sum_{i=1}^{m}e^{-y_i H(\mathbf{x}_i)} = \prod_{t=1}^{T}Z_t$$

h) En déduire que, si les classifieurs faibles donnent des prédictions meilleures que la prédiction aléatoire ($\forall t, \epsilon_t < \frac{1}{2}$), la borne supérieure de l'erreur empirique du classifieur final F décroît alors de façon exponentielle en fonction du nombre d'itérations.

Exercice 8.2

Dans cet exercice, nous allons nous intéresser à la règle de mise à jour de l'algorithme d'apprentissage du modèle logistique (eq. 8.1). Pour un ensemble de poids $\boldsymbol{\lambda}$ donné, le but de la règle de mise à jour est de trouver de nouveaux poids $\boldsymbol{\lambda}+\boldsymbol{\delta}$ qui conduisent à un nouveau modèle de plus faible erreur empirique. La différence des erreurs empiriques après et avant la phase de mise à jour est :

$$\hat{R}_m^e(\boldsymbol{\lambda}+\boldsymbol{\delta},S) - \hat{R}_m^e(\boldsymbol{\lambda},S) = \underbrace{\frac{1}{m}\left(\sum_{i=1}^{m}e^{-y_i h_{\boldsymbol{\lambda}}(\mathbf{x}_i)}\left(e^{-y_i h_{\boldsymbol{\delta}}(\mathbf{x}_i)}-1\right)\right)}_{\bar{R}(\boldsymbol{\lambda},\boldsymbol{\delta})}$$

a) En utilisant l'inégalité de Jensen, montrer que :

$$\bar{R}(\boldsymbol{\lambda},\boldsymbol{\delta}) \leq \underbrace{\frac{1}{m}\left(\sum_{i=1}^{m}e^{-y_i h_{\boldsymbol{\lambda}}(\mathbf{x}_i)}(\sum_{j=1}^{d}w_{ij}e^{-y_i\delta_j}-1)\right)}_{\mathcal{E}(\boldsymbol{\lambda},\boldsymbol{\delta})}$$

b) Montrer que la fonction $\delta \mapsto \mathcal{E}(\boldsymbol{\lambda}, \boldsymbol{\delta})$ admet un minimum unique négatif.

c) Montrer que ce minimum est atteint, pour cette valeur de δ :

$$\forall j, \frac{\partial \mathcal{E}}{\partial \delta_j} = 0 \Leftrightarrow \delta_j = \frac{1}{2} \ln \frac{\sum_{i:y_i=1} w_{ij} e^{-\langle \mathbf{x}_i, \boldsymbol{\lambda} \rangle}}{\sum_{i:y_i=-1} w_{ij} e^{\langle \mathbf{x}_i, \boldsymbol{\lambda} \rangle}}$$

Exercice 8.3

Différents algorithmes ont été proposés pour la résolution du problème primal des séparateurs à vaste marge (eq. 8.8) dont l'algorithme PEGASOS (*Primal Estimated sub-Gradient SOlver for SVM*) Shalev-Shwartz *et al.* (2011) qui est sans doute l'un des plus connus, résumé ci-après :

Algorithme 16 . Algorithme **PEGASOS** Shalev-Shwartz *et al.* (2011)

Entrée :

– Ensemble d'apprentissage $S = (\mathbf{x}_i, y_i)_{1 \leq i \leq m}$

– constant $\lambda > 0$

– un nombre maximum d'itérations T

Initialisation :

– $\boldsymbol{\omega}^{(1)} \leftarrow 0$

pour $t = 1, \ldots, T$ **faire**

> – Poser $S_t^+ = \{(\mathbf{x}, y) \in S; y\langle \boldsymbol{\omega}^{(t)}, \mathbf{x} \rangle < 1\}$
> – Poser $\eta_t = \frac{1}{\lambda \times t}$
> – Mettre à jour $\boldsymbol{\omega}^{(t+1)} \leftarrow (1 - \lambda\eta_t)\boldsymbol{\omega}^{(t)} + \frac{\eta_t}{m} \sum_{(\mathbf{x},y) \in S_t^+} y\mathbf{x}$

Sortie : $\qquad \boldsymbol{\omega}^{(T+1)}$

En commençant avec un vecteur poids nul, l'algorithme met à jour itérativement les poids du modèle sur le sous-ensemble des exemples mal classés S_t^+ en appliquant la règle suivante :

$$\forall t, \boldsymbol{\omega}^{(t+1)} \leftarrow (1 - \lambda\eta_t)\boldsymbol{\omega}^{(t)} + \frac{\eta_t}{m} \sum_{(\mathbf{x},y) \in S_t^+} y\mathbf{x} \qquad (8.52)$$

où, $\eta_t = \frac{1}{\lambda \times t}$ est le pas d'apprentissage. Dans cet exercice, nous allons étudier les propriétés de convergence de cet algorithme.

a) Pour une observation donnée $(\mathbf{x}, y)$ et un classifieur $h \in \mathcal{H}$, dire pourquoi le signe du produit $yh(\mathbf{x}) = y\langle \boldsymbol{\omega}, \mathbf{x} \rangle$ est un indicateur de bonne ou de mauvaise classification.

b) Dessiner l'erreur de classification $\ell_b : (h(\mathbf{x}), y) \mapsto \mathbb{1}_{yh(\mathbf{x})<0}$ et l'erreur de Hinge.

$$\ell(h(\mathbf{x}), y) = \max(0, 1 - yh(\mathbf{x})) \qquad (8.53)$$

par rapport au produit $yh(\mathbf{x})$, i.e. L'erreur en ordonnée et le produit $yh(\mathbf{x})$ en abscisse.

c) Pour un exemple donné $(\mathbf{x}, y)$, que représente $\frac{|h(\mathbf{x})|}{\|\boldsymbol{\omega}\|}$?

d) Pourquoi la fonction-objectif (eq. 8.8) admet-elle un seul minimiseur $\boldsymbol{\omega}^\star \in \mathbb{R}^d$?

e) Expliquer pourquoi, à la première itération, S_1 est tout l'ensemble d'apprentissage : $S_1 = S$.

f) Montrer que la règle de mise à jour (8.52) suit la règle de la descente du gradient :

$$\forall t, \boldsymbol{\omega}^{(t+1)} \leftarrow \boldsymbol{\omega}^{(t)} - \eta_t \nabla_t$$

où $\nabla_t = \nabla_t \hat{\mathcal{L}}_m(S, \boldsymbol{\omega}^{(t)})$ est le gradient de la fonction-objectif (eq. 8.8) au point $\boldsymbol{\omega}^{(t)}$.

g) Pour deux poids consécutifs $\boldsymbol{\omega}^{(t)}$ et $\boldsymbol{\omega}^{(t+1)}$, montrer que :

$$\|\boldsymbol{\omega}^{(t)} - \boldsymbol{\omega}^\star\|^2 - \|\boldsymbol{\omega}^{(t+1)} - \boldsymbol{\omega}^\star\|^2 = 2\eta_t \langle \boldsymbol{\omega}^{(t)} - \boldsymbol{\omega}^\star, \nabla_t \rangle - \eta_t^2 \|\nabla_t\|^2$$

h) La fonction objectif est dite λ-fortement convexe si elle vérifie :

$$\forall u \in \mathbb{R}^d, \langle \boldsymbol{\omega}^{(t)} - u, \nabla_t \rangle \geq \hat{\mathcal{L}}(\boldsymbol{\omega}^{(t)}) - \hat{\mathcal{L}}(u) + \frac{\lambda}{2}\|\boldsymbol{\omega}^{(t)} - u\|^2$$

De cette propriété et de la question précédente, en déduire que :

$$\sum_{t=1}^{T} \left(\hat{\mathcal{L}}(\boldsymbol{\omega}^{(t)}) - \hat{\mathcal{L}}(\boldsymbol{\omega}^\star) \right) \leq \sum_{t=1}^{T} \left(\frac{\|\boldsymbol{\omega}^{(t)} - \boldsymbol{\omega}^\star\|^2 - \|\boldsymbol{\omega}^{(t+1)} - \boldsymbol{\omega}^\star\|^2}{2\eta_t} - \frac{\lambda}{2}\|\boldsymbol{\omega}^{(t)} - \boldsymbol{\omega}^\star\|^2 \right)$$
$$+ \frac{1}{2}\sum_{t=1}^{T} \eta_t \|\nabla_t\|^2$$

i) Montrer que, pour deux itérations consécutives t et $t+1$, nous avons :

$$\sum_{j=t}^{t+1}\left(\frac{\|\boldsymbol{\omega}^{(j)}-\boldsymbol{\omega}^{\star}\|^2-\|\boldsymbol{\omega}^{(j+1)}-\boldsymbol{\omega}^{\star}\|^2}{2\eta_j}-\frac{\lambda}{2}\|\boldsymbol{\omega}^{(j)}-\boldsymbol{\omega}^{\star}\|^2\right)=$$

$$\frac{\lambda(t-1)}{2}\|\boldsymbol{\omega}^{(t)}-\boldsymbol{\omega}^{\star}\|^2-\frac{\lambda(t+1)}{2}\|\boldsymbol{\omega}^{(t+2)}-\boldsymbol{\omega}^{\star}\|^2$$

j) Déduire des deux questions précédentes que :

$$\sum_{t=1}^{T}\left(\hat{\mathcal{L}}(\boldsymbol{\omega}^{(t)})-\hat{\mathcal{L}}(\boldsymbol{\omega}^{\star})\right)\leq\frac{-\lambda T}{2}\|\boldsymbol{\omega}^{(T+1)}-\boldsymbol{\omega}^{\star}\|^2+\frac{1}{2}\sum_{t=1}^{T}\eta_t\|\nabla_t\|^2$$

$$\leq\frac{1}{2}\sum_{t=1}^{T}\eta_t\|\nabla_t\|^2$$

k) Supposons que le pas d'apprentissage $\eta_t=\frac{1}{\lambda t}$, $\forall t$ et que les exemples de la base d'entraînement sont contenus dans un hypersphère de rayon R, si, à chaque itération, les poids $\boldsymbol{\omega}^{(t)}$ sont normalisés de façon à ce que $\|\boldsymbol{\omega}^{(t)}\|\leq\frac{1}{\sqrt{\lambda}}$ montrer que :

$$\|\nabla_t\|\leq\sqrt{\lambda}+R$$

En déduire que, pour $T\geq 3$, nous avons :

$$\frac{1}{T}\sum_{t=1}^{T}\hat{\mathcal{L}}(\boldsymbol{\omega}^{(t)})\leq\frac{1}{T}\sum_{t=1}^{T}\hat{\mathcal{L}}(\boldsymbol{\omega}^{\star})+\frac{c(1+\ln(T))}{2\lambda T}$$

où $c=(\sqrt{\lambda}+R)^2$

l) D'après l'inégalité de Jensen et la convexité de la fonction-objectif, nous avons :

$$\hat{\mathcal{L}}\left(\frac{1}{T}\sum_{t=1}^{T}\boldsymbol{\omega}^{(t)}\right)\leq\frac{1}{T}\sum_{t=1}^{T}\hat{\mathcal{L}}(\boldsymbol{\omega}^{(t)})$$

En utilisant cette inégalité et la question précédente, montrer que :

$$\hat{\mathcal{L}}(\boldsymbol{\omega}^{\star})\leq\hat{\mathcal{L}}(\tilde{\boldsymbol{\omega}})\leq\hat{\mathcal{L}}(\boldsymbol{\omega}^{\star})+\frac{c(1+\ln(T))}{2\lambda T}$$

où $\tilde{\boldsymbol{\omega}}=\frac{1}{T}\sum_{t=1}^{T}\boldsymbol{\omega}^{(t)}$ et en déduire finalement que :

$$\lim_{t\to\infty}\frac{1}{T}\sum_{t=1}^{T}\boldsymbol{\omega}^{(t)}=\boldsymbol{\omega}^{\star}$$

Chapitre 9

Deep learning

Un réseau de neurones est un ensemble d'unités élémentaires, appelées neurones artificiels, reliées entre elles et permettant d'effectuer différentes transformations non linéaires. Ces modèles sont issus des travaux des chercheurs en neuro-sciences qui dès les années 1950 ont commencé à travailler sur des modèles mathématiques conceptualisant le fonctionnement des neurones naturels. Ces modèles ont connu un succès certains jusqu'aux années 1990, période où le domaine de l'apprentissage machine a connu un nouveau bouleversement avec la théorie du cadre inductif proposée par Vapnik (1999). Pendant cette période, peu d'avancement a été réalisé dans l'application et l'utilisation des réseaux de neurones. Les progrès technologiques dans les composantes matérielles de ces dernières années ont cependant permis un regain d'intérêt pour l'apprentissage avec les réseaux de neurones. En particulier, les nouveaux processeurs graphiques (GPU - Graphics Processing Unit) et l'augmentation de la capacité des mémoires vives ont permis la conception et l'apprentissage des réseaux de neurones multicouches avec des architectures plus complexes, connus sous le nom de l'apprentissage profond (deep learning). Depuis 2010, nous sommes témoins d'une percée importante de l'application de ces réseaux de neurones profonds dans plusieurs domaines phares en informatique comme la vision par ordinateur ou le traitement automatique du langage naturel. Ce chapitre a pour vocation de présenter les principes de base de l'apprentissage de ces réseaux.

9.1   Neurone formel

Un neurone formel est un modèle mathématique très simplifié de neurone biologique qui possède des entrées binaires ou réelles, correspondant à un signal représenté par un vecteur $\mathbf{x}$ de dimension d, et une sortie unique. Sa fonction consiste à effectuer une somme pondérée et biaisée des entrées, puis à appliquer à cette somme une fonction d'activation, $\bar{H} : \mathbb{R} \to \mathbb{R}$. La pondération est modélisée par un vecteur de coefficients synaptiques $\boldsymbol{\omega}$ et le biais par un coefficient w_0. La figure 9.1 illustre schématiquement ce modèle.

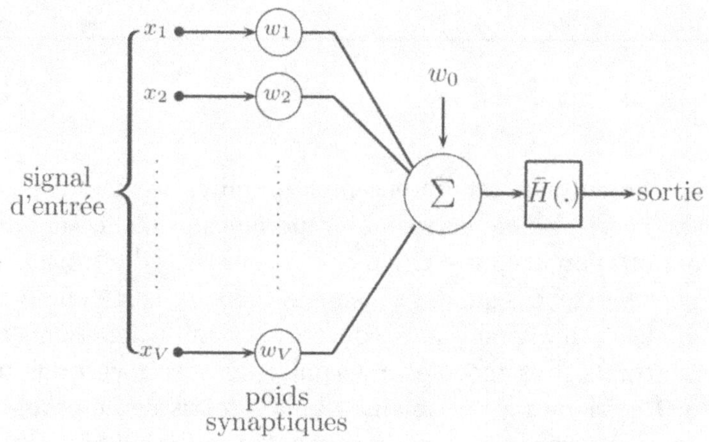

Figure 9.1 - Illustration d'un neurone formel.

La fonction de transfert du neurone formel s'écrit :

$$h_{\bar{w}}(\mathbf{x}) = \bar{H}\left(\langle \boldsymbol{\omega}, \mathbf{x}\rangle + w_0\right) = \bar{H}\left(\sum_{j=1}^{d} w_j x_j + w_0\right) \tag{9.1}$$

avec $\bar{w} = (\boldsymbol{\omega}, w_0)$. Dans le premier modèle proposé par McCulloch et Pitts (1943), la fonction d'activation $\bar{H}(.)$ était la fonction caractéristique de $\mathbb{R}^+$ ou la fonction de transfert Heaviside. Si la somme pondérée est supérieure au seuil $-w_0$, la sortie vaut 1 ; dans le cas contraire, elle vaut 0. Par analogie, $-w_0$ est le seuil d'activation du neurone avec la sortie 0 correspondant à un neurone éteint.

Ce modèle à seuil sépare l'espace d'entrée en deux demi-espaces par l'hyperplan d'équation :

$$\sum_{j=1}^{d} w_j x_j + w_0 = 0$$

D'autres fonctions de transfert ont également été proposées afin d'obtenir des solutions réelles et non plus binaires. Les formes les plus généralement employées pour la fonction d'activation sont dans ce cas :

- la fonction linéaire :

$$\bar{H} : z \mapsto \alpha z$$

  avec α un réel positif non nul ;

- la fonction linéaire par morceaux :

$$\bar{H}(z) = \begin{cases} 1 & \text{si } z \geq 0.5 \\ z + 0.5 & \text{si } -0.5 < z < 0.5 \\ 0 & \text{sinon} \end{cases}$$

- la fonction tangente hyperbolique ou la fonction sigmoïde définie par :

$$\bar{H}(z) = \frac{1}{1 + e^{-z}}$$

9.2 Réseaux simples

Les réseaux à une seule couche et unités d'activation à seuil ont été étudiés par Rosenblatt (1958) à la fin des années 1950. Il appela ces réseaux des perceptrons car ils ont été conçus à l'origine en s'inspirant du système perceptif. Ces réseaux ont été appliqués à des tâches de classification qui concernaient pour la plupart des images binaires. Nous allons exposer brièvement les principes de base de ce modèle, ainsi que le modèle ADALINE proposé un peu plus tard par Widrow et Hoff (1960) et dont la compréhension aide à mieux appréhender le fonctionnement des perceptrons multicouches qui représentent la première famille des réseaux de neurones profonds.

9.2.1 Perceptron

En partant d'un tableau lumineux représentant une rétine et avec des entrées binaires correspondant aux états éteint et allumé d'une ampoule, Rosenblatt (1958) a utilisé des fonctions linéaires dites *d'association* pour transformer les signaux d'entrée (figure 9.2). Ces fonctions ont des poids reliés d'une manière aléatoire à un sous-ensemble des entrées du tableau. Un neurone formel tel que décrit précédemment est ensuite appliqué aux entrées ainsi transformées. Dans ce modèle, la fonction d'activation est l'identité et la sortie calculée par le perceptron pour un signal $\mathbf{x}$ est égale à :

$$h_{\bar{w}}(\mathbf{x}) = \bar{H}\left(\langle \boldsymbol{\omega}, \Phi(\mathbf{x}) \rangle + w_0\right) = \sum_{j=1}^{d} w_j \phi_j(\mathbf{x}) + w_0 \qquad (9.2)$$

où $\Phi(\mathbf{x}) = (\phi_1(\mathbf{x}), \ldots, \phi_d(\mathbf{x}))$ représente le vecteur d'association pour le signal $\mathbf{x}$, $\boldsymbol{\omega} = (w_1, w_2, \ldots, w_d)$ est le vecteur des poids synaptiques et w_0 est le biais du neurone. Les fonctions d'association ont des poids fixes et ne font pas partie du neurone formel tel que décrit ci-dessus. Nous considérerons donc comme entrées dans la suite le résultat de l'application de ces fonctions au signal d'entrée initial. La fonction de transfert se simplifie en :

$$h_{\bar{w}}(\mathbf{x}) = \bar{H}\left(\langle \boldsymbol{\omega}, \mathbf{x} \rangle + w_0\right) = \sum_{j=1}^{d} w_j x_j + w_0 \qquad (9.3)$$

L'algorithme du perceptron trouve les paramètres du modèle, $\bar{w} = (\boldsymbol{\omega}, w_0)$ en minimisant la distance, ou la marge, des exemples mal classés à la frontière de décision. Ainsi, comme la distance d'un exemple à l'hyperplan séparateur est proportionnelle à la prédiction du modèle linéaire pour cet exemple (voir exercice 7.1) et comme, pour un exemple mal classé, le produit de cette prédiction avec l'étiquette de classe de l'exemple est négatif, l'algorithme d'apprentissage du perceptron tente de minimiser la fonction-objectif suivante :

$$\mathcal{L}(\bar{w}) = -\sum_{i \in \mathcal{I}_{\bar{w}}} \mathbf{y}_i(\langle \boldsymbol{\omega}, \mathbf{x}_i \rangle + w_0) \qquad (9.4)$$

où $\mathcal{I}_{\bar{w}}$ est l'indice des exemples d'apprentissage mal classés par le modèle défini par les paramètres $\bar{w}$.

Cet algorithme est basé sur celui de la descente de gradient ou de la descente selon la plus forte pente (respectivement *gradient descent* et *steepest*

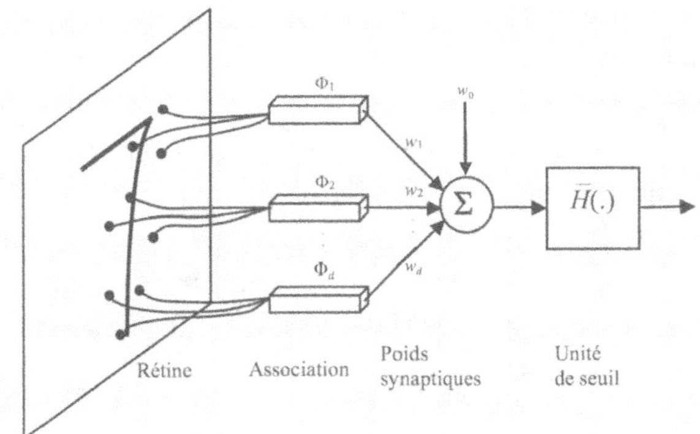

Figure 9.2 - Architecture d'un perceptron inspiré du système perceptif et composé de quatre composantes principales : la rétine, les fonctions d'association, les poids synaptiques et l'unité à seuil.

descent), qui est une approche d'optimisation itérative simple et populaire pour trouver le minimum d'une fonction-objectif convexe et dérivable.

Dans le cas de la minimisation globale de la fonction de coût (traitement par lots ou minimisation en mode *batch*), on initialise les poids $\bar{\boldsymbol{w}}^{(0)}$ de façon aléatoire et on minimise la fonction de coût en mettant à jour itérativement les vecteurs poids. Cette mise à jour se fait dans la direction opposée à celle du gradient de la fonction de coût, qui localement indique la plus forte pente de cette fonction. Ainsi, à l'itération t, les nouvelles valeurs de poids $\bar{\boldsymbol{w}}^{(t+1)}$ sont estimées d'après les valeurs de poids à l'étape précédente $\bar{\boldsymbol{w}}^{(t)}$ et le gradient de la fonction de coût estimé au poids $\bar{\boldsymbol{w}}^{(t)}$.

En supposant que l'ensemble $\mathcal{I}_{\bar{w}}$ est localement fixe, le gradient de $\mathcal{L}$ (eq. 9.4) est égal à :

$$\frac{\partial \mathcal{L}}{\partial w_0}(\bar{\boldsymbol{w}}) = -\sum_{i \in \mathcal{I}_{\bar{w}}} \mathbf{y}_i \tag{9.5}$$

$$\nabla_{\boldsymbol{\omega}} \mathcal{L}(\bar{\boldsymbol{w}}) = -\sum_{i \in \mathcal{I}_{\bar{w}}} \mathbf{y}_i \mathbf{x}_i \tag{9.6}$$

La règle de mise à jour s'écrit :

$$\forall t \in \mathbb{N}, \bar{\boldsymbol{w}}^{(t+1)} = \bar{\boldsymbol{w}}^{(t)} - \eta \nabla \mathcal{L}(\bar{\boldsymbol{w}}^{(t)}) \tag{9.7}$$

avec $\nabla \mathcal{L}$, le vecteur $(\nabla_{\boldsymbol{\omega}} \mathcal{L}, \partial \mathcal{L}/\partial w_0)$ et où $\eta \in \mathbb{R}_+^*$ est un réel strictement positif appelé le pas (ou le taux) d'apprentissage.

Une des difficultés d'utilisation de cet algorithme est le choix du pas d'apprentissage. S'il est trop grand, la règle de mise à jour (eq. 9.7) peut amener à des oscillations autour du minimum. S'il est trop petit, la convergence vers le minimum se fera très lentement et, dans certains cas, peut devenir vite irréaliste (voir exercice 7.2). En pratique, cet apprentissage est réalisé à l'aide d'un algorithme *en ligne* (algorithme 17) où, à chaque itération, un exemple est choisi aléatoirement et le vecteur des poids à une itération t, $\bar{w}(t)$, est mis à jour si le classifieur donne une mauvaise prédiction de classe pour cet exemple, soit :

$$\forall(\mathbf{x}, \mathbf{y}), \text{ si } \mathbf{y}(\langle \boldsymbol{\omega}^{(t)}, \mathbf{x} \rangle + w_0^{(t)}) \leq 0 \text{ alors } \begin{pmatrix} w_0^{(t+1)} \\ \boldsymbol{\omega}^{(t+1)} \end{pmatrix} \leftarrow \begin{pmatrix} w_0^{(t)} \\ \boldsymbol{\omega}^{(t)} \end{pmatrix} + \eta \begin{pmatrix} \mathbf{y} \\ \mathbf{y} \times \mathbf{x} \end{pmatrix} \tag{9.8}$$

La figure 9.3 illustre géométriquement la règle de mise à jour de l'algorithme sur un exemple jouet.

Algorithme 17 Algorithme de Perceptron

Entrée :

- une base d'entraînement $\mathcal{S} = (\mathbf{x}_i, \mathbf{y}_i)_{1 \leq i \leq m}$

- pas d'apprentissage $\eta > 0$

- le nombre d'exemples mal classés toléré K

Initialisation :

- initialiser le vecteur des poids $\bar{w}^{(0)}$

- $t \leftarrow 0$

répéter

    tirer aléatoirement un exemple d'apprentissage $(\mathbf{x}, \mathbf{y})$

    si $\mathbf{y} \times \langle \boldsymbol{\omega}^{(t)}, \boldsymbol{x} \rangle + w_0^{(t)} \leq 0$ **alors**

        $w_0^{(t+1)} \leftarrow w_0^{(t)} + \eta \times \mathbf{y}$

        $\boldsymbol{\omega}^{(t+1)} \leftarrow \boldsymbol{\omega}^{(t)} + \eta \times \mathbf{y} \times \mathbf{x}$

        $t \leftarrow t + 1$

jusqu'à *le nombre d'exemples mal classés est inférieur ou égal à K* ;

Sortie :   les paramètres du modèle linéaire

    $\bar{w}^{(t)} = (\boldsymbol{\omega}^{(t)}, w_0^{(t)})$

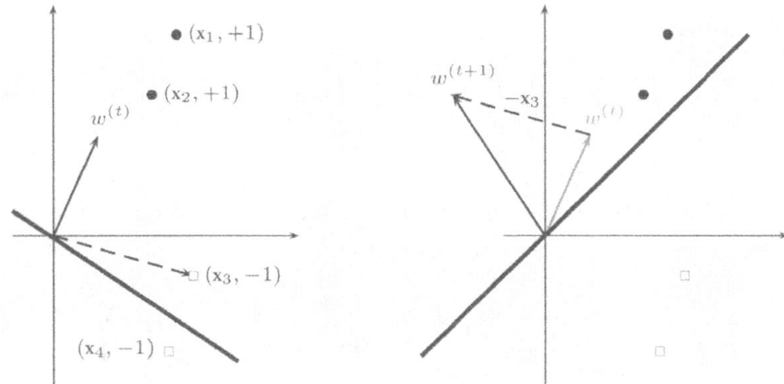

Figure 9.3 - Illustration de la règle de mise à jour de l'algorithme du perceptron (eq. 9.8) avec l'exemple $(\mathbf{x}_3, -1)$ choisi, qui est mal classé par l'hyperplan de vecteur normal $\boldsymbol{\omega}^{(t)}$.

Cet algorithme, bien que simple, peut être très performant dans certains cas. C'est de plus le précurseur de nombreux autres algorithmes d'apprentissage, notamment le perceptron multicouche présenté dans la suite de ce chapitre. Un des résultats importants est que, si le problème de classification est linéairement séparable, alors l'algorithme de perceptron trouvera l'hyperplan séparateur en un nombre fini d'itérations. Il existe différentes démonstrations pour ce résultat, dont celle proposée par Novikoff (1962) que nous étudierons dans l'exercice 8.3.

9.2.2   ADALINE

Parallèlement au perceptron, Widrow et Hoff (1960) ont proposé l'ADA-LINE (Adaptive Linear Neuron) dont le modèle formel est celui de la figure 9.1 avec la fonction linéaire comme fonction d'activation. Ainsi, avec des poids synaptiques $\bar{\boldsymbol{w}} = (\boldsymbol{\omega}, w_0)$, la sortie de ce modèle pour une entrée $\mathbf{x}$ vaut $h_{\bar{\boldsymbol{w}}}(\mathbf{x}) = \langle \boldsymbol{\omega}, \mathbf{x} \rangle + w_0$. Widrow et Hoff (1960) ont proposé un algorithme basé sur la technique du gradient stochastique pour apprendre les paramètres de ce modèle. Cet algorithme minimise l'erreur quadratique moyenne entre les étiquettes de classes des exemples d'une base d'entraînement $S = ((\mathbf{x}_1, \mathbf{y}_1)...(\mathbf{x}_m, \mathbf{y}_m))$ et les prédictions de classe du modèle pour ces exemples :

$$\mathcal{L}(\bar{\boldsymbol{w}}) = \frac{1}{m} \sum_{i=1}^{m} (\mathbf{y}_i - h_{\bar{\boldsymbol{w}}}(\mathbf{x}_i))^2 \tag{9.9}$$

Pour un pas d'apprentissage $\eta > 0$ et un exemple tiré aléatoirement $(\mathbf{x}, \mathbf{y})$, la règle de mise à jour des poids s'écrit :

$$\forall (\mathbf{x}, \mathbf{y}), \begin{pmatrix} w_0^{(t+1)} \\ \boldsymbol{\omega}^{(t+1)} \end{pmatrix} \leftarrow \begin{pmatrix} w_0^{(t)} \\ \boldsymbol{\omega}^{(t)} \end{pmatrix} + \eta(\mathbf{y} - h_{\bar{\boldsymbol{w}}^{(t)}}(\mathbf{x})) \begin{pmatrix} 1 \\ \mathbf{x} \end{pmatrix} \tag{9.10}$$

La différence majeure avec la règle d'apprentissage du perceptron (eq. 9.8) est que les poids sont mis à jour sur tous les exemples tirés, mal classés ou non. La figure 9.4 illustre sur un exemple jouet la différence de comportement entre le perceptron et l'adaline. En minimisant le nombre d'erreurs, le perceptron trouve l'hyperplan qui sépare au mieux les classes ; ceci au risque d'une mauvaise classification dans le cas de données bruitées. L'adaline fait des erreurs, mais la solution trouvée est généralement plus robuste.

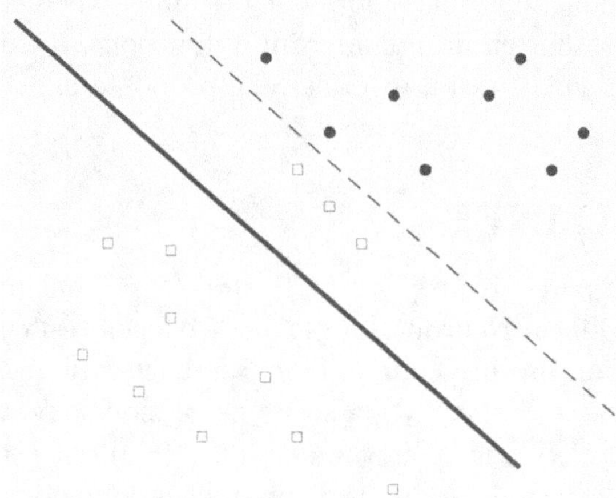

Figure 9.4 - Illustration des solutions trouvées par les algorithmes du perceptron (en pointillés) et de l'adaline (en trait plein) pour un problème de classification linéairement séparable.

9.2.3 Perceptrons multicouches (PMC)

Le perceptron multicouche (PMC ou *multi-layer perceptron*) est une généralisation de l'algorithme du perceptron. Il est par essence un modèle multiclasse représentant l'association entre une observation (ou une entrée) et sa sortie réelle avec une fonction multivariée définie comme étant une composition de plusieurs fonctions non linéaires.

Par analogie avec les modèles formels associés au perceptron, la représentation formelle d'un PMC est un réseau avec des couches successives d'unités de base, où chaque unité d'une couche est reliée à celles de la couche suivante. Un PMC est ainsi considéré comme le premier réseau de neurones profond, la profondeur étant égale au nombre de couches cachées plus la couche de sortie.

Les deux types de réseaux neuronaux les plus étudiés dans la littérature sont les réseaux récurrents, où il existe des boucles entre les différentes couches cachées et aussi entre les unités de ces couches, et les réseaux à propagation avant (ou *feed forward*) sans boucle, que nous considérons dans la suite. Ils sont généralement organisés en couches d'unités neuronales chacune semblable à celle décrite dans la section 9.1. La figure 9.5 montre un exemple d'un tel réseau avec une seule couche cachée (de profondeur 2), où il y a v cellules entrées, chacune prenant la valeur de la caractéristique d'un vecteur d'entrée, ℓ unités sur la couche cachée et k unités sur la couche de sortie. La fonction de transfert globale du réseau peut s'écrire :
$z = f(x)$ et $c = g(z)$ ou $c = (g \circ f)(x)$.

Un vecteur de poids et un biais sont associés indépendamment à chacune des unités neuronales. Si l'on combine tous les vecteurs de poids et tous les biais d'une même couche, on obtient respectivement une matrice de poids et un vecteur de biais et la sortie de la couche avant l'application de la fonction d'activation se calcule par le produit de la matrice de poids par le vecteur d'entrée suivi de l'addition du vecteur de biais. On peut se ramener à un simple produit matrice × vecteur en ajoutant une composante fictive égale à 1 dans les vecteurs d'entrée de chaque couche. On notera W_f et W_g les matrices de poids (incluant les biais) qui définissent respectivement les fonctions f et g dans l'exemple précédent et qui généralisent les vecteurs étendus $\bar{w}$ définis pour un neurone formel individuel.

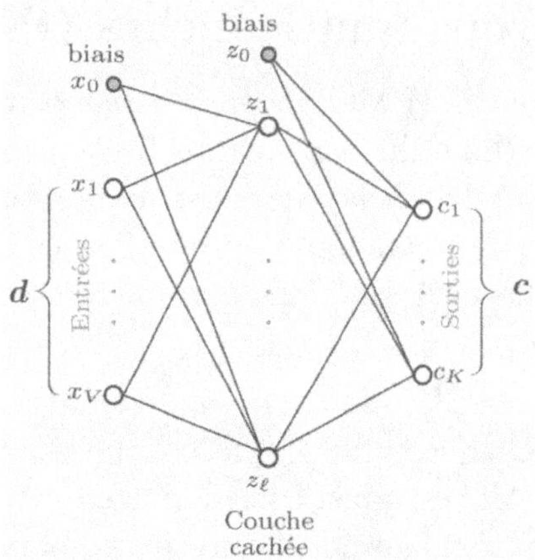

Figure 9.5 - Architecture d'un perceptron multicouche à une couche cachée (de profondeur 2). Sur cet exemple, les paramètres des biais sont introduits par des poids liés à deux unités supplémentaires associés à la couche d'entrée et à la première couche cachée ayant respectivement les valeurs fixées $x_0 = 1$ et $z_0 = 1$.

9.3   Réseaux à propagation avant

L'architecture du perceptron multicouche telle que décrite dans la section 9.2.3 peut être généralisée, non seulement en augmentant le nombre de couches, mais également en faisant varier très largement le type de fonction implémenté dans les couches. Nous allons considérer ici une architecture modulaire extrêmement générale dans laquelle un réseau implémente une composition séquentielle de fonctions, chacune correspondant à une couche et étant définie par son propre jeu de paramètres.

9.3.1   Composition de fonctions

Nous considérons pour commencer le cas séquentiel simple où la fonction F_W ou F(W) correspondant à la transformation effectuée globalement par le réseau est la composition de N fonctions $F_n(W_n)$ avec $1 \leq n \leq N$:

$$F(W) = F_N(W_N) \circ ... \circ F_2(W_2) \circ F_1(W_1) \tag{9.11}$$

On note ici $F(W)$ la fonction qui à X fait correspondre $F_W(X)$ ou encore $F(W, X)$. La fonction composée est déterminée par le vecteur W qui est la concaténation des vecteurs W_n avec $1 \leq n \leq N$. Les fonctions F_n peuvent dépendre différemment de leur vecteur de paramètres W_n et ces vecteurs peuvent avoir des tailles différentes, certaines fonctions F_n n'ayant pas de paramètres du tout. Les vecteurs W_n peuvent également encapsuler des structures plus complexes, comme des matrices ou des tenseurs de poids mais, au niveau considéré ici, ils n'apparaîtront que comme des vecteurs, les structures qu'ils contiennent étant toujours sérialisées. Les fonctions F_n peuvent être quelconques pourvu qu'elles soient différentiables par rapport à leurs données et par rapport à leurs paramètres.

Dans la présentation classique des réseaux de neurones, l'application d'une fonction correspond en général à une couche de neurones formels. En pratique cependant, une couche de neurones dans ce sens classique est souvent implémentée en deux fonctions successives, correspondant à deux types différents de couches (ou de sous-couches) : l'une, dite « couche linéaire », qui correspond strictement au produit d'une matrice par un vecteur pour la partie linéaire et l'autre, dite « couche point à point », qui correspond à l'application de la fonction d'activation composante par composante pour la partie non linéaire. Des fonctions supplémentaires, de normalisation ou de régularisation par exemple, sont également parfois insérées. La méthode de rétro-propagation de l'erreur décrite ci-après pour l'entraînement de ce type de réseaux est très générale et s'applique à n'importe quelle combinaison de fonctions différentiables et paramétrables. Nous ne décrivons ici que le cas d'une combinaison séquentielle de fonctions, mais la méthode est en fait encore plus générale car elle s'applique à des combinaisons de fonctions assemblées selon n'importe quel graphe acyclique.

9.3.2 Fonction-objectif et descente de gradient stochastique par mini-lots

Pour entraîner un réseau défini par une fonction globale F_W dépendant d'un vecteur de paramètres W, on utilise généralement une méthode basée sur une descente de gradient stochastique par mini-lots, telle que décrite dans le chapitre 5. On dispose d'une base d'entraînement $\mathcal{S}$ composée d'échantillons $(\mathbf{x}, \boldsymbol{y})$, $\mathbf{x}$ étant une observation (entrée) et $\boldsymbol{y}$ étant une valeur attendue asociée (sortie) ; on cherche à minimiser une fonction-objectif $\mathcal{L}_{\mathcal{S}}$ typiquement définie comme :

$$\mathcal{L}_{\mathcal{S}}(W) = \frac{1}{|\mathcal{S}|} \sum_{(\mathbf{x},\boldsymbol{y})\in\mathcal{S}} C(F_W(\mathbf{x}), \boldsymbol{y}) + \lambda\Omega(W) \tag{9.12}$$

La fonction C (ou encore le « critère »), supposée continûment différentiable, associe un coût à la différence entre une valeur $F_W(\mathbf{x})$ prédite par le réseau et la sortie attendue $\boldsymbol{y}$ correspondante. $\Omega(W)$ est un terme dit de régularisation dont le but est de prévenir le surapprentissage et/ou la divergence du vecteur de paramètres au cours du processus d'optimisation. La fonction Ω est elle aussi supposée continûment différentiable et le paramètre λ sert à doser la « force » relative souhaitée pour le terme de régularisation.

Dans la version stochastique par mini-lots de l'algorithme de descente de gradient, on effectue une mise à jour du vecteur W en fonction d'un sous-ensemble de la base d'entraînement $\mathcal{M}_\mathcal{S} \subseteq \mathcal{S}$, appelé mini-lot, selon la formule :

$$W(t+1) = W(t) - \frac{\eta}{|\mathcal{M}_\mathcal{S}|} \sum_{(\mathbf{x},y)\in\mathcal{M}_\mathcal{S}} \nabla_W \mathcal{L}_{(\mathbf{x},y)}(W(t)) \tag{9.13}$$

avec :

$$\mathcal{L}_{(\mathbf{x},y)}(W) = C(F_W(\mathbf{x}), \boldsymbol{y}) + \lambda\Omega(W) \tag{9.14}$$

Par exemple, la différence entre la valeur prédite et celle attendue peut être mesurée par la distance euclidienne et la régularisation se faire en minimisant la norme du vecteur W :

$$\mathcal{L}_{(\mathbf{x},y)}(W) = \frac{1}{2}\|F_W(\mathbf{x}) - \boldsymbol{y}\|^2 + \frac{\lambda}{2}\|W\|^2 \tag{9.15}$$

Pour mettre en œuvre la descente de gradient telle que décrite dans les équations 9.13 et 9.14, nous devons pouvoir calculer $\nabla_W E(W, \mathbf{x}, \boldsymbol{y})$ pour une paire exemple $(\mathbf{x}, \boldsymbol{y})$ avec $E(W, \mathbf{x}, \boldsymbol{y}) = C(F_W(\mathbf{x}), \boldsymbol{y})$. Notons que, pour la mise en œuvre des équations 9.13 et 9.14, le calcul de $\nabla_W\Omega(W)$ ne pose généralement pas de problème. Par exemple, si $\Omega(W) = \frac{1}{2}\|W\|^2$, alors $\nabla_W\Omega(W) = W^T$. Cette régularisation équivaut à appliquer un taux de décroissance $\eta\lambda$ aux composantes de W à chaque itération (*weight decay*).

9.3.3   Calcul des gradients par rétro-propagation de l'erreur

Dans le cas d'une fonction composée telle que décrite dans la section 9.3.1, nous noterons X_n avec $0 \leq n \leq N$ les valeurs successives de la donnée d'entrée $\mathbf{x}$ au cours de l'application successive des fonctions $F_n(W_n)$. On aura $X_0 = \mathbf{x}$ et $X_n = F_n(W_n)(X_{n-1}) = F_n(W_n, X_{n-1})$ pour $1 \leq n \leq N$. $E(W, \mathbf{x}, \boldsymbol{y}) = C(X_N, \boldsymbol{y})$ mesure l'erreur entre la valeur prédite pour l'entrée $\mathbf{x}$ et la sortie attendue $\boldsymbol{y}$. W étant la concaténation des vecteurs W_n avec $1 \leq n \leq N$, $\nabla_W E(W, \mathbf{x}, \boldsymbol{y})$ est la concaténation des $\nabla_{W_n} E(W, \mathbf{x}, \boldsymbol{y})$ que nous noterons de manière simplifiée $\partial E / \partial W_n$.

Les morceaux de gradient $\partial E / \partial W_n$ qui composent le gradient global $\partial E / \partial W$ sont calculés en utilisant l'algorithme dit de rétro-propagation de l'erreur. Celui-ci comprend trois parties.

La première partie est appelée *passe avant* ou *propagation*. Elle correspond au fonctionnement normal du réseau en mode prédiction. Dans cette passe, les valeurs X_n sont calculées par récurrence avant à partir de l'entrée courante $X_0 = \mathbf{x}$ par application successive des fonctions $F_n(W_n)$. Additionnellement, l'erreur résiduelle (ou le coût associé) est calculée comme $E = C(X_N, \boldsymbol{y})$.

La deuxième partie, *rétro-propagation selon les données*, se fait dans le cadre d'une *passe arrière*. Dans cette partie de la passe arrière, on calcule par récurrence *arrière*, c'est-à-dire pour des valeurs décroissantes de n en partant de N, les gradients par rapport à la donnée X_n de l'erreur E par :

$$\frac{\partial E}{\partial X_N} = \frac{\partial C(X_N, \boldsymbol{y})}{\partial X_N} = \frac{\partial C}{\partial X_N} \tag{9.16}$$

à partir de $E = C(X_N, \boldsymbol{y})$ et :

$$\frac{\partial E}{\partial X_{n-1}} = \frac{\partial E}{\partial X_n} \frac{\partial F_n(W_n, X_{n-1})}{\partial X_{n-1}} = \frac{\partial E}{\partial X_n} \frac{\partial X_n}{\partial X_{n-1}} \tag{9.17}$$

à partir de $X_n = F_n(W_n, X_{n-1})$.

La troisième partie, *rétro-propagation selon les paramètres*, est considérée comme faisant partie de la passe arrière mais elle ne fait pas intervenir de relation de récurrence, les calculs ne faisant pas intervenir de dépendance avant ou arrière sur les valeurs de n une fois que les $\partial E / \partial X_n$ ont été calculés. Les gradients par rapport aux paramètres W_n de l'erreur E sont finalement calculés par :

$$\frac{\partial E}{\partial W_n} = \frac{\partial E}{\partial X_n} \frac{\partial F_n(W_n, X_{n-1})}{\partial W_n} = \frac{\partial E}{\partial X_n} \frac{\partial X_n}{\partial W_n} \tag{9.18}$$

à partir des $\partial E/\partial X_n$ précédemment calculés et de $X_n = F_n(W_n, X_{n-1})$.

Il est à noter que E est un scalaire, que tous les X_n et W_n sont des vecteurs de nombres réels [1], tous les $\partial E/\partial X_n$ et $\partial E/\partial W_n$ sont des vecteurs de type dual respectivement par rapport aux vecteurs X_n et W_n (c'est-à-dire que les premiers sont de type colonne et les seconds sont de type ligne), que les Jacobiens $\partial X_n/\partial X_{n-1}$ et $\partial X_n/\partial W_n$ sont des matrices et que les produits matrice-vecteur apparaissant dans les équations 9.17 et 9.18 ne sont pas commutatifs.

En pratique, il est nécessaire de calculer numériquement les vecteurs X_n, $\partial E/\partial X_n$ et $\partial E/\partial W_n$. Par contre, il n'est pas nécessaire de calculer les matrices Jacobiennes $\partial X_n/\partial X_{n-1}$ et $\partial X_n/\partial W_n$. Il suffit d'implémenter une fonction qui calcule directement le produit de ces matrices par le vecteur gradient auquel elles doivent être appliquées, ce qui ne nécessite généralement pas de les développer.

9.3.4   Architecture modulaire

La figure 9.6 montre l'architecture modulaire d'un système d'entraînement d'un réseau multicouche par descente de gradient stochastique. Il comprend :

- un module « optimiseur »,
- N modules « couches »,
- et un module « critère ».

En phase de prédiction, l'architecture est simplifiée : seuls les modules couches sont conservés et à l'intérieur de ceux-ci, seule la partie « propagation avant » est conservée. Le vecteur de paramètres W appris durant la phase d'entraînement est fixe et les morceaux W_n peuvent être stockés

---

1. Les vecteurs de paramètres W_n apparaissent toujours comme des vecteurs simples de nombres réels au niveau extérieur aux fonctions. Selon la nature exacte des fonctions, à l'intérieur de celles-ci, ils peuvent apparaître sous la forme d'autres structures, ce qui peut nécessiter de les « désérialiser » en entrée et de les « resérialiser » en sortie (pour le gradient $\partial E/\partial W_n$). Par exemple, dans le cas d'une fonction implémentant une transformation linéaire entre le vecteur d'entrée X_{n-1} et le vecteur de sortie X_n, W_n apparaît en interne comme une matrice. De même, dans le cas de réseaux convolutifs, les données X_n (et donc les gradients associés $\partial E/\partial X_n$) apparaissent en interne comme des tenseurs d'ordre 3 ou plus.

directement comme des constantes dans les modules couches correspondants.

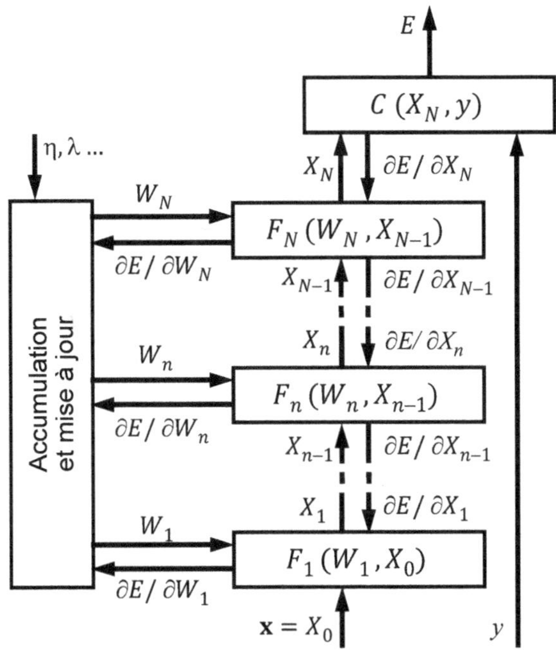

Figure 9.6 - Architecture modulaire d'un système d'entraînement d'un réseau multicouche (inspiré de LeCun et Ranzato (2013)). Propagation avant : du bas vers le haut ; rétro-propagation selon les données : du haut vers le bas ; rétro-propagation selon les paramètres : du haut vers la gauche.

Le module optimiseur stocke le vecteur des paramètres W. Il le distribue par morceaux $(W_n)_{1 \leq n \leq N}$ aux modules couches. Il récupère en retour des morceaux de gradients $(\partial E / \partial W_n)_{1 \leq n \leq N}$ qu'il assemble en un gradient global $\partial E / \partial W$. Il accumule ces vecteurs gradients globaux pour les échantillons $(\mathbf{x}, \boldsymbol{y}) \in \mathcal{M}_\mathcal{S}$ d'un sous-ensemble de la base d'entraînement $\mathcal{M}_\mathcal{S} \subseteq \mathcal{S}$, appelé mini-lot. Enfin, il met à jour le vecteur W en fonction du vecteur gradient cumulé correspondant à ce mini-lot et en fonction éventuellement du vecteur gradient d'un terme de régularisation devant être ajouté à E et dépendant uniquement de W, qu'il calcule en interne.

Le module couche implémente les trois parties du calcul du gradient : propagation avant des données entrantes, rétro-propagation de l'erreur selon les données et rétro-propagation de l'erreur selon les paramètres. La figure 9.7 montre l'architecture interne d'un tel module. Dans ce schéma, F, W, X_{in} et X_{out} (noms internes) correspondent respectivement à F_n, W_n, X_{n-1} et X_n (noms externes) pour le module couche n.

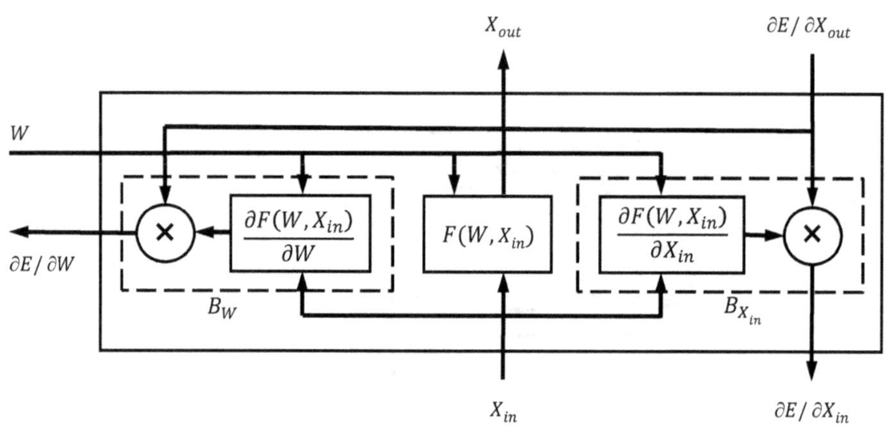

Figure 9.7 - Module « couche ». Propagation avant : du bas vers le haut ; rétro-propagation selon les données : du haut vers le bas ; rétro-propagation selon les paramètres : du haut vers la gauche.

Le module couche doit implémenter la fonction F et les deux fonctions dérivées $B_{X_{in}}$ et B_W telles que :

$$B_{X_{in}}(X_{in}, W, V) = V.\frac{\partial F(X_{in}, W)}{\partial X_{in}} \qquad (9.19)$$

$$B_W(X_{in}, W, V) = V.\frac{\partial F(X_{in}, W)}{\partial W} \qquad (9.20)$$

Lors de la passe arrière, ces deux fonctions sont appliquées avec $V = \partial E/\partial X_{out}$. Le module couche peut se décliner en un grand nombre de variantes, les deux principales étant le module « linéaire » et le module « point à point ».

Le module linéaire (*linear module*) correspond typiquement à l'étape linéaire (c'est-à-dire sans la fonction d'activation et également sans le biais) dans une couche de neurones formels de type « tous vers tous ». Il applique une transformation linéaire déterminée par une matrice W entre l'entrée X_{in} et la sortie X_{out} :

$$X_{out} = WX_{in} \qquad (9.21)$$

Notons que, du point de vue interne au module, W apparaît comme une matrice alors que, du point de vue externe, il apparaît comme un vecteur. Ceci implique qu'en entrée W soit « désérialisé » et qu'en sortie $\partial E/\partial W$ soit « resérialisé ». Ce genre de tranformation se fait couramment et même avec des tenseurs de dimension 3, 4 ou 5 dans le cas des couches linéaires des réseaux convolutionnels (section 9.4.1).

La fonction de transformation F est linéaire par rapport à chacune de ses deux entrées, W et X_{in}, ce qui conduit à des expressions extrêmement simples et à des calculs très efficaces pour les fonctions de rétro-propagation :

$$\frac{\partial E}{\partial X_{in}} = \frac{\partial E}{\partial X_{out}}W \tag{9.22}$$

$$\frac{\partial E}{\partial W} = X_{in}\frac{\partial E}{\partial X_{out}} \tag{9.23}$$

On rappelle que X_{in} et X_{out} sont ici des vecteurs colonnes et que $\partial E/\partial X_{in}$ et $\partial E/\partial X_{out}$ sont des vecteurs lignes. En ce qui concerne W, compte tenu des opérations de désérialisation et de resérialisation, du point de vue externe, W et $\partial E/\partial W$ sont respectivement un vecteur colonne et un vecteur ligne et, du point de vue interne, ce sont respectivement une matrice et une matrice correspondante transposée. Dans l'équation 9.22, le produit à gauche d'un vecteur ligne par une matrice donne un vecteur ligne. Dans l'équation 9.23, le produit d'un vecteur colonne par un vecteur ligne (produit extérieur) donne une matrice (transposée par rapport à W). Pour vérifier les formules 9.22 et 9.23 à partir de la formule 9.21, il suffit de développer les formules 9.19 et 9.20 pour chacune des composantes des vecteurs ou des matrices concernées.

Le module point à point (*pointwise module*) correspond typiquement à l'étape non linéaire (c'est-à-dire la fonction d'activation) dans une couche de neurones formels.

On considère une fonction scalaire $\bar{H}$ (de $\mathbb{R}$ dans $\mathbb{R}$) continûment différentiable et on convient de la « surcharger » pour n'importe quel type d'objet composé de nombre réels (typiquement : vecteurs colonnes, vecteurs lignes, matrices ou tenseurs plus généraux) en appliquant en parallèle la fonction $\bar{H}$ à chacune des composantes indépendamment, par exemple : $\bar{H}(x_1, x_2 \ldots x_d) = (\bar{H}(x_1), \bar{H}(x_2) \ldots \bar{H}(x_d))$.

Par commodité, on prendra également en compte au niveau de ce module le vecteur W constitué des paramètre de biais w_0, puisque ceux-ci sont aussi appliqués composante par composante au niveau du vecteur de sortie du module linéaire précédent et donc au niveau de l'entrée pour le module « point à point ». La transformation non linéaire avec biais est déterminée par la fonction $\bar{H}$ et par le vecteur W entre l'entrée X_{in} et la sortie X_{out} :

$$X_{out} = F(W, \bar{H}, X_{in}) = \bar{H}(X_{in} + W) \tag{9.24}$$

Les vecteurs X_{in}, X_{out} et W doivent tous avoir la même taille et sont tous de type colonne. La fonction scalaire $\bar{H}$ peut ici être vue comme un paramètre supplémentaire et particulier de la fonction F. Bien que diverses fonctions $\bar{H}$ puissent effectivement être considérées, ce paramètre de la fonction F reste constant durant le processus d'optimisation et fait partie de la définition du réseau ; il ne fait pas de paramètres optimisés par descente de gradient. Pour rester strictement dans le modèle décrit, il faudrait considérer un type de module point à point et de fonction F par fonction $\bar{H}$. En pratique, $\bar{H}$ est considérée comme un hyper-paramètre dans la définition du réseau, comme le nombre, le type et la taille des différentes couches et, plus généralement, comme la spécification du graphe complet.

Cette fois encore, la définition de la fonction F conduit à des expressions simples et à des calculs efficaces pour les fonctions de rétro-propagation :

$$\frac{\partial E}{\partial X_{in}} = \frac{\partial E}{\partial X_{out}} \circ \left(\bar{H}'(X_{in} + B)\right)^{\top} \tag{9.25}$$

$$\frac{\partial E}{\partial B} = \frac{\partial E}{\partial X_{out}} \circ \left(\bar{H}'(X_{in} + B)\right)^{\top} \tag{9.26}$$

$\circ$ est ici le produit de Hadamard entre deux vecteurs (lignes), c'est-à-dire le vecteur composé des produits terme à terme. On remarque que les gradients par rapport à X_{in} et par rapport à B sont identiques.

Le module critère peut être vu et implémenté comme un cas particulier de module couche avec les spécificités suivantes : les vecteurs W et $\partial E / \partial W$ sont de taille nulle puisque ce module n'a pas de paramètre ; le gradient descendant est un vecteur de taille 1 dont la valeur est la constante 1 (correspondant à $\partial E / \partial E$) ; et le module a deux entrées de données au lieu d'une (on ne calcule cependant que le gradient par rapport à l'entrée X_N, le gradient par rapport à $\boldsymbol{y}$ n'étant pas nécessaire pour le calcul de $\partial E/\partial W$).

Dans le cas d'une fonction de coût basée sur une distance euclidienne :

$$E = C(X_N, \boldsymbol{y}) = \frac{1}{2} \left\| X_N - \boldsymbol{y} \right\|^2 \tag{9.27}$$

la fonction de rétropropagation appliquée à la constante 1 donne :

$$\frac{\partial E}{\partial X_N} \;=\; (X_N - \boldsymbol{y})^T \tag{9.28}$$

Comme dans tous les cas où il n'y a pas de paramètre, il n'y a pas de fonction de rétro-propagation correspondante.

9.3.5 Réseaux quelconques

Il est possible de créer des réseaux selon un graphe orienté quelconque pourvu que celui-ci soit acyclique. Les nœuds correspondent aux modules couches et les arcs correspondent aux données, lesquelles sont toujours des vecteurs de nombres réels. Chaque arc reliant les modules couches transmet les données dans le sens avant et le gradient de l'erreur par rapport à cette même donnée dans le sens opposé, comme indiqué dans la figure 9.6 qui correspond au cas ou chaque module couche a une seule entrée et une seule sortie.

Si plusieurs arcs arrivent sur un même nœud, la fonction de propagation prend en entrée un vecteur de données par arc entrant plus un vecteur de paramètres, celui-ci pouvant être de taille nulle. On remarque que le module couche décrit dans la figure 9.7 et les deux fonctions de rétro-propagation du gradient dérivées définies dans les équations 9.19 et 9.20 sont parfaitement symétriques d'un point de vue interne au module par rapport aux deux vecteurs d'entrée X_{in} et W. Les modules couches se généralisent facilement au cas de fonctions de propagation prenant plusieurs vecteurs de données et/ou plusieurs vecteurs de paramètres en entrée ; le gradient de la sortie est alors rétro-propagé de la même façon pour chacune des entrées, qu'elle soit de type donnée ou de type paramètre.

Si plusieurs arcs partent d'un même nœud, les gradients arrivant en retour sont sommés avant d'être passés aux fonctions de rétro-propagation. Si un même vecteur de paramètres est utilisé par plusieurs nœuds, tous les gradients correspondants doivent également être sommés avant d'être retournés au module optimiseur. En pratique aussi, il est possible qu'un module couche reçoive plusieurs vecteurs de paramètres comme il peut recevoir plusieurs vecteurs de données et, du point de vue interne au module, tous ces vecteurs apparaissent de manière complètement symétrique.

Les gradients correspondant aux entrées du réseau ($\mathbf{x}$ et $\boldsymbol{y}$ dans le cas du réseau décrit dans la figure 9.6) ne sont pas utilisés et n'ont pas besoin d'être calculés. Le calcul de la sortie finale E n'est pas non plus nécessaire pour l'optimisation de W mais elle peut être utile car, en moyennant sa valeur sur les différentes époques (voir la section 9.5.1), on peut mesurer l'évolution de la fonction-objectif au cours de celles-ci. Cette information peut servir pour définir un critère d'arrêt et/ou pour décider de l'évolution du taux d'apprentissage η.

9.3.6   Différentiation automatique

De nombreux outils sont capables de générer et d'appliquer automatiquement, pour chaque module, les fonctions de rétro-propagation à partir de la définition de la fonction de propagation $\bar{H}$. Ces outils sont capables de traiter des graphes orientés acycliques quelconques à partir de la seule définition du graphe et des fonctions de propagation « avant » (Baydin *et al.* 2015). Ils propagent les données et rétro-propagent les gradients correspondants automatiquement pour des fonctions ayant un nombre quelconque d'entrées. Ils ne font aucune différence selon le type des entrées, donnée ou paramètre. Cette différence apparaît uniquement au niveau des connexions (arcs) : celles qui se font directement avec le module optimiseur correspondent aux paramètres et toutes les autres correspondent aux données. Les sorties sont toujours des données.

Chaque arc du graphe, qu'il soit de type donnée ou de type paramètre, correspond à une variable vectorielle V de type colonne, qui est doublée, chaque fois que le gradient correspondant est nécessaire, d'une variable vectorielle associée $\partial E/\partial V$ de type ligne. En pratique, ces deux variables sont stockées séquentiellement dans un tableau en mémoire avec leurs composantes dans un ordre correspondant, indépendamment du fait qu'elles soient de type ligne ou colonne. Plus généralement, ces variables peuvent être des tenseurs d'ordre deux comme les matrices W des modules linéaires, ou d'ordre supérieur comme les tenseurs définissant les filtres dans les couches convolutionnelles. Ces tenseurs et les tenseurs transposés pour les gradients sont également stockés de manière sérialisée comme des tableaux en mémoire. Pour la plupart, les outils de différentiation automatiques savent gérer directement ce type de variables multi-dimensionnelles, rendant inutiles les opérations effectives de désérialisation de ces variables et de resérialisation de leurs gradients. Celles-ce ne sont en fait nécessaires que conceptuellement pour faciliter la formalisation de la méthode de rétro-propagation du gradient.

9.4 Réseaux convolutifs

9.4.1 Couche de convolution

Dans les réseaux PMC que nous avons vus jusqu'ici (section 9.2.3), chaque couche est constituée d'un ensemble de neurones formels qui sont tous connectés à tous les neurones formels de la couche précédente (ou à toutes les entrées pour la première couche). Dans ce schéma de connexion « tous vers tous » (ou FC pour *fully connected*), tous les poids de toutes les connexions et tous les biais de tous les neurones sont indépendants. Par ailleurs, il n'y a pas de topologie dans l'organisation des neurones dans les couches, ceux-ci constituant un ensemble et non pas un vecteur, une matrice ou une autre structure, même si les valeurs d'entrée ou de sortie sont en pratique rassemblées dans des vecteurs de nombre réels.

Dans un certain nombre de cas cependant, les données d'entrée sont organisées selon une certaine topologie, le cas typique étant celui des images pour lesquelles une topologie de grille à deux dimensions existe naturellement. Dans ces cas, il est intéressant de la préserver et de l'exploiter, au moins dans les premières couches des réseaux, pour optimiser l'utilisation des paramètres disponibles et de la capacité de calcul. Ceci se fait, d'une part, en limitant les connexions possibles selon une distance maximum dans la grille et, d'autre part, en partageant les poids entre les unités d'une même couche qui ont différentes positions dans la grille. Ceci conduit à des opérations de type convolutions, qui sont invariantes par translation et qui ont un support limité, à la place d'opérations de type produits d'une matrice par un vecteur. En fait, en pratique, on combine les deux. Pour cela, on associe non pas un neurone unique à chaque position dans la grille, mais un ensemble de neurones identiques d'une position à une autre.

Si les données d'entrée sont organisées selon une grille à D dimensions (par exemple $D = 1$ pour un signal audio, $D = 2$ pour un signal image, $D = 3$ pour un signal vidéo ou pour des données de scanner), celles manipulées par les couches en entrée et en sortie auront les mêmes D dimensions topologiques plus une dimension *non topologique* qui correspond au fait que ces données sont composées de valeurs multiples en chaque point de la grille. Ces dernières se retrouvent de la même façon en chaque point de la grille où elles constituent des *cartes*, chacune étant un tableau avec une valeur par position dans la grille. Le nombre de ces cartes est fixé indépendamment pour chaque étape dans le traitement des données.

Dans le cas d'une topologie à deux dimensions, les données d'entrée X_{in} et de sortie X_{out} sont des tenseurs d'ordre 3, respectivement de taille $d_{in} \times w_{in} \times h_{in}$ et $d_{out} \times w_{out} \times h_{out}$; d_{in} et d_{out} sont les nombre de cartes dans X_{in} et dans X_{out} ; $w_{in} \times h_{in}$ et $w_{out} \times h_{out}$ sont les tailles des grilles sur lesquelles sont définis X_{in} et X_{out}. La partie linéaire (ou affine) d'une couche de convolution est définie par :

$$X_{out}(l,i,j) = B(l) + \sum_{k=1}^{k=d_{in}} \sum_{m=-w}^{m=+w} \sum_{n=-w}^{n=+w} K(l,k,m,n)X_{in}(k,i-m,j-n)$$

$$(9.29)$$

pour $1 \leq i \leq w_{out}$, $1 \leq j \leq h_{out}$ et $1 \leq l \leq d_{out}$. w est la distance maximum dans la grille à laquelle des points peuvent être connectés.

Les d_{out} cartes de X_{out} sont calculées indépendamment les unes des autres et chacune à partir de l'ensemble des d_{in} cartes de X_{in}. Un opérateur qui calcule une des cartes de sortie à partir de l'ensemble des cartes d'entrée est appelé un *filtre* de convolution. Chacun de ces d_{out} filtres est défini par un scalaire $B(l)$ et par un tenseur d'ordre 3 $K(l,.,.,.)$ appelé *noyau* de ce filtre. La taille de ce noyau est $d_{in} \times (2w + 1) \times (2w + 1)$ et on convient que la taille du filtre est de $(2w + 1) \times (2w + 1)$. La couche de convolution complète est définie par le vecteur B et le tenseur d'ordre 4 K.

On remarque que, si on a $d_{out} = d_{in} = 1$, l'équation 9.29 se réduit à une convolution classique en deux dimensions (plus un biais). De même, si on a $w = 0$, l'équation 9.29 se réduit à un réseau de type « tous vers tous » répété de manière identique et indépendante en chaque point de la grille (couche de convolution 1×1).

On remarque aussi que l'équation 9.29 peut conduire à des « effets de bord » si les indices $i - m$ et/ou $j - m$ désignent des points en dehors de la grille définie pour X_{in}. Il y a deux façons de les résoudre : la première est d'étendre X_{in} sur les côtés, soit par continuité, soit avec des valeurs constantes (*padding*), la seconde est de réduire la taille de la grille de sortie, typiquement en choisissant $w_{out} = w_{in} - 2w$ et $h_{out} = h_{in} - 2w$ (ce qui nécessite aussi de prévoir un décalage de w dans les indices).

Par rapport au formalisme présenté dans la section 9.3, le vecteur des biais B et le tenseur des noyaux K constituent, une fois sérialisés, le vecteur de paramètres W définissant la partie linéaire (ou affine) de la couche de convolution. Une particularité est que ce vecteur W est en fait utilisé autant de fois qu'il y a de positions dans la grille pour la passe de propagation avant. En ce qui concerne les passes de propagation arrière, un vecteur de gradient doit être calculé pour chaque position et accumulé selon l'ensemble des positions pour le traitement de chaque image d'entrée.

En ce qui concerne l'application des fonctions d'activation, elle reste faite point à point : pour chaque position dans la grille et pour chaque carte. Elle ne fait pas intervenir de paramètre si le biais est pris en compte dans la couche linéaire (qui devient alors affine).

9.4.2 Changements de résolution

Dans les réseaux profonds traitant les données de bout en bout (*end-to-end*), les données brutes sont entrées directement sans prétraitement, ou avec des prétraitements minimaux comme une mise à l'échelle et une normalisation de l'intensité pour les images fixes. Pour les images en couleurs, les trois plans RVB peuvent être entrés directement comme trois cartes avec une taille de grille correspondant à celle de l'image après mise à l'échelle. En général, au fur et à mesure que l'on avance dans les traitements, et donc dans les couches neuronales, on réduit progressivement la résolution des grilles de façon à diminuer la taille des représentations et d'augmenter leur niveau d'abstraction.

Il y a deux manières de réduire la résolution des représentations : par simple sous-échantillonage (*stride*), c'est-à-dire qu'on ne calcule, par exemple, qu'une valeur sur deux ou sur quatre dans chaque dimension, ou par regroupement (*pooling*) en utilisant un opérateur associatif, en général le maximum (*max-pooling*) ou la moyenne (*average-pooling*), sur des blocs typiquement de taille 2×2. Par rapport au formalisme présenté dans la section 9.3, les opérateurs de changement de résolution basés sur un regroupement correspondent à un type de module couche particulier, avec des fonctions de propagation avant et de rétro-propagation spécifiques, qui s'insère entre les couches point à point précédentes et les couches linéaires suivantes.

Selon la profondeur (nombre de couches neuronales) des réseaux, les changements de résolution sont effectués seulement de temps en temps entre deux couches. En général aussi, lorqu'on réduit la résolution des grilles, on augmente en même temps le nombre de cartes, de façon à conserver une quantité d'information globale suffisante. L'augmentation du nombre de cartes ne compense toutefois pas totalement le changement de résolution.

9.4.3 Passage à des couches complètement connectées

Vers la fin des traitements, on revient en général à des couches complètement connectées classiques. Elles sont en général peu nombreuses, typiquement de une à trois. Il doit y avoir une transition entre la dernière couche topologique et la première couche complètement connectée. Ceci se fait simplement par la sérialisation des représentations produites par la dernière couche topologique. Une dernière étape de changement de résolution ou de regroupement peut être définie entre les deux.

9.4.4 Un exemple : AlexNet

Le tableau 9.1 décrit l'architecture du réseau « AlexNet » (Krizhevsky *et al.* 2012) qui a remporté très largement en 2012 le défi ILSVRC (Russakovsky *et al.* 2015). La donnée d'entrée est directement constituée des trois plans RVB de l'image après un simple redimensionnement/rognage pour arriver à une taille fixe de 224×224. La valeur moyenne pixel par pixel sur l'ensemble d'entraînement est également soustraite. La donnée de sortie est directement un vecteur de 1000 valeurs qui correspondent aux probabilités de présence de chacune des 1000 classes à détecter.

Tableau 9.1 - Description des couches du réseau AlexNet

Donnée d'entrée : $3 \times 224 \times 224$
Conv1 : 96 filtres de taille 11×11 avec stride de 4
Donnée cachée : $96 \times 55 \times 55$
Conv2 : 256 filtres de taille 5×5 avec max-pooling 2×2
Donnée cachée : $256 \times 27 \times 27$
Conv3 : 384 filtres de taille 3×3 avec max-pooling 2×2
Donnée cachée : $384 \times 13 \times 13$
Conv4 : 384 filtres de taille 3×3 sans stride ni pooling
Donnée cachée : $384 \times 13 \times 13$
Conv5 : 256 filtres de taille 3×3 avec max-pooling 2×2
Donnée cachée : $256 \times 6 \times 6$ sérialisée en 9216 valeurs
FC6 : 4096 neurones à 9216 entrées
Donnée cachée : 4096 valeurs
FC7 : 4096 neurones à 4096 entrées
Donnée cachée : 4096 valeurs
FC8 : 1000 neurones à 4096 entrées
Donnée de sortie : 1000 valeurs

Il est à noter que chacune des couches de convolution (Conv) et chacune des couches complètement connectées (FC) correspond en réalité à deux ou plus fonctions $F_n(W_n)$ et donc à deux ou plus modules couches au sens défini dans les sections 9.3.1 et 9.3.4. Les deux premières fonctions sont toujours la partie linéaire (ou affine) et la fonction d'activation point à point, laquelle est toujours ici la fonction ReLU (section 9.5.3). Quand elle est présente, l'opération de *max-pooling* correspond à une fonction supplémentaire. Une normalisation locale correspondant à une inhibition latérale locale entre les cartes est également insérée après la fonction d'activation des couches de convolution 1, 2 et 5. Une opération de *dropout* (section 9.5.4) est incluse dans les deux premières couches de convolution. Finalement, une opération de type *softmax* est appliquée en plus sur les sorties du réseau dans le but de les normaliser selon des probabilités pour des classes exclusives. Le réseau est au total la composition de 22 fonctions élémentaires successives, chacune correspondant à un module couche dans l'implémentation. Le réseau AlexNet original différait aussi de celui qui est ici décrit par le fait qu'il était constitué de deux branches parallèles partiellement couplées de façon à les distribuer sur deux cartes GPU.

9.5 Optimisations supplémentaires

9.5.1 Traitement par mini-lots

En pratique, on utilise souvent une solution intermédiaire entre la descente de gradient stochastique pure, qui effectue une mise à jour de W pour chaque échantillon, et la descente de gradient classique, qui effectue chaque mise à jour en utilisant l'ensemble des échantillons disponibles selon la formule 9.12. Cette solution consiste à traiter les échantillons par *mini-lots* (ou *mini-batchs*), c'est-à-dire qu'on décompose les P échantillons de l'ensmble d'entraînement en P/B mini-lots de B échantillons chacun et qu'on applique la formule de mise à jour :

$$W(t+1) = W(t) - \frac{\eta}{B} \sum_{b=1}^{b=B} \nabla \mathcal{L}_{p(b)}(W(t)) \qquad (9.30)$$

Cette formule est appliquée P/B fois pour chaque époque. Dans cette formule, l'indice $p(b)$ parcourt, pour chaque mini-lot, les échantillons associés à celui-ci. Lors d'une époque, chaque échantillon doit apparaître une et une seule fois dans un des mini-lots. Il a été observé expérimentalement qu'il est mieux de permuter aléatoirement et de manière différente à chaque époque les échantillons dans le découpage des mini-lots. L'utilisation de mini-lots facilite la répartition des calculs sur des architectures parallèles comme les GPU. Naturellement, si on prend $B = P$, on retombe sur le cas de la descente de gradient simple, qu'on appelle traitement par lot, les mini-lots correspondant des valeurs de B faibles par rapport à P. En pratique, on choisit pour B des valeurs comprises entre 32 et 256.

9.5.2 Moment

La méthode du *moment* (Polyak 1964 ; Sutskever *et al.* 2013) consiste à remplacer la formule de mise à jour 9.12 par le couple de formules :

$$V^{(t+1)} = \mu V^{(t)} - \varepsilon \nabla \mathcal{L}(W^{(t)}) \qquad (9.31)$$
$$W^{(t+1)} = W^{(t)} + V^{(t+1)} \qquad (9.32)$$

Par analogie avec la physique, cela revient à attribuer une inertie au vecteur W, la correction étant appliquée à sa « vitesse » plutôt qu'à lui-même directement. Cela a pour effet d'étaler et de lisser le bruit apporté par chaque échantillon ou par chaque mini-lot dans la variante stochastique de la descente de gradient. Par ailleurs, si les hyper-paramètres μ et ε sont bien choisis, la convergence peut être accélérée. μ doit être compris entre 0 et 1 et il détermine la force de l'inertie ; plus il est proche de 1, plus celle-ci est importante. On choisit typiquement une valeur proche de 0.9. ε joue le même rôle que le taux d'apprentissage η. On peut d'ailleurs dériver une valeur équivalente comme $\eta = \varepsilon/(1 - \mu)$.

9.5.3 Fonctions d'activation

La classe de fonctions globales implémentée par un réseau dépend de l'architecture générale de ce dernier et des paramètres (nombre, taille et type des couches) en déterminant une instance particulière. Pour une même architecture et les mêmes paramètres, la fonction globale dépend de manière cruciale des fonctions d'activation « point à point » utilisées après les transformations linéaires. En théorie, presque n'importe quelle fonction non linéaire peut conduire à une gamme de fonctions globales suffisamment riche pour généraliser n'importe quel jeu de données d'entraînement. En pratique, certaines se révèlent beaucoup plus efficaces que d'autres en termes de qualité de généralisation et de rapidité de convergence. Les fonctions de type « unité linéaire rectifiée » (*Rectified Linear Unit* ou ReLU) sont à la fois particulièrement simples et efficaces (Nair et Hinton 2010). Elles conduisent à des temps de convergence jusqu'à 10 fois plus courts que les fonctions de type sigmoïdes et elles assurent aussi une convergence là ou les fonctions d'activation classiques ne le permettent pas. Ce sont notamment ces fonctions qui ont permis l'entraînement de réseaux très profonds et ultra-profonds en atténuant très fortement le problème de l'affaiblissement des gradients (*vanishing gradients*). La fonction ReLU basique est définie par :

$$\bar{H}(z) = \max(0, z) \tag{9.33}$$

Une variante est la fonction PReLU (ReLU programmable) définie par :

$$\bar{H}(z) = \max(\alpha z, z) \tag{9.34}$$

dans laquelle α est soit une valeur fixe choisie assez petite mais non nulle, typiquement 0.05 ou 0.1, soit un paramètre à apprendre, c'est-à-dire inclus dans le vecteur de paramètre W.

9.5.4   Dropout

Le *dropout* (« abandon » ou « décrochage ») (Srivastava *et al.* 2014) est une technique de régularisation qui consiste à neutraliser aléatoirement une certaine proportion p de connexions à chaque exécution d'une passe avant et d'une passe arrière lors de la phase d'apprentissage. La neutralisation consiste à forcer à zéro la donnée arrivant sur la connexion dans la passe avant et à faire de même avec la composante correspondante du gradient dans la passe arrière. Lors de la phase de reconnaissance, aucune connexion n'est neutralisée, mais chacune est affaiblie dans le rapport $1-p$ de telle sorte que l'intensité moyenne de l'activation reste la même. Ceci a pour effet de répartir la propagation de l'information beaucoup plus uniformément entre les différentes connexions et d'assurer qu'aucune d'entre elles ne domine toutes les autres. Cette technique ralentit la convergence dans la proportion $1/(1-p)$ mais, en contrepartie, elle réduit considérablement les effets de surapprentissage et permet d'atteindre des performances bien supérieures après convergence. En pratique, le *dropout* est implémenté sous la forme d'un module couche particulier qui est placé juste en amont d'un module couche linéaire. La fonction implémentée ne rentre pas exactement dans le schéma décrit dans la section 9.3, car elle varie selon une source aléatoire non modélisée dans ce cadre, mais cela ne pose pas de problème en pratique. Le taux de *dropout* est en pratique choisi entre 0.2 et 0.5 et la technique est appliquée surtout sur les couches de convolution.

9.5.5   Normalisation de lots

La normalisation de lots (*batch normalisation*) (Ioffe et Szegedy 2015) est une méthode qui vise à accélérer la convergence, ou simplement à la rendre possible, dans le cas de réseaux très profonds ou ultra-profonds. Le problème principal pour cette convergence est que, lorsqu'on met à jour les poids dans certaines couches, cela modifie la distribution (moyenne et variance) des données dans les couches suivantes. Dans le cas, le plus fréquent, où les données d'apprentissage sont traitées par mini-lots (section 9.5.1), il est possible de compenser dynamiquement ce changement en normalisant la moyenne et la variance des données au niveau d'un mini-lot, de telle sorte que la couche courante reçoive des données à peu près dans la même plage lors du traitement de chaque nouveau mini-lot. Il convient de compenser par ailleurs ce changement de dynamique, ce que l'on fait en apprenant en même temps les coefficients d'une transformation affine qui replacent la moyenne et la variance des données d'entrée à un niveau optimal. Cette technique donne une convergence jusqu'à 10 fois plus rapide ou simplement assure une convergence qui ne se produirait pas autrement.

9.5.6 Augmentation de données

Le succès des méthodes d'apprentissage profond en classification d'images est dû à un certain nombre de facteurs, parmi lesquels la disponibilité d'exemples annotés avec une bonne qualité et en grande quantité comme dans la collection ImageNet (Russakovsky *et al.* 2015). Toutefois, même ces grosses collections contiennent une quantité d'information insuffisante pour apprendre au mieux les dizaines de millions de paramètres que contiennent les modèles les plus avancés. Une technique simple, l'augmentation de données, consiste à accroître artificiellement et de manière importante la quantité et la variabilité des données disponibles pour un coût négligeable. Elle utilise chaque donnée disponible en la modifiant légèrement selon des méthodes qui ne changent pas leur contenu sémantique, donc leurs étiquettes. Dans le cas des images fixes, les transformations possibles sont les translations, les symétries gauche-droite, les rotations, les rognages, les étirements ou les changements de luminosité. Mis à part le cas des symétries, ces transformations doivent rester de petite amplitude, de façon à ce que le contenu sémantique soit préservé. Elles sont en général appliquées dynamiquement et aléatoirement à chaque fois qu'un échantillon est utilisé dans les passes avant et arrière. Leur coût de calcul est en général négligeable devant celui des calculs impliqués dans une passe avant et arrière. L'augmentation des données ne change pas la vitesse de convergence lors de l'entraînement, mais elle améliore souvent fortement la performance du réseau en classification.

9.6 Réseaux pour la catégorisation d'images

Suite à la percée des réseaux de neurones lors du défi de catégorisation d'images ILSVRC 2012 (Krizhevsky *et al.* 2012 ; Russakovsky *et al.* 2015), l'architecture de ces réseaux a évolué très rapidement à la fois vers plus de profondeur et vers plus de généricité. Dans une première étape, deux approches principales ont été explorées, les deux faisant passer des 8 couches (réseaux profonds) d'AlexNet à une vingtaine de couches (réseaux très profonds). La première approche, GoogLeNet (Szegedy *et al.* 2015), dans laquelle des modules « inception » sont cascadés, chacun d'entre eux contenant en parallèle trois ou quatre branches de une à deux couches et avec des tailles de filtres variables de 1×1 à 5×5. Ceci permet de capturer et d'assembler des détails de tailles variables avec une utilisation optimale des paramètres. La seconde approche, VGGNet (Simonyan et Zisserman 2014), vise au contraire une simplicité maximale : uniquement des couches de convolution avec des filtres de taille 3×3, couches identiques pour une même résolution, doublement du nombre de cartes à chaque division par deux de leur résolution, une seule couche complètement connectée en sortie. Le fait que les filtres soient de taille minimale est compensé par celui qu'une succession de filtres avec un petit support donne globalement des filtres avec un grand support tout en leur permettant de partager des caractéristiques extraites communes. Dans les deux approches, c'est la normalisation de lots (section 9.5.5) qui a permis l'entraînement de réseaux aussi profonds.

Dans une seconde étape, des réseaux de plus de 100 couches (ultra-profonds) ont pu être développés grâce à l'utilisation de connexions « court-circuits » capables de faire entrer dans une couche des connexions remontant à plusieurs couches en amont. Dans l'approche ResNet (He *et al.* 2016), un réseau est construit sur la base de VGGNet, mais les couches sont regroupées par deux ou par trois et la sortie du mini-bloc correspondant est combinée de manière additive avec l'entrée du même mini-bloc avant d'être passée au mini-bloc suivant. Le mini-bloc apprend ainsi une correction par rapport à son entrée plutôt qu'une transformation complète. Les connexions courts-circuits permettent à l'information de gradient de remonter avec une intensité plus forte vers les niveaux initiaux et donc au réseau de pouvoir effectivement être entraîné. De fait, les réseaux de type ResNet sont équivalents à un montage à la fois en série et en parallèle des mini-blocs, bénéficiant des avantages des deux montages et conduisant à une profondeur « effective » plus faible que celle du chemin le plus long.

Dans une troisième étape, le principe des connexions courts-circuits a été systématisé. Dans l'approche DenseNet (Huang *et al.* 2017), des connexions directes sont implémentées entre toutes les couches faisant partie d'un bloc de résolution donnée, chaque couche recevant alors des entrées de toutes les couches précédentes de même résolution. Ces blocs connectés de façon dense sont séparés par des couches de changement de résolution (*max-pooling*). Dans un même bloc, le signal d'entrée peut passer de l'entrée à travers un nombre variable de couches, allant de une au nombre total de couches dans le bloc. Ces voies à la fois en série et en parallèle permettent une réutilisation optimale de toutes les caractéristiques extraites. Elle conduisent également à la remontée d'un signal fort de gradient garantissant un entraînement efficace de ces réseaux.

9.7   Exercices

Exercice 8.1

Les fonctions-objectifs considérées $\boldsymbol{\omega} \mapsto \mathcal{L}(\boldsymbol{\omega})$ pour apprendre les réseaux de neurones sont généralement convexes, continues et doublement dérivables. Dans cet exercice, nous allons nous intéresser à la forme des lignes de niveau de ces fonctions (formées par des points dans l'espace des poids à $\mathcal{L}$ constant) autour de leur minimum.

a) Montrer que le développement de Taylor d'ordre 2 de $\mathcal{L}(\boldsymbol{\omega})$ autour de son minimum atteint au point $\boldsymbol{\omega}^*$ est :

$$\mathcal{L}(\boldsymbol{\omega}) = \mathcal{L}(\boldsymbol{\omega}^*) + \frac{1}{2}(\boldsymbol{\omega} - \boldsymbol{\omega}^*)^{\top}\mathbf{H}(\boldsymbol{\omega} - \boldsymbol{\omega}^*) + o(\|\boldsymbol{\omega} - \boldsymbol{\omega}^*\|^2) \quad (9.35)$$

où $\mathbf{H}$ est la matrice hessienne de la fonction de coût $\mathcal{L}(\boldsymbol{\omega})$, estimée au point $\boldsymbol{\omega}^*$ et l'exposant $^{\top}$ est le signe de transposée.

b) Montrer que la matrice hessienne $\mathbf{H}$ est symétrique.

c) D'après le théorème de Schwarz, en déduire que les vecteurs propres $(\boldsymbol{v}_i)_{i=1}^{d}$ de $\mathbf{H}$ forment une base orthonormée.

d) Pour tout vecteur $\boldsymbol{\omega}$ qui se trouve au voisinage du minimiseur de la fonction de coût, montrer que $\boldsymbol{\omega} - \boldsymbol{\omega}^*$ peut se décomposer sur cette base de façon unique :

$$\boldsymbol{\omega} - \boldsymbol{\omega}^* = \sum_{i=1}^{d} q_i v_i \qquad (9.36)$$

e) En substituant cette égalité dans l'équation (eq. 9.35), montrer que :

$$\mathcal{L}(\boldsymbol{\omega}) = \mathcal{L}(\boldsymbol{\omega}^*) + \frac{1}{2} \sum_{i=1}^{d} \lambda_i q_i^2 \qquad (9.37)$$

f) La semi-définie positivité de la matrice hessienne, montrer que les valeurs propres de $\mathbf{H}$ sont ainsi toutes positives, ainsi que l'équation 9.37.

g) En déduire que les lignes de niveau de $\mathbf{H}$ sont des ellipses.

Exercice 8.2

Dans cet exercice, nous allons nous intéresser à la convergence de l'algorithme de la descente du gradient utilisé comme outil de base pour l'apprentissage des poids des réseaux de neurones pour certaines valeurs du pas d'apprentissge. Soit $\mathcal{L}(\boldsymbol{\omega})$ une fonction de coût continue et doublement dérivable. Considérons le développement de Taylor d'ordre 2 de $\mathcal{L}(\boldsymbol{\omega})$ autour de son minimum global atteint en $\boldsymbol{\omega}^*$ (ex. 7.1, eq. 9.35).

a) Montrer que la dérivée de l'approximation de $\mathcal{L}(\boldsymbol{\omega})$ à un point $\boldsymbol{\omega}$ au voisinage du minimum $\boldsymbol{\omega}^*$ s'écrit :

$$\nabla \mathcal{L}(\boldsymbol{\omega}) = \mathbf{H}(\boldsymbol{\omega} - \boldsymbol{\omega}^*)$$

b) En prenant la décomposition du vecteur $\boldsymbol{\omega} - \boldsymbol{\omega}^*$ sur la base orthonormée $(\boldsymbol{v}_i)_{i=1}^{d}$ constituée des vecteurs propres de la hessienne $\mathbb{H}$ estimée au point $\boldsymbol{\omega}^*$, montrer que :

$$\nabla \mathcal{L}(\boldsymbol{\omega}) = \sum_{i=1}^{d} q_i \lambda_i \boldsymbol{v}_i$$

c) Pour $t \in \mathbb{N}^*$, soit $\boldsymbol{\omega}^{(t-1)}$ et $\boldsymbol{\omega}^{(t)}$ les vecteurs poids obtenus après $t-1$ et t applications de l'algorithme du gradient (chapitre 5) :

$$\boldsymbol{\omega}^{(t)} = \boldsymbol{\omega}^{(t-1)} - \eta \nabla \mathcal{L}(\boldsymbol{\omega}^{(t-1)})$$

où $\nabla\mathcal{L}(\boldsymbol{\omega}^{(t-1)})$ est le gradient de la fonction-objectif au point $\boldsymbol{\omega}^{(t-1)}$. En vous aidant de la propriété d'orthonormalité des vecteurs propres, montrer que :

$$\forall i, q_i^{(t)} - q_i^{(t-1)} = -\eta q_i^{(t-1)}\lambda_i$$

e) En déduire qu'après t mises à jour du vecteur poids, nous avons :

$$\forall i, q_i^{(t)} = (1 - \eta\lambda_i)^t q_i^{(0)}$$

f) Quelle est la condition pour assurer la convergence et pour quelle valeur du pas d'apprentissage aura-t-elle lieu ?

Exercice 8.3

Dans cet exercice, nous nous intéressons à la convergence de l'algorithme du Perceptron (algorithme 17) dans le cas où les données d'une base d'apprentissage $S = (\mathbf{x}_i, y_i)_{1 \leq i \leq m}$ sont linéairement séparables, résultat proposé par Novikoff (1962).

a) Nous supposons qu'il existe des poids $\boldsymbol{\omega}^*$ tels que $\forall(\mathbf{x}_i, y_i) \in S; y_i \times \langle \boldsymbol{\omega}^*, \mathbf{x}_i \rangle > 0$ et nous définissons $\rho = \min_{i \in \{1,...,m\}} \left(y_i \langle \frac{w^*}{||w^*||}, obs_i \rangle \right)$. Que représente ρ ?

b) Montrer que, dans le cas où les données d'apprentissage sont linéairement séparables, la valeur ρ précédente est strictement positive ?

c) Nous supposons que tous les exemples de la base d'entraînement sont contenus dans une hypersphère de rayon R (i.e. $\forall\mathbf{x}_i \in S, ||\mathbf{x}_i|| \leq R$). De plus, nous initialisons les vecteurs poids (i.e. $\boldsymbol{\omega}^{(0)} = 0$) ainsi que le pas d'apprentissage $\eta = 1$. Montrer que, après t mises à jour, la norme des vecteurs poids courants satisfait :

$$||w^{(t)}||^2 \leq t \times R^2 \tag{9.38}$$

Indication : Considérer $||\boldsymbol{\omega}^{(t)}||^2$ comme $||\boldsymbol{\omega}^{(t)} - \boldsymbol{\omega}^{(0)}||^2$

d) En utilisant les mêmes conditions que la question précédente, montrer que, après t mises à jour du vecteur poids, nous avons :

$$\left\langle \frac{\boldsymbol{\omega}^*}{||\boldsymbol{\omega}^*||}, \boldsymbol{\omega}^{(t)} \right\rangle \geq t \times \rho \tag{9.39}$$

e) Déduire des questions précédentes que le nombre d'itérations est borné par :

$$t \leq \left\lfloor \left(\frac{R}{\rho}\right)^2 \right\rfloor$$

où $\lfloor z \rfloor$ est la partie entière de $z \in \mathbb{R}$.

f) Commenter le résultat précédent.

Chapitre 10

Visualisation interactive d'information

10.1 Introduction

La visualisation interactive d'information propose un cadre pour trouver des représentations graphiques à des données abstraites, qui permettent de les explorer et de les comprendre. Elle donne les clés pour trouver des représentations utilisant au mieux les capacités du système perceptuel humain et proposer des interactions utilisant au mieux les entrées de l'utilisateur.

Dans le cadre de la science des données, la visualisation peut rendre des services à différents niveaux. Tout d'abord, elle permet d'explorer les données elles-mêmes, en amont de toute analyse par des moyens automatiques : c'est l'occasion par exemple de vérifier que des hypothèses posées sur les données (par exemple, la nature de leur distribution) sont effectives. Le statisticien Anscombe (1973) a ainsi illustré l'utilité de la visualisation en produisant quatre jeux de données indiscernables par leurs propriétés statistiques (moyennes, régressions linéaires, erreurs quadratiques, etc.)

Un simple affichage des nuages de points (et des régressions linéaires qu'ils déterminent) aide à comprendre que les phénomènes capturés par les données sont de natures différentes : lien linéaire mais bruité entre deux variables, lien quadratique mal capturé par la régression, liens linéaires très forts mais parasités par un artefact (figure 10.1). Là où les statistiques ne permettent pas de discerner les jeux de données, un simple coup d'œil sur une visualisation élémentaire permet d'émettre des hypothèses sur la nature des liens entre les variables en présence.

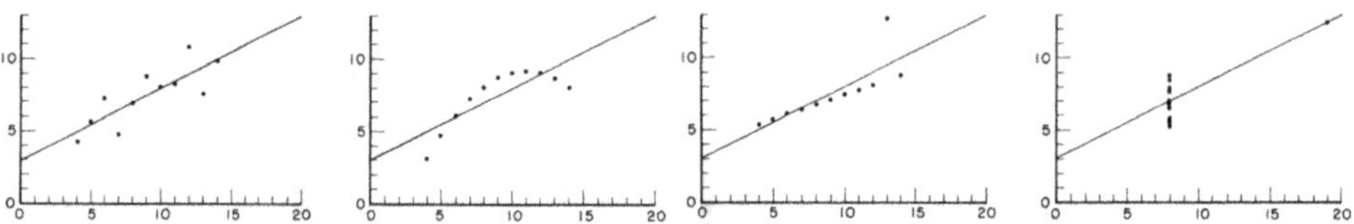

Figure 10.1 - Le *quartet* d'Anscombe (1973) visualisé.

Cet aspect exploratoire de la visualisation d'information est illustré par la fameuse analyse de l'épidémie de choléra qui a frappé Londres en 1854. En figurant sur un fond de carte la localisation des 578 victimes de l'épidémie et des fontaines publiques (figure 10.2), le docteur J. Snow formula l'hypothèse que cette maladie se contractait du fait de la contamination d'un point d'eau et non d'une transmission par voie aérienne (Johnson 2006).

Figure 10.2 - La carte (à gauche) de l'épidémie de choléra à Londres en 1854 par le docteur J. Snow. À droite est visualisé un détail centré sur la fontaine infectée.

La visualisation sert également à présenter des données afin de transmettre les informations découvertes suite à l'exploration pour convaincre de la réalité de phénomènes qui, enfermés dans des tableaux de chiffres, resteraient abstraits. La « carte figurative [... de] la campagne de Russie » (figure 10.3) réalisée en 1869 par C. J. Minard rend ainsi compte, malgré son abstraction, de l'horreur de cette campagne.

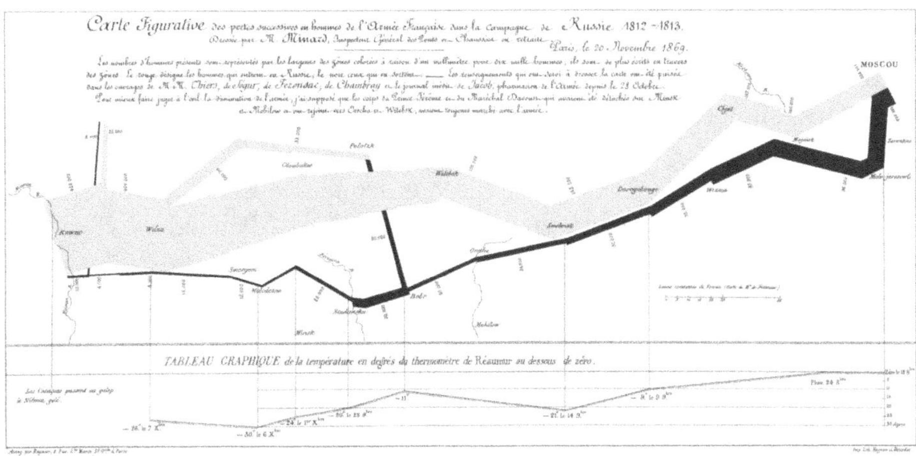

Figure 10.3 - Les pertes humaines lors de la campagne de Russie par C. J. Minard (1869).

Ces différents exemples sont tirés de la riche histoire de la visualisation d'information. Les lecteurs intéressés pourront par exemple consulter la frise interactive [1] réalisée par Andrews (2017. `http://infowetrust.com/scroll/`) qui retrace cette histoire depuis le début du XVIIe siècle jusqu'à l'aube du XXe siècle. L'invention de l'ordinateur, avec sa capacité à traiter de grandes quantités de données, puis avec son affichage qui devient graphique et surtout interactif, fait entrer la visualisation dans une nouvelle ère : celle de la **visualisation interactive d'information**.

C'est ainsi que, plus récemment, le médecin H. Rosling a popularisé l'usage de la visualisation interactive d'information pour illustrer son propos sur les évolutions des inégalités dans le domaine de la santé et du développement économique à l'échelle mondiale. Les vidéos de ses interventions dans le cadre des conférences TED [2] ont été vues plusieurs millions de fois. Le but poursuivi par la fondation qu'il a créée, Gapminder [3], est d'offrir une

---

1. *Interactive timeline of the most iconic infographics*, <infowetrust.com/scroll/>.
2. Hans Rosling, <www.ted.com/speakers/hans_rosling>.
3. Gapminder, <gapminder.org>.

vision du monde basée sur des faits, et non des a priori. La visualisation interactive d'information est un outil majeur pour parvenir à cette fin.

Ce chapitre propose donc de donner quelques clés pour choisir de bonnes représentations, que ce soit au cours de l'exploration ou pour exposer des résultats. Ben Shneiderman, un des fondateurs du domaine, a résumé les propriétés d'une bonne visualisation dans son célèbre *mantra* : « *overview first, zoom and filter, then details on demand* » (Shneiderman 1996) qu'on peut traduire par : « d'abord la vue d'ensemble ; ensuite, permettre de zoomer et de filtrer ; et enfin, fournir les détails à la demande ».

10.2   Des données au graphique

L'étape clé de la production d'une visualisation consiste à choisir l'encodage graphique (le *visual mapping* de Card et Mackinlay 1997) : quelle variable de l'image (la position, la couleur, etc.) va servir à encoder quel attribut des données (l'âge, la taille, le poids, etc. des individus listés dans notre jeu de données). Pour cela, il convient de connaître les différents types d'attributs qu'on peut avoir à traiter et ce qui les caractérise du point de vue des tâches attendues de comparaisons et d'agrégations ; mais également de connaître les variables de l'image qui sont disponibles pour les encoder et la manière dont elles sont perçues par l'être humain.

10.2.1   Les données

Comme dans toute tâche d'analyse de données, celles-ci peuvent arriver sous diverses formes. Les problématiques de nettoyage et de mise en forme sont éludées ici et on considère que nos données sont formatées en tables. Nous appellerons *items* les lignes d'une telle table de données (d'autres termes se rencontrent, par exemple : *individu* ou *observation*). Chaque item est caractérisé par les valeurs de ses *attributs* (ou encore *dimensions*). Le nombre d'items et le nombre d'attributs les caractérisant dimensionnent un jeu de données et rendent le problème de la visualisation plus ou moins difficile.

Les natures des attributs

La nature de chaque attribut a des implications : des données dont les attributs sont des valeurs numériques (âge, taille) ne vont pas forcément bénéficier d'une même visualisation que celles dont les attributs prennent leurs valeurs dans des catégories (espèce, modèle). Il importe donc de connaître les différentes natures d'attributs que l'on peut rencontrer. Card et Mackinlay (1997) les classent en trois grandes catégories, en réutilisant une classification classique des statistiques. Cette dernière est fonction de critères importants pour la visualisation comme pour les statistiques : quelle comparaison peut-on établir entre deux valeurs d'un attribut et quel résumé ou quelle agrégation peut-on faire d'un ensemble de valeurs d'un attribut.

Les attributs **nominaux** sont ceux qui ont le moins de structure. Ils prennent leurs valeurs parmi celles d'un ensemble (fini ou non), qui ont pour seule comparaison possible l'identité : deux individus sont-ils identiques ou différents selon cet attribut ? Un exemple d'attribut nominal est le nom d'une personne (nombre infini de valeurs possibles), ou son sexe (H/F). Il faut bien comprendre que la nature d'un attribut n'est pas forcément liée à son type numérique : des nombres peuvent être utilisés pour étiqueter des items sans avoir d'autre sens que l'identification. Par exemple, si on numérote des items, la seule comparaison entre l'item 2 et le 4 est qu'ils sont différents ; on ne peut conclure que l'un est plus petit que l'autre ou que le numéro 4 est deux fois plus grand que le 2.

Pour résumer un ensemble de valeurs d'un attribut nominal, on peut donner la distribution (combien d'items pour chaque valeur), les k éléments les plus fréquents, etc. Si l'ensemble des valeurs possibles est muni d'une structure (par exemple, un attribut nominal *ville* structuré hiérarchiquement par la géographie : *département, région, état*), cette dernière est utilisable pour grouper des valeurs avant de donner une distribution. Enfin, si l'on doit résumer un ensemble par une unique valeur, on ne peut que donner la plus fréquente, i.e. le *mode*.

Les attributs **ordonnés** sont plus riches que les nominaux : ils disposent d'une relation d'ordre. Pour deux valeurs, on peut donc tester l'identité (ou l'égalité), mais aussi, à partir de la relation d'ordre, laquelle est la plus petite. Une échelle d'évaluation de type Likert, « pas du tout d'accord », « pas d'accord », « indifférent », « d'accord », « tout à fait d'accord » est un exemple d'attribut ordonné. Les tailles de vêtement XS, S, M, L, XL en sont un autre : on peut dire que XS $\neq$ L et que XS $\prec$ L. On ne peut par contre rien affirmer sur l'écart entre ces deux tailles (aucun calcul n'est envisageable sur les valeurs : on ne dispose pas de structure algébrique).

Pour résumer des valeurs ordonnées, il est possible, comme pour les attributs nominaux, de donner la distribution, les éléments les plus fréquents, etc. On peut en plus tirer parti de la relation d'ordre pour structurer l'ensemble des valeurs selon des classes (en choisissant des bornes et en regroupant les valeurs comprises entre deux bornes successives) et construire ainsi des histogrammes. Des indications sur la distribution des valeurs peuvent également être fournies grâce au minimum et au maximum, ainsi qu'à l'aide de quantiles. Enfin, si on doit résumer une distribution par une unique valeur, une alternative au mode, toujours disponible, est la *médiane* qui est la valeur centrale quand on place les valeurs dans l'ordre qui les structure.

Enfin, les attributs **quantitatifs** ont encore plus de structure : on peut tester l'identité de deux valeurs, si une valeur est plus grande qu'une autre, mais surtout à quel point elle est plus grande. Pour les attributs quantitatifs, on parlera d'*échelle d'intervalle* si seule la différence entre deux valeurs fait sens. Par exemple, si un attribut est une date, on peut quantifier la différence entre deux dates par la durée qui les sépare. Par contre, le quotient de deux dates n'a pas de sens. Si le quotient de deux valeurs a un sens, on parlera d'*échelle de ratio* : c'est le cas des attributs pour lesquels la valeur nulle n'est pas arbitraire. Par exemple, si un attribut est une taille, on peut quantifier l'écart entre deux valeurs par leur différence (3 m est 1 m plus grand que 2 m), mais aussi par leur rapport (3 m est 1.5 fois plus grand que 2 m).

Pour résumer des valeurs quantitatives, on dispose des mêmes indicateurs que pour les valeurs ordonnées et d'autres sont calculables. En particulier, les moments statistiques résument la distribution : la *moyenne* en donne une valeur centrale, l'*écart-type* caractérise son étalement, etc.

10.2.2   L'image

La perception visuelle met en jeu des phénomènes complexes, dont les mécanismes sont étudiés depuis longtemps, mais pas pour autant encore tous compris. Nous présentons ici des modèles simplifiés, voire simplistes qui nous permettent, malgré leurs approximations, de raisonner sur les visualisations.

Éléments sur la perception

Le première chose dont il faut être conscient est qu'il y a une distinction à faire entre le *stimulus* visuel et sa *perception*. Le stimulus, pour nous une image caractérisée complètement par la couleur des pixels de l'écran, sera perçu après avoir traversé le système optique de l'œil, l'encodage par la rétine et l'interprétation du cerveau. Ce processus comble des manques de notre système visuel en ajoutant de l'information inférée à partir de diverses sources, notamment de notre expérience acquise. Ainsi, la tâche aveugle présente dans les champs visuels des deux yeux n'est pas perçue comme un trou dans la vision, pas plus que notre quasi-insensibilité à la couleur en vision périphérique induit une perception en noir et blanc. À plus haut niveau, des phénomènes d'invariance font que nous identifions des objets indépendamment du point de vue et de la distance.

Figure 10.4 - Photo tirée du n° 58 de février 1958 de *Life Magazine* par Gregory (1970) pour illustrer l'*émergence* des formes selon la *Gestalt*. Ce motif est aussi présent dans le tableau *le Torero Hallucinogène* de Salvador Dalí (1970).

La théorie de la *Gestalt*, développée au début du XXe siècle, résume cette distinction entre stimulus et perception par la formule : « le tout est différent de la somme des parties ». Elle explique par exemple que notre perception des formes est *émergente* : notre cerveau injecte énormément d'information en plus du stimulus pour parvenir à une perception. La figure 10.4 illustre cet aspect : nous distinguons assez rapidement le sujet de la photo, un dalmatien de trois quarts arrière, malgré le caractère très épars de l'information. Encore plus étonnant : lorsqu'on demande où se situe cette scène, beaucoup de personnes répondent qu'elle a lieu dans un parc et, si on demande ce qui les conduit à cette affirmation, la présence d'un arbre est souvent évoquée. Et pourtant, cet arbre qui met sur la voie d'un parc se situe hors cadre ; seul son pied, et peut-être son ombre ou des feuilles tombées au sol, se devinent ! C'est d'ailleurs sûrement la présence du chien qui nous met sur la voie de cette interprétation. Le quart inférieur droit de l'image, avec le chien, ou le quart supérieur gauche, avec le pied de l'arbre, ne pourraient conduire, isolément, à l'interprétation du parc : cette perception est une construction. Outre l'émergence, la *Gestalt* liste des phénomènes qui affectent notre perception des formes : l'*invariance*, citée plus haut, la *réification*, qui nous fait percevoir des formes dans les interstices d'autres formes, ou enfin la *multistabilité*, qui exprime qu'un stimulus peut conduire à des perceptions multiples.

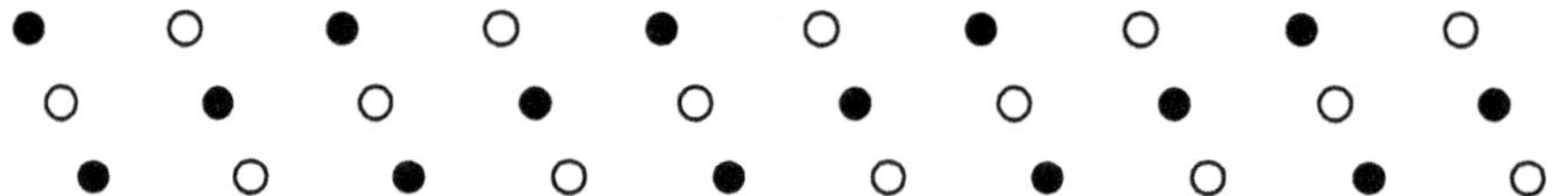

Figure 10.5 - Des groupes émergent du fait de leur proximité ou de leur ressemblance.

Au-delà de la perception des formes, la *Gestalt* explore ce qui conduit à la perception des groupes. Par exemple, dans l'image de la figure 10.5, les marques peuvent nous apparaître groupées trois par trois de deux manières différentes : soit des diagonales orientées vers le haut à droite comportant trois marques blanches ou trois marques noires, soit des diagonales orientées vers le haut à gauche comportant deux marques d'une couleur et une marque de l'autre. Ces regroupements sont induits par la similarité de certaines variables graphiques : la proximité des positions ou les couleurs identiques. Nous percevons donc spontanément des structures induites par le partage de certaines caractéristiques visuelles. Cette perception spontanée est appelée par les psychologues expérimentaux *perception pré-attentive* : la cognition n'entre pas en jeu et elle a donc lieu en temps constant quel que soit le nombre d'éléments dans le champs visuel (Treisman et Gelade 1980). Par exemple, trouver un carré (resp. une marque bleue) au milieu de cercles (resp. de marques rouges) sur la figure 10.6 ne dépend pas du nombre total de marques. Par contre, ces propriétés interfèrent : trouver le carré bleu au milieu de carrés rouges et des ronds bleus ou rouge prend un temps qui croît à nouveau avec le nombre de marques du fait de l'analyse consciente que nous devons faire des propriétés graphiques de chaque objet. Comme montré par Verghese (2001), la réalité est plus complexe qu'une dichotomie entre traitement parallèle (pré-attentif) et séquentiel : il existe en fait d'un continuum entre ces deux extrêmes. Pour la visualisation d'information, rechercher au maximum les perceptions pré-attentives est une bonne chose : les détails encodés ainsi sauteront aux yeux plutôt que de nécessiter une recherche visuelle.

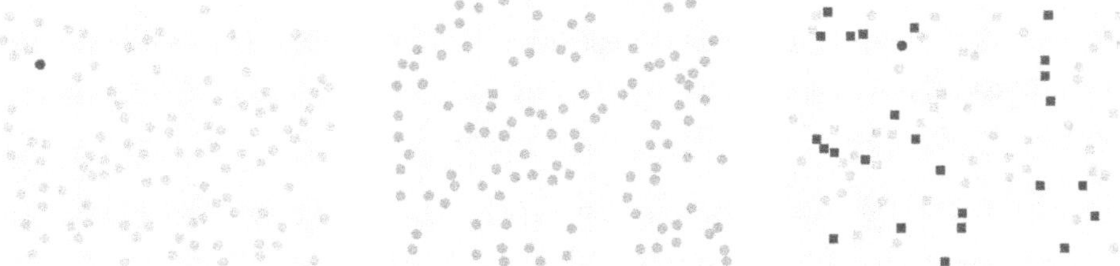

Figure 10.6 - Trouver une marque foncée au milieu des claires (gauche) ou un carré au milieu de cercles (centre) demande un temps qui ne dépend pas du nombre de marques, alors que trouver le cercle foncé au milieu de cercles et de carrés clairs ou foncés (droite) prend un temps qui croît linéairement en fonction du nombre de marques.

Les variables de l'image

La visualisation consiste donc à encoder les attributs des données à l'aide de **marques** graphiques : points, lignes ou surfaces (si on ne considère pas les visualisations utilisant la 3e dimension de l'espace). Ces marques sont caractérisées par des **variables graphiques** : couleur, forme, etc. utilisables pour encoder les divers attributs des données.

Bertin (1967) a recensé de manière systématique ces variables graphiques exploitables pour différencier des marques : position, taille, valeur, texture, couleur, orientation et forme, définies ci-après. Bertin a caractérisé ces variables du point de vue des jugements visuels qu'elles autorisent :

- *Association* : est-ce que des marques partageant le même niveau de cette variable graphique nous apparaissent comme appartenant à un groupe ?
- *Sélection* : est-ce que deux marques ayant des niveaux différents nous apparaissent comme différentes (et si oui, combien de niveaux distincts peut-on percevoir) ?
- *Ordre* : peut-on ordonner des niveaux distincts ?

- *Quantité* : peut-on quantifier la différence entre deux niveaux distincts ?

La **position** est bidimensionnelle : elle permet d'encoder deux attributs. Ces deux dimensions du plan sont les variables de l'image les plus expressives : elles permettent l'association (des marques proches dans l'espace nous apparaissent constituant un groupe) et la sélection (une marque à distance d'un groupe apparaît comme une anomalie), de déterminer un ordre (de gauche à droite ou de haut en bas) et de quantifier la différence entre deux marques (une marque est deux fois plus loin de l'origine qu'une autre par exemple). La position est donc la variable graphique à exploiter en priorité pour construire une visualisation. Certaines visualisations utilisent également la troisième dimension de l'espace, la profondeur, comme une troisième variable graphique. La *Note sur l'utilisation de la 3D* explique pourquoi ce n'est pas forcément une bonne idée.

La **taille** des marques permet tous les jugements hormis l'association des points de même taille (au sein d'un nuage de points, ils ne nous sauteront pas aux yeux pour les isoler du reste). Par contre, Bertin (1967) nous indique que, si on utilise au plus 4 tailles différentes, la sélection fonctionne : nous percevrons ces 4 groupes. L'ordre, du plus petit au plus grand, est également perceptible sans effort. Enfin, on peut évaluer l'écart entre deux marques de tailles différentes. Il faut cependant prendre garde comme le rappellent Cleveland et McGill (1984) : si on sait estimer assez fidèlement le rapport entre deux longueurs, il n'en est pas de même pour les surfaces. En deux dimensions, on sous-estime les rapports de tailles : un cercle de rayon double d'un autre sera perçu comme ayant une surface moindre que quadruple du premier. Il faut donc veiller, si on souhaite que les jugements de quantité soient possibles, à ne faire varier la taille que selon une seule dimension à la fois. Après la position, la taille est tout de même la variable graphique la plus expressive.

La **valeur** des marques est leur niveau de gris, du clair au foncé, indépendamment de la teinte. Comme la taille, cette variable ne permet pas l'association, mais fonctionne pour la sélection si on utilise au plus 3 niveaux de gris pour les marques ponctuelles (4 pour les lignes et 5 pour les surfaces). L'ordre, du clair au foncé, est perçu sans effort. Par contre, les jugements sur la quantité ne sont pas possibles : on ne sait dire si un gris est deux fois plus clair qu'un autre. La valeur reste indiquée pour encoder tout type d'attribut à condition que seule l'information d'ordre soit importante à transmettre.

Les variables suivantes sont moins expressives et sont à considérer dans un second temps pour encoder des attributs moins importants, en veillant à ce que ces informations supplémentaires n'interfèrent pas avec les plus importantes.

Le **grain** est une variable graphique qui nécessite un remplissage des marques par un motif périodique (par exemple, hachures, carreaux, trame). Le grain est alors l'échelle de ce motif (par exemple, l'espacement entre les hachures ou la taille des carreaux). Toujours selon Bertin (1967), le grain autorise les mêmes jugements que la valeur, mais également l'association. Il faut cependant noter que, pour la perception visuelle, le grain interfère avec les variables de taille et de valeur. Comment, par exemple, interpréter des rayures de largeurs identiques sur des formes identiques mais dont la taille a doublé ? De même, des rayures plus ou moins denses peuvent être perçues comme plus ou moins foncées, interférant ainsi avec la variable de valeur. Le grain est donc une variable graphique à manier avec précaution.

La **couleur** de Bertin est en fait ce que les peintres appellent la teinte : c'est la couleur, mais indépendamment de sa valeur. Le terme n'a donc pas le sens qu'on lui donne dans le langage courant. Ainsi, le rose et le rouge sont des variantes d'une seule couleur : le rouge. De même, un bleu clair, un bleu foncé, ou un bleu nuit ont pour couleur le bleu. La couleur permet l'association et la sélection, dans la mesure d'un maximum de 7 niveaux distincts. Il n'y a par contre pas d'ordre directement perceptible sur les couleurs : même si le vert se situe entre le rouge et le violet dans l'arc-en-ciel, on ne peut pas dire que le vert est plus violet que ne l'est le rouge. L'arc-en-ciel n'est pas une échelle que chacun a en tête permettant de définir un ordre sur les couleurs. Sans ordre, il est enfin impossible de prononcer un jugement de quantité. La couleur doit donc être réservée pour encoder des catégories. On peut tout de même envisager d'autres usages, mais avec beaucoup de précautions (voir la *Note sur l'utilisation de la couleur* ci-après).

L'**orientation** est l'angle que fait une marque avec l'horizontale. Pour utiliser cette variable, il faut que la forme s'y prête et ne présente pas trop de symétries (avec des marques circulaires ou des points, par exemple, cette variable n'est pas du tout utilisable). Comme la couleur, elle permet cependant, lorsque son usage est possible, de faire des jugements d'asso-

ciation et de sélection, mais avec un nombre de classes plus restreint :
4 niveaux sont un maximum à utiliser.

Enfin, la **forme** est la variable graphique la moins expressive : elle n'autorise que le jugement d'association. Cependant, un choix judicieux des formes (par exemple, rond, carré, triangle) permet d'encoder efficacement un attribut nominal quand les autres variables graphiques sont déjà toutes utilisées.

Note sur l'utilisation de la couleur

Il est possible d'utiliser la couleur de manière à percevoir un ordre moyennant quelques précautions et en se restreignant à une partie du spectre : par exemple un dégradé qui va du rouge au vert (en passant par le jaune) ou du jaune au bleu (en passant par le vert). Sur cette dernière échelle, on sait par exemple dire d'un vert s'il est plus jaune ou plus bleu qu'un autre vert.

Il faut cependant être très prudent avec cette utilisation : le daltonisme le plus fréquent (8% des hommes en France) altère la perception des couleurs du rouge au vert, ce qui devrait amener à proscrire l'usage de ce type de dégradé. Pour le dégradé du jaune au bleu, l'usage de la couleur interagit avec l'utilisation de la valeur : le jaune est plus clair que le bleu ! Il est donc difficile d'utiliser la couleur et la valeur comme deux variables ordonnées pour encoder deux attributs distincts des données.

On peut par contre encoder de manière redondante un unique attribut en utilisant les deux variables couleur et valeur. C'est par exemple ce que propose l'échelle de couleur *viridis* proposée par la bibliothèque *matplotlib* [4] : elle fait simultanément varier la couleur du jaune au bleu et la valeur du clair au foncé. *Cubehelix* (Green 2011) propose une échelle de couleurs « arc-en-ciel » où l'ordre peut être perçu grâce à la valeur (la couleur ne renforçant pas cette information puisque l'arc-en-ciel n'est pas un ordre perçu sur les couleurs). Avec ces deux échelles, la couleur peut être supprimée sans perte d'information puisqu'elle est redondante dans le premier cas et inutile dans le second. Sa présence est essentiellement esthétique. Il faut donc en réserver l'usage au cas où elle ne peut pas être mieux employée, c'est-à-dire si on n'a pas d'information de catégorie à encoder.

---

4. Choosing Colormaps – Matplotlib documentation,
<matplotlib.org/users/colormaps.html>.

Dans tous les cas, le choix des couleurs doit faire l'objet d'une attention particulière si on souhaite maximiser leur pouvoir discriminant. Plutôt que se fier à ses goûts personnels, toujours discutables, on se reposera pour ses choix sur l'expérience acquise au fil du temps, par exemple par les cartographes, que Brewer (2018. `http://www.ColorBrewer.org.`) met à la disposition de tout un chacun dans un outil en ligne remarquable : *ColorBrewer*[5].

Note sur l'utilisation de la 3D

On remarque que, dans la liste des variables graphiques, la troisième dimension n'est pas mentionnée, alors que l'outil informatique permettrait de l'exploiter, soit directement à l'aide de dispositifs d'affichage stéréographiques, soit par projection sur des écrans classiques. Ajouter une variable d'espace est extrêmement tentant : on a vu que les dimensions de la position sont les variables les plus expressives. Pourquoi alors se priver d'une troisième variable aussi bonne ?

En fait, l'usage de la troisième dimension présente des inconvénients qui en limitent l'utilité à des cas particuliers (par exemple, lorsque les données sont intrinsèquement tridimensionnelles). Le premier problème vient de l'interaction de la troisième dimension avec la variable de taille. Notre perception de la profondeur repose en partie sur la perspective, qui nous sert à évaluer la distance d'objets connus en fonction de leur taille apparente. La perception de ces deux variables interfère et les utiliser simultanément pour encoder deux attributs conduit à un mélange d'information que notre système perceptif n'est pas capable de séparer.

Pourquoi alors préférer la taille ? Encore une fois, notre perception de la troisième dimension passe par des projections (sur l'écran, sur nos rétines) et ces dernières impliquent de l'occultation : plusieurs marques risquent de se superposer et se masquer. La variable de taille n'a pas ce défaut, d'où le choix de l'utiliser en priorité si on n'a pas d'argument fort pour la troisième dimension.

---

5. *Color advice for cartography*, <colorbrewer.org>.

10.2.3   Encodage visuel

Pour créer une visualisation, il reste à établir quels attributs des données vont être encodés par quelles variables visuelles. Faire les bons choix dans cette combinatoire n'est pas évident, mais on peut se référer à des recommandations faites par Bertin (1967) (en se basant sur une réflexion sur sa propre expertise) ou Mackinlay (1986) (en se basant sur des résultats de psychologie expérimentale).

La stratégie la plus simple est d'allouer les variables graphiques, peu nombreuses, en ordre d'expressivité décroissante. Si les données n'ont pas plus d'attributs que le nombre de variables, les attributs quantitatifs sont à encoder en priorité à l'aide de la position puis de la taille, etc. Les attributs ordonnés bénéficieront des variables libres suivantes. Enfin, les attributs nominaux seront encodés en utilisant les variables restantes.

Ces règles simples conduisent déjà à concevoir des visualisations efficaces, et surtout évitent de commetre des impairs.

Exemple d'encodage : *BubbleChart*

La visualisation principale de Gapminder (figure 10.7) utilise un *BubbleChart*. Elle montre le lien entre espérance de vie et revenu par habitant pour tous les pays de la planète. Chaque pays est représenté par une marque (cercle) dont les variables graphiques encodent différents attributs :

- la position sur l'axe horizontal encode le revenu par habitant ;
- la position sur l'axe vertical encode l'espérance de vie ;
- la taille encode le nombre d'habitants ; et
- la couleur encode la zone géographique.

Trois des quatre attributs représentés sont quantitatifs : le revenu, l'espérance de vie et le nombre d'habitants. Hans Rosling a donc logiquement choisi les trois variables les plus expressives pour les représenter : les deux composantes de la position et la taille. Dans ce trio, la nature seule des attributs ne permet pas de décider de l'allocation des variables. Le choix se fait donc en fonction de l'intention de la visualisation. Ici, la corrélation entre revenu et espérance de vie voulait être mise en avant ; ces deux attributs sont donc encodés avec la variable la plus expressive : la position. La distribution des cercles dans l'espace nous montre que, plus les revenus

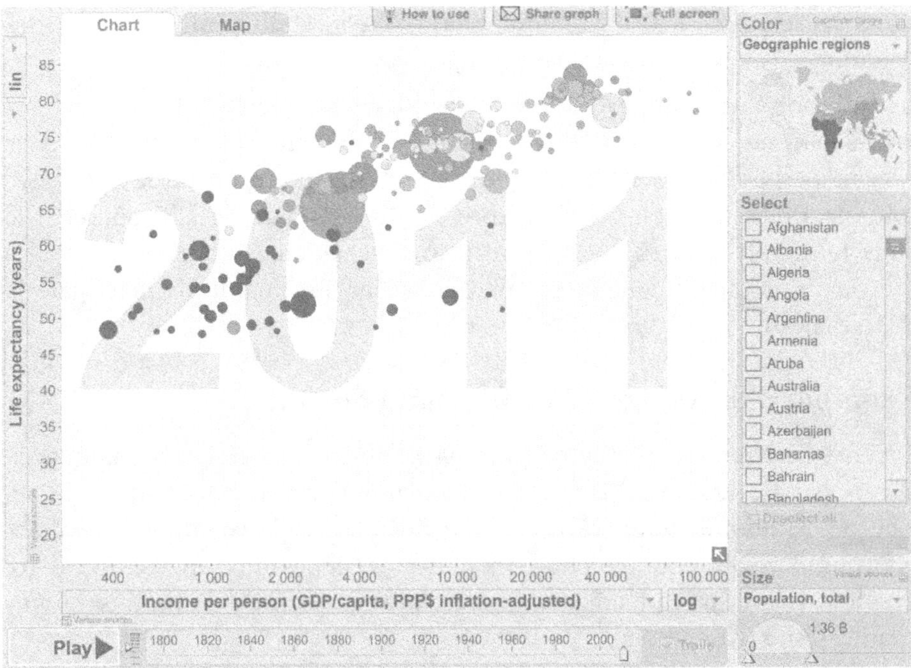

Figure 10.7 - Capture de l'interface de Gapminder.

sont bas, plus l'espérance de vie est faible. La taille des pays, encodée par la taille des marques, ne semble pas avoir d'influence sur ces deux autres attributs.

L'attribut de région géographique (découpage en 6 zones montrées sur la carte en haut à droite, figure 10.7) est encodé par la couleur [6]. Ce choix se justifie car les variables de valeur ou de grain ne permettent pas d'encoder 6 niveaux sans risques de confusion, et surtout par le fait qu'elles risquent d'induire un ordre alors que les zones géographiques ne sont pas ordonnées, puisqu'il s'agit d'un attribut nominal.

L'association des variables de position et de couleur met des groupes en évidence : l'Afrique noire (en bleu foncé) se situe nettement à l'extrémité inférieure gauche du nuage de points. Viennent ensuite, avec des localisations moins marquées, le sous-continent indien (en bleu clair), l'Afrique

---

6. Pour une version en couleur la figure, se référer à <iihm.imag.fr/blanch/infovis/>.

sub-saharienne et l'Asie mineure (vert), l'Asie et l'Océanie (rouge), les Amériques (jaune) et l'Eurasie (orange).

La sélection fait ressortir les anomalies : par exemple, la position de certaines marques les fait sortir de la tendance générale. Nous avons des pays avec une espérance de vie faible (en bas) qui ont pourtant un revenu élevé (plus à droite que ceux à espérance de vie comparable). Si on regarde dans le détail, il s'agit de pays africains riches en ressources naturelles (pétrole, etc.) mais dont la population ne profite manifestement pas de cette richesse.

Exemple d'encodage : la campagne de Russie

La visualisation des pertes de l'armée française lors de la campagne de Russie par C. J. Minard (figure 10.3) encode l'effectif et le trajet de l'armée, mais aussi la température à diverses étapes de ce trajet. Ces deux informations sont données par deux marques (lignes) juxtaposées sur deux graphes. Celui du haut nous communique la trajectoire de l'armée en encodant ses attributs par :

- la position sur l'axe horizontal pour la longitude ;
- la position sur l'axe vertical pour la latitude ;
- la taille de la ligne (son épaisseur) pour l'effectif de l'armée ; et
- la couleur la ligne pour encoder le sens du trajet (aller en beige, retour en noir).

La visualisation du bas ajoute les informations temporelles et de température pour la partie retour du trajet. Elle partage l'axe horizontal avec la première visualisation, ce qui relie les données entre elles : on peut retrouver la date et la température des grandes étapes de la retraite en suivant les lignes verticales qui apparient les points des deux graphiques. Cette seconde visualisation réutilise la position sur l'axe vertical pour encoder la température. La date n'est pas encodée visuellement : elle est indiquée à l'aide de texte. Le texte est également utilisé pour donner les valeurs précises de l'effectif de l'armée et pour la température. La visualisation de C. J. Minard respecte donc ainsi, avec plus d'un siècle d'avance, les préconisations de B. Shneiderman : le graphique fournit une vue d'ensemble de cette campagne de Russie et le texte, par la lecture, le plus précis niveau de détail disponible sur les données.

Pour aller plus loin

Card et Mackinlay (1997) ont proposé une notation synthétique pour l'encodage visuel. Ils utilisent une table à double entrée présentant en lignes les attributs des données et en colonnes les variables graphiques. Cette notation sert à caractériser des visualisations existantes, mais c'est également un outil pour explorer l'espace de conception en envisageant toutes les combinaisons possibles d'encodage sans se limiter à des idées préconçues. On lira donc utilement cet article classique, dans lequel ils présentent la notation et montrent son utilité sur des cas concrets de visualisations.

10.3 Encodages avancés

On a vu avec l'encodage de la campagne de Russie que la correspondance « une variable graphique pour un attribut des données » n'est pas toujours respectée (l'axe vertical encode à la fois la latitude et la température dans les deux parties de la visualisation). Dans la pratique, on a souvent besoin de réutiliser des variables graphiques ou de les utiliser de manière plus avancée, notamment pour montrer des relations entre individus présentés par la visualisation. Dans cette partie, nous montrons à l'aide d'exemples que les principes généraux vus précédemment ne sont qu'une base sur laquelle il faut construire pour s'adapter aux particularités de chaque jeu de données et des questions que l'on se pose sur ces données.

10.3.1 Utilisation multiple des variables graphiques

Dans la visualisation de la campagne de Russie, l'axe vertical est utilisé deux fois. Le réemploi d'une variable graphique est souvent rendu nécessaire par le fait que les données sont susceptibles d'êtres décrites par plus d'attributs que nous n'avons de variables graphiques à notre disposition. Inversement, on a parfois intérêt à encoder un attribut à l'aide de plusieurs variables graphiques.

Réutilisation des variables graphiques

Si un jeu de données comporte de nombreux attributs quantitatifs, d'égale importance a priori, on aimerait pouvoir utiliser les variables de position, les plus expressives, pour tous ces attributs. Or, on ne dispose que de deux variables de position. On peut cependant construire pour chaque couple d'attributs un nuage de points. La figure 10.8 montre à gauche de tels nuages de points pour un jeu de données à quatre dimensions quantitatives (les longueurs et largeurs des pétales et sépales de diverses espèces d'iris). Les nuages de points sont organisés en table comportant une ligne et une colone pour chaque attribut. Tous les couples sont donc représentés et les axes horizontaux et verticaux sont réutilisés autant de fois qu'il y a d'attributs. Les relations (corrélation ou autre) entre attributs apparaissent visuellement du fait des groupement ou des alignements qui sont immédiatement perçus dans certains nuages de points. Un individu est représenté par une marque dans chacun des nuages de points et seule une version interactive de cette visualisation permet de faire le lien entre les points : si l'utilisateur désigne un individu dans une des vues, il peut être mis en évidence dans les autres par le programme.

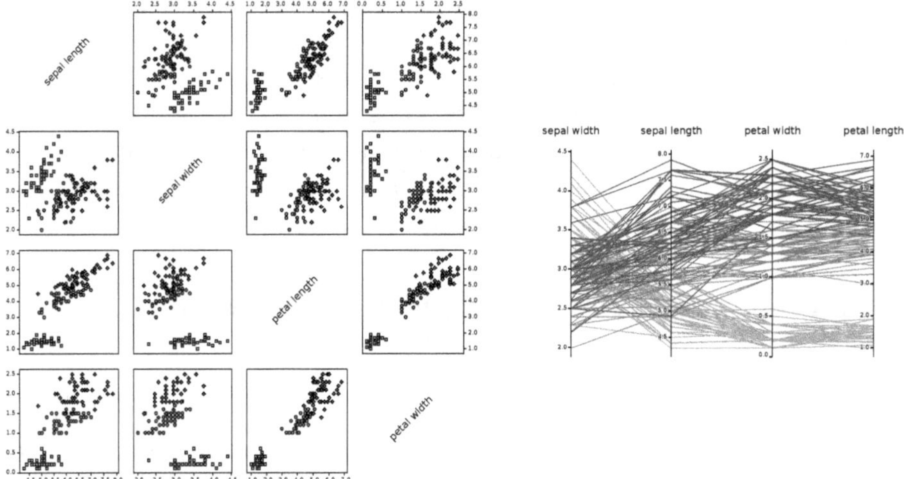

Figure 10.8 - Le jeu de données *Iris*, à quatre dimensions quantitatives, représenté par une matrice de nuages de points (gauche) et des coordonnées parallèles (droite).

La figure 10.8 montre à droite une autre possibilité pour représenter le même jeu de données. Il s'agit cette fois d'utiliser autant d'axes verticaux que d'attributs quantitatif. Cette fois, les individus ne sont plus représentés par des points, mais par des lignes qui relient les différentes coordonnées le long de ces axes. Cette visualisation, appelée *coordonnées parallèles* (Inselberg 1985), permet avec un peu d'habitude de repérer visuellement grâce aux motifs que forment les lignes, par exemples horizontaux (entre les deux dernières colonnes) ou en forme de croix (entre les deux premières colonnes), les corrélations positives ou négatives entre attributs successifs.

Pour comprendre des jeux de données plus complexes avec ce type de visualisations, l'interaction est primordiale. Le fait de pouvoir sélectionner un sous-ensemble des individus sur un axe et d'observer comment se répartit ce sous-ensemble sur les autres axes, ou encore de pouvoir réordonner les axes pour juger de la corrélation entre deux attributs particuliers, sont des actions qu'on ne peut conduire avec une simple image. Pour réaliser l'importance des techniques d'interaction associées aux visualisations, on pourra utilement consulter les vidéos de présentation des techniques de visualisation *ScatterDice*[7] (Elmqvist *et al.* 2008) et *ImAxes*[8] (Cordeil *et al.* 2017) qui enrichissent ces deux visualisations pour autoriser l'exploration de jeux de données bien plus complexes.

Composition des variables graphiques

Dans les exemples précédents, la réutilisation d'une variable graphique concerne exclusivement les variables de position, et ce n'est pas un hasard : cela permet la juxtaposition de visualisations. Cette dernière a cependant un inconvénient : l'espace alloué à chaque sous-partie est réduit. Pour faire passer le plus possible d'information au travers d'une surface réduite, on peut alors envisager d'utiliser conjointement plusieurs variables graphiques pour représenter un seul attribut des données.

C'est ce que proposent les *Horizon Graphs* (Reijner 2008), qui généralisent les échelles bicolores de Saito *et al.* (2005). La figure 10.9 donne un exemple de cette technique de visualisation grâce à laquelle on représente un grand nombre de séries temporelles dans un espace limité. Dans cet exemple, qui présente l'évolution du taux de chômage dans divers états des États-Unis d'Amérique, l'axe horizontal encode le temps et l'axe vertical est réutilisé pour encoder l'écart à la moyenne du taux de chômage pour chacun des états. Si seule la position sur l'axe vertical était utilisée,

---

7. *Multidimensional visual exploration using scatterplot matrix navigation*, <youtu.be/2bYIRcO-gwg>.

8. *Immersive multivariate data visualisation*, <youtu.be/hxqJJ934Reg>.

les lignes seraient difficiles à comparer et les variations seraient difficiles à percevoir car comprimées verticalement. Les *Horizon Graphs* proposent donc d'« enrouler » l'axe vertical sur lui-même en encodant l'écart du taux de chômage modulo une constante (ici 2 %). La valeur (du plus clair au plus foncé) est utilisée pour encoder le nombre d'enroulements et on peut ainsi juger au premier coup d'œil à quel point deux états diffèrent. Enfin, la couleur[9] (teintes de rouges ou de bleus) encode si la variation est positive ou négative. L'écart à la moyenne du taux de chômage est donc séparé en trois parties (signe, quotient et reste de la valeur absolue divisée par une constante), communiquées via trois variables graphiques (couleur, valeur et hauteur).

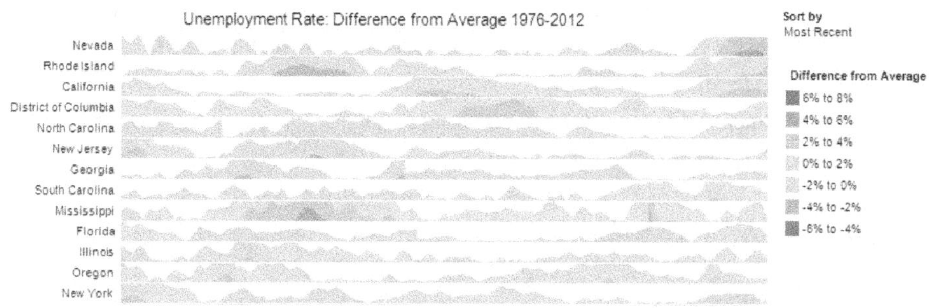

Figure 10.9 - Évolution des écarts à la moyenne des taux de chômage de divers états des États-Unis d'Amérique visualisée grâce à des *Horizon Graphs*.

10.3.2 Encodage des liens entre individus

Beaucoup de jeux de données comportent des informations de relation entre individus. Si pour chaque individu on dispose d'un lien vers un parent, on parle de hiérarchies (par exemple une taxonomie des espèces animales), alors que si plusieurs liens sont possibles, on parle de réseaux[10]. Parfois, les liens eux-mêmes peuvent comporter des attributs (nature et longueur d'un axe routier reliant deux villes, etc.)

Si nous sommes habitués aux représentations graphiques des hiérarchies et des réseaux sous forme d'arbres et de graphes « nœuds-liens » dans

---

9. Pour une version en couleur la figure, se référer à <iihm.imag.fr/blanch/infovis/>.

10. On préfère le terme « réseau » à celui de « graphe » car ce dernier, bien que plus usuel en informatique, a le défaut d'être polysémique dans notre contexte car il désigne également une représentation graphique.

lesquels les individus sont représentés par des marques ponctuelles et les liens par des segments les reliant, des représentations alternatives existent qui peuvent se montrer très efficaces.

Hiérarchies

Les représentations usuelles des hiérarchies sont de type « nœuds-liens ». Du fait que ces représentations soient très courantes, on oublie souvent la diversité des algorithmes qui existent pour placer les nœuds de ces arbres dans le plan. La figure 10.10 donne, pour un même arbre, deux exemples de placements de ses nœuds. Les divers algorithmes qui existent offrent des compromis différents entre place nécessaire et lisibilité ; et ils s'adaptent à des types d'arbres particuliers (étendus en largeur ou en profondeur, équilibrés ou non, etc.) Un examen systématique de ces placements et des métriques quantifiant leurs propriétés est proposé par J.M. et Robert (2010).

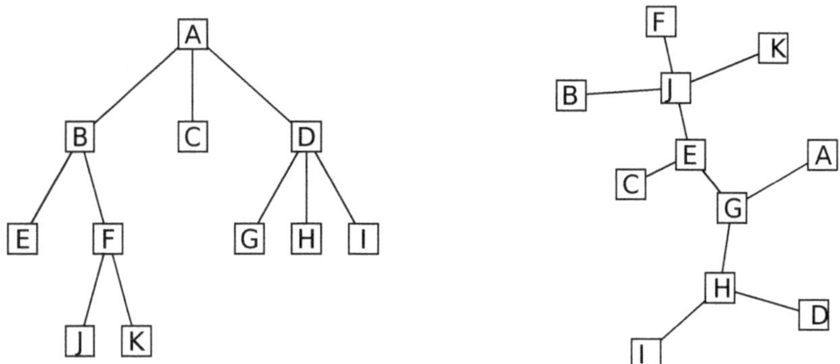

Figure 10.10 - Deux représentations « nœuds-liens » d'un même arbre avec différents algorithmes de placement.

On connaît moins les représentations d'arbres qui utilisent l'emboîtement pour figurer la hiérarchie. Cette idée, déjà présente chez Bertin (1967), a été popularisée par Shneiderman (1992) sous le nom de *Tree-maps*. Elle consiste à utiliser toute la surface disponible pour figurer la racine de l'arbre, puis à partager cette surface entre les enfants de la racine et de procéder ainsi récursivement jusqu'à atteindre les feuilles de l'arbre. De nombreuse variantes de cette idée existent et proposent des stratégies de partition offrant là encore des compromis variés en termes de lisibilité ou de stabilité du résultat si on modifie partiellement la structure de l'arbre. Si les *Tree-maps* originels utilisent des rectangles, d'innombrables variations existent qui adoptent d'autres géométries de nœuds : des cercles ou encore des formes plus organiques ont aussi été proposées. La figure 10.11 montre deux exemples de cette diversité.

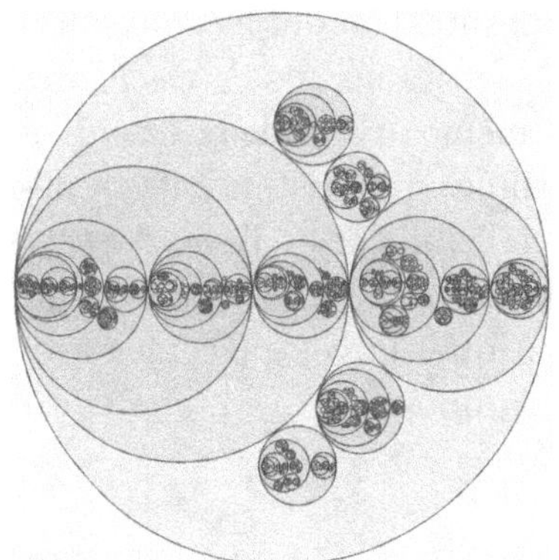

Figure 10.11 - Deux représentations d'arbres utilisant l'emboîtement (de cercles et de rectangles) pour figurer la hiérarchie.

Les *Zoomable Treemaps* (Blanch et Lecolinet 2007) adjoignent aux *Tree-maps* des techniques d'interaction pour naviguer entre diverses échelles, autorisant ainsi leur usage pour des grandes hiérarchies. La page de ce projet [11] offre une vidéo de démonstration, ainsi que le code pour tester ce type de technique sur d'autres jeux de données. La section 10.4 donne les références d'un état de l'art disponible en ligne, très complet et actualisé régulièrement, qui recense un très grand nombre de techniques de visualisation adaptées aux arbres.

Réseaux

Comme pour les hiérarchies, de très nombreux algorithmes existent pour placer les nœuds d'un réseau dans le plan. Par exemple, la figure 10.12 donne à gauche le placement d'un graphe réalisé par un algorithme qui cherche à étaler les nœuds en simulant une force de répulsion entre eux,

---

11. *Navigation techniques for zoomable treemaps*,
<iihm.imag.fr/blanch/projects/ztm/>.

alors que leurs liens tendent à les rapprocher comme le feraient des ressorts. Cependant, lorsque le réseau est très interconnecté, de telles représentations deviennent vite illisibles car les liens forment alors une pelote inextricable. Utiliser alors une matrice d'adjacence résout ce problème d'occultation : les individus sont représentés par les lignes et les colonnes de la matrice et les liens deviennent des marques ponctuelles, présentes ou non, à l'intersection de ces lignes et colonnes. La figure 10.12 présente à droite un réseau visualisé sous cette forme. Des motifs nous apparaissent alors, qu'on peut apprendre à interpréter en termes de théorie des graphes : les carrés remplis le long de la diagonale sont des cliques (des ensembles d'individus complètement interconnectés entre eux), les motifs en forme de croix sont des individus centraux (plus connectés que les autres et assurant la connexité du réseau). Pour que ces motifs apparaissent, l'ordre dans lequel les individus sont placés en lignes et colonnes est bien sûr primordial. Il s'agit encore d'une problématique de placement, mais cette fois en une dimension. De nombreux algorithmes aux propriétés variées existent et leur différents mérites pour la visualisation ont été étudiés par Behrisch *et al.* (2016).

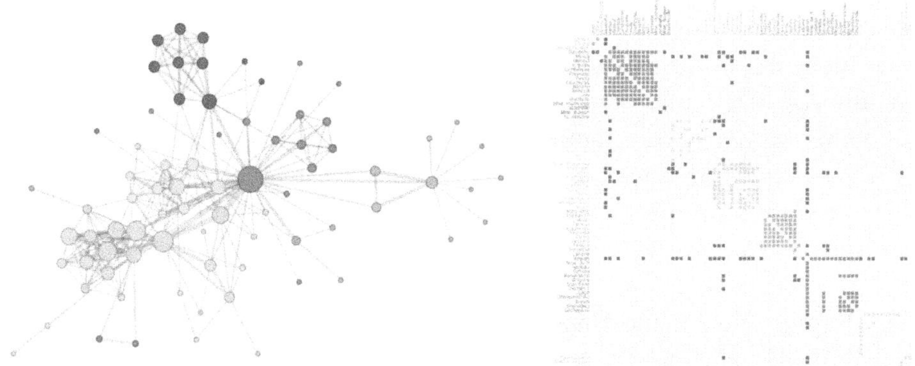

Figure 10.12 - Un réseau visualisé sous forme de diagramme « nœuds-liens » (gauche) et d'une matrice d'adjacence (droite).

Les représentations « nœuds-liens » et par matrice d'adjacence ne sont pas à opposer : elles ont chacune leurs points forts et leurs points faibles comme montré par Ghoniem *et al.* (2004). Sur une visualisation « nœuds-liens », on peut par exemple trouver plus facilement un chemin entre deux individus que sur une matrice d'adjacence. Par contre, dès que le réseau est grand et que sa connectivité est importante, la matrice d'adjacence est plus adaptée à la plupart des autres tâches qu'on peut rencontrer dans l'exploration d'un graphe.

Pour tirer parti des points forts de ces deux types de visualisation, il est possible de les combiner en une visualisation hybride, en encodant les sous-parties denses d'un réseau à l'aide de matrices et la structure moins dense par des liens qui connectent ces parties denses. C'est ce que fait la technique *NodeTrix* (Henry *et al.* 2007), qui enrichit encore l'ensemble en proposant des techniques d'interaction pour que les utilisateurs structurent eux-mêmes cette visualisation, comme le montre la vidéo de démonstration[12]. Ce type de visualisation hybride existe aussi pour les arbres avec les *Elastic hierarchies* de Zhao *et al.* (2005) ou pour des mélanges d'arbre et de réseau avec les *Dendrogramix* de Blanch *et al.* (2015).

10.4 Pour aller plus loin

Ce chapitre n'a donné qu'une brève introduction à la visualisation interactive d'information. Certains aspects, bien que très importants, n'ont été qu'à peine effleurés. En premier lieu, l'importance de l'interaction est délicate à illustrer dans un ouvrage imprimé. Les techniques de visualisation présentées ici ne produisent pas simplement une image à partir d'un jeu de données. Elles sont souvent accompagnées d'un ensemble de techniques d'interaction qui permettent, au travers de la visualisation, de manipuler et d'explorer les données. Cette manipulation est capitale pour s'approprier et comprendre les données en leur donnant corps. Plus la manipulation sera directe, plus elles sortiront du domaine abstrait des tables de chiffres pour devenir des entités concrètes accessibles à notre compréhension. Depuis une dizaine d'années, les publications présentant une nouvelle technique de visualisation sont pour la plupart accompagnées d'une vidéo de démonstration et, parfois, du code pour la tester. Il ne faut donc pas hésiter à visionner ou à essayer ces démonstrations.

Un autre aspect passé sous silence ici est la question de l'évaluation : comment valide-t-on l'intérêt d'une nouvelle technique de visualisation ? S'il existe des critères familiers aux informaticiens (complexité des algorithmes mis en œuvre, optimisation d'un critère quantifiable comme le nombre de

---

12. *NodeTrix: a hybrid visualization of social networks,*
<youtu.be/7G3MxyOcHKQ>.

croisements des liens dans le placement d'un réseau, etc.), l'appréciation des utilisateurs est également à prendre en compte. On peut pour cela mener des expérimentations en se donnant des métriques (temps pour atteindre un objectif, préférences des utilisateurs, etc.) et comparer ainsi designs alternatifs ou nouvelles techniques à l'état de l'art. Sur ces questions, on pourra se référer utilement au chapitre 4 du livre de Munzner (2014). Cet ouvrage dans son ensemble aidera par ailleurs le lecteur intéressé à approfondir les différents thèmes que nous n'avons pu qu'effleurer dans cette introduction au vaste domaine de la visualisation interactive d'information.

Enfin, avant d'inventer ses propres visualisations, ou pour rechercher de l'inspiration, on consultera utilement l'état de l'art. La littérature scientifique dans le domaine est foisonnante, mais heureusement, depuis quelques années, des articles recensant les techniques pour des types de données spécifiques voient le jour régulièrement et sont généralement accompagnés d'un site web offrant un accès aisé et structuré à cet état de l'art. Par exemple, si on s'intéresse aux visualisations de hiérarchies, on consultera le pionnier dans ce type de catalogue : <treevis.net>, site compagnon d'un état de l'art extensif par Schulz (2011) qui recense plus de 300 techniques de visualisation d'arbres. Dans la même veine, le site <survey.timeviz.net> est quant à lui associé au livre de Aigner *et al.* (2011) qui recense plus de 100 manières de représenter des séries temporelles. Une liste à jour de ce type d'états de l'art est maintenue par l'auteur sur le site dédié à ce chapitre : <iihm.imag.fr/blanch/infovis/>.

10.5 Exercices

Exercice 10.1

a) Donner un exemple d'attribut pour chacun des types de données suivant : nominal, ordinal, quantitatif (intervalle et ratio).

b) Expliquer, pour chacun de ces types de données, quelles sont les opérations de comparaison réalisables entre deux valeurs.

c) Expliquer, pour chacun de ces types de données, quelles sont les opérations d'agrégation applicables pour résumer tout un ensemble de valeurs.

Exercice 10.2

a) Pour chaque variable graphique de Bertin (position, taille, forme, valeur du foncé au clair, couleur, orientation et texture), indiquer le type de jugement que l'on peut porter.

b) Expliquez, pour chacune de ces variables, quels sont les types de données qu'elles encoderont convenablement.

Exercice 10.3

a) En utilisant la taxonomie de Card et Mackinlay (1997), caractériser l'encodage graphique utilisé par la visualisation de la figure 10.13, qui présente un jeu de données dont chaque ligne caractérise une voiture par son autonomie (MPG pour *miles per gallon*, l'inverse de notre litre aux 100 km), son poids, son année de sortie et la région où elle est fabriquée (Europe, Japon, États-Unis d'Amériques).

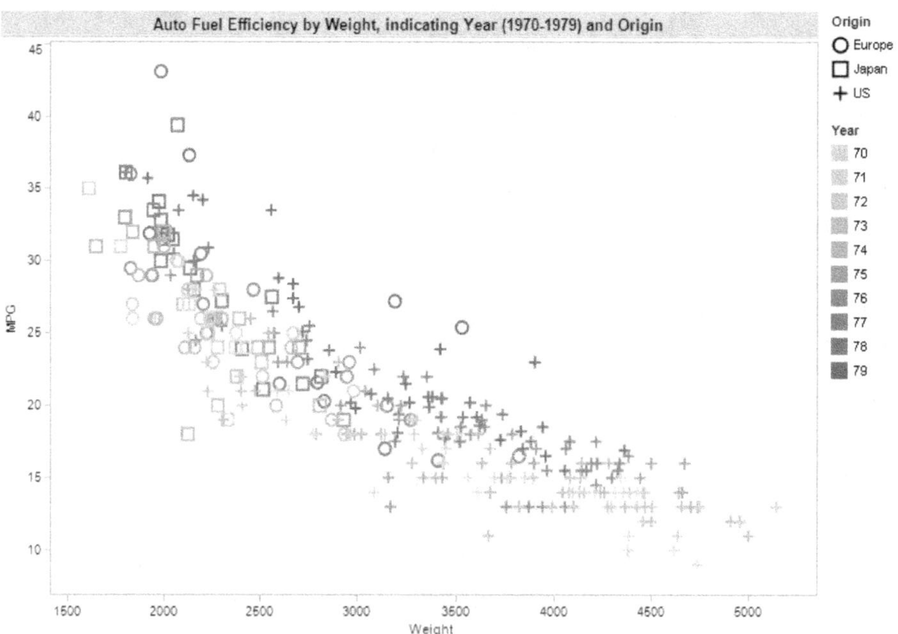

Figure 10.13 - Visualisation d'un jeu de données de voitures.

Expliquer en quoi ce choix est pertinent en vous référant aux recommandations de Bertin.

b) En supposant qu'une question posée sur ce jeu de données soit de comprendre comment les consommations des véhicules ont évolué dans le temps, quelle représentation choisir ?

Décrire cette représentation à l'aide de la taxonomie proposées par Card et Mackinlay (1997).

Justifier cet encodage à la lumière des recommandations de Bertin.

c) Pour chaque interaction disponible autour de la visualisation de Gapminder (figure 10.7), indiquer quelle étape du processus de transformation des données en visualisation décrit par Chi et Riedl (1998) est manipulée.

Travaux pratiques

Le site <iihm.imag.fr/blanch/infovis/> pointe vers un ensemble de ressources pour s'initier à l'usage de la bibliothèque D3.js [13]. Il propose des sujets de travaux pratiques pour s'entraîner à l'utiliser.

---

13. *D3.js Data-driven documents*, <d3js.org>.

Bibliographie

W. AIGNER, S. MIKSCH, H. SCHUMANN et C. TOMINSKI : *Visualization of time-oriented data*. Springer, 2011.

E.L. ALLWIN, R.E. SCHAPIRE et Y. SINGER : Reducing multiclass to binary : a unifying approach for margin classifiers. *Journal of Machine Learning Research*, 1 :113 – 141, 2000.

M.-R. AMINI : *Apprentissage machine : de la théorie à la pratique*. Eyrolles, 2015.

M.-R. AMINI et E. GAUSSIER : *Recherche d'information : applications, modèles et algorithmes*. 2de édition, Eyrolles, 2017.

D.P. ANDERSON : BOINC : a system for public-resource computing and storage. *In Fifth IEEE/ACM International Workshop on Grid Computing*, 2004.

J.A. ANDERSON : Logistic discrimination. *Handbook of Statistics*, 2 : 169–191, 1982.

R. J. ANDREWS : An interactive timeline of the most iconic infographics, 2017.
`http://infowetrust.com/scroll/`.

F.J. ANSCOMBE : Graphs in statistical analysis. *American Statistician*, 27(1) :17–21, 1973.

L. Baldo, L. Brenner, L.G. Fernandes, P. Fernandes et A. Sales : Performance models for master/slave parallel programs. *Electronic Notes in Theoretical Computer Science*, 2005.

S. Basu, A. Banerjee et R.J. Mooney : Semi-supervised clustering by seeding. *In Proceedings of the Nineteenth International Conference on Machine Learning*, 2002.

A.G. Baydin, B.A. Pearlmutter et A. Radul : Automatic differentiation in machine learning : a survey. *CoRR*, abs/1502.05767, 2015.

M. Behrisch, B. Bach, R.N. Henry, T. Schreck et J.-D. Fekete : Matrix reordering methods for table and network visualization. *Computer Graphics Forum*, 35 :24, 2016.

M.W. Berry, D. Mezher, B. Philippe et A. Sameh : *Handbook of parallel computing and statistics*, chapitre Parallel algorithms for the singular value decomposition. Statistics, textbooks and monographs. Chapman & Hall/CRC, 2005.

J. Bertin : *Sémiologie graphique.* Mouton/Gauthier-Villars, 1967.

C. Bishop : *Pattern recognition and machine learning.* Springer Verlag, 2006.

C. Bishop et J. Lassere : Generative or discriminative ? Getting the best of both worlds. *Bayesian Statistics*, 8 :3–24, 2007.

R. Blanch, R. Dautriche et G. Bisson : Dendrogramix : a hybrid tree-matrix visualization technique to support interactive exploration of dendrograms. *In Proceedings of PacificVis 2015*, 2015.

R. Blanch et E. Lecolinet : Browsing zoomable treemaps : structure-aware multi-scale navigation techniques. *IEEE Transactions on Visualization and Computer Graphics*, 13(6) :1248–1253, 2007.

L. Bottou, F.E. Curtis et J. Nocedal : Optimization methods for large-scale machine learning. *arXiv preprint :1606.04838*, 2017.

S. Boucheron, O. Bousquet et G. Lugosi : Theory of classification : a survey of some recent advances. *ESAIM : Probability and Statistics*, 2005.

S. BOYD et L. VANDENBERGHE : *Convex optimization*. Cambridge University Press, 2004.

C. BREWER : ColorBrewer : color advice for cartography, 2018. `http://www.ColorBrewer.org`.

S. BUBECK : Convex optimization : algorithms and complexity. *Foundations and Trends in Machine Learning*, 8(3-4) :231–357, 2015.

S.K. CARD et J. MACKINLAY : The structure of the information visualization design space. *In proc. InfoVis'97*, 1997.

J.D. CARROLL et J.J. CHANG : Analysis of individual differences in multidimensional scaling via an n-way generalization of Eckart-Young decomposition. *Psychometrika*, 35 :283–319, 1970.

E.H. CHI et J.T. RIEDL : An operator interaction framework for visualization systems. *In proc. InfoVis'98*, 1998.

D.M. CHITTY : Fast parallel genetic programming : multi-core CPU versus many-core GPU. *Soft Computing*, 2012.

J. CHOI, D.W. WALKER et J.J. DONGARRA : Pumma : Parallel universal matrix multiplication algorithms on distributed memory concurrent computers. *Concurrency : Practice and Experience*, 1994.

W.S. CLEVELAND et R. MCGILL : Graphical perception : theory, experimentation and application to the development of graphical methods. *Journal of American Statistics Assocation*, 79(387) :531–554, 1984.

I. COHEN, F.G. COZMAN, N. SEBE, M.C. CIRELO et T.S. HUANG : Semisupervised learning of classifiers : theory, algorithms and their application to human-computer interaction. *IEEE Transactions on Pattern Analysis and Machine Intelligence*, 26(12) :1553–1567, 2004.

M. CORDEIL, A. CUNNINGHAM, T. DWYER, B.H. THOMAS et K. MARRIOTT : Imaxes : immersive axes as embodied affordances for interactive multivariate data visualisation. *In Proc. ACM UIST*, 2017.

F.G. COZMAN et I. COHEN : Unlabeled data can degrade classification performance of generative classifiers. *In Fifteenth International Florida Artificial Intelligence Society Conference*, 2002.

G. CSURKA, C. R. DANCE, L. FAN, J. WILLAMOWSKI et C. BRAY : Visual categorization with bags of keypoints. *In Workshop on Statistical Learning in Computer Vision, ECCV*, 2004.

M. DANELUTTO, T. DE MATTEIS, G. MENCAGLI et M. TORQUATI : A divide-and-conquer parallel pattern implementation for multicores. *In Proceedings of the 3rd International Workshop on Software Engineering for Parallel Systems*, 2016.

S. DEERWESTER, S.T. DUMAIS, G.W. FURNAS, T.K. LANDAUER et R. HARSHMAN : Indexing by latent semantic analysis. *Journal of the American Society for Information Science*, 41(6) :391–407, 1990.

J. DIEBOLT et C.P. ROBERT : Estimation of finite mixture distributions through bayesian sampling. *Journal of the Royal Statistical Society. Series B (Methodological)*, 56(2) :363–375, 1994.

T.G. DIETTERICH et G. BAKIRI : Solving multiclass learning problems via error-correcting output codes. *Journal of Artificial Intelligence Research*, 2 :263–286, 1995.

S. DONNET et J.-M. MARIN : An empirical bayes procedure for the selection of gaussian graphical models. *Statistics and Computing*, 22 (5) :1113–1123, 2012.

R.O. DUDA, P.E. HART et D.G. STORK : *Pattern classification*. Wiley, 2001.

N. ELMQVIST, P. DRAGICEVIC et J.-D. FEKETE : Rolling the dice : multidimensional visual exploration using scatterplot matrix navigation. *IEEE Transactions on Visualization and Computer Graphics*, 14 (6) :1141–1148, 2008.

Y. EPHRAIM et N. MERHAV : Hidden Markov processes. *IEEE Transactions on Information Theory*, 48 :1518–1569, 2002.

R.-E. FAN, K.-W. CHANG, C.-J. HSIEH, X.-R. WANG et C.-J. LIN : Liblinear : a library for large linear classification. *Journal of Machine Learning Research*, 9 :1871–1874, 2008.

P. FEARNHEAD : Exact and efficient bayesian inference for multiple changepoint problems. *Statistics and Computing*, 16(2) :203–213, 2006.

J.P. FISHBURN : *Analysis of speedup in distributed algorithms*. Ann Arbor, Mich. : UMI Research Press, 1984.

M.J. FLYNN : Some computer organizations and their effectiveness. *IEEE Trans. Computers*, 1972.

I.T. FOSTER : *Designing and building parallel programs : concepts and tools for parallel software engineering*. Addison-Wesley Longman Publishing Co., Inc., 1995.

S.C. FRALICK : Learning to recognize patterns without a teacher. *IEEE Transactions on Information Theory*, 13(1) :57–64, 1967.

Y. FREUND : Boosting a weak learning algorithm by majority. *Information and Computation*, 121 :256–285, 1995.

K. FUKUNAGA : *Introduction to statistical pattern recognition*. Academic Press, New York, USA, 1972.

E. GAUSSIER et C. GOUTTE : Relation between PLSA and NMF and implications. *In Proceedings of the 28th Annual International ACM SIGIR Conference on Research and Development in Information Retrieval*, 2005.

M.R. GENESERETH et N.J. NILSSON : *Logical foundations of artificial intelligence*. Morgan Kaufmann Publishers Inc., San Francisco, CA, USA, 1987. ISBN 0-934613-31-1.

M. GHONIEM, J.-D. FEKETE et P. CASTAGLIOLA : A comparison of the readability of graphs using node-link and matrix-based representations. *In Proceedings of InfoVis 2004*, 2004.

N. GILLIS : Introduction to nonnegative matrix factorization. *arXiv preprint arXiv :1703.00663*, 2017.

A.Y. GRAMA, A. GUPTA et V. KUMAR : Isoefficiency : measuring the scalability of parallel algorithms and architectures. *IEEE Parallel Distributed Technology : Systems Applications*, 1993.

D.A. GREEN : A colour scheme for the display of astronomical intensity images. *Bull. Astr. Soc. India*, 39 :289–295, 2011.

R.L. GREGORY : *The intelligent eye.* Weidenfeld and Nicolson, 1970.

J. HAHNFELD, T. CRAMER, M. KLEMM, C. TERBOVEN et M.S. MÜLLER : A pattern for overlapping communication and computation with OpenMP target directives. *In Scaling OpenMP for Exascale Performance and Portability*, 2017.

R.W. HAMMING : Error detecting and error correcting codes. *Bell System Technical Journal*, 29(2) :147–160, 1950.

R.A. HARSHMAN : Foundations of the parafac procedure : models and conditions for an explanatory multi-modal factor analysis. Rapport technique, UCLA Working Papers in Phonetics, 16, 1970.

K. HE, X. ZHANG, S. REN et J. SUN : Deep residual learning for image recognition. *2016 IEEE Conference on Computer Vision and Pattern Recognition (CVPR)*, 2016.

N. HENRY, J.-D. FEKETE et M.J. MCGUFFIN : NodeTrix : hybrid representation for analyzing social networks. *IEEE Transactions on Visualization and Computer Graphics*, 13(6) :1302–9, 2007.

J.-B. HIRIART-URRUTY et C. LEMARÉCHAL : *Fundamentals of convex analysis.* Springer Verlag, Heidelberg, 2001.

F.L. HITCHCOCK : The expression of a tensor or a polyadic as a sum of products. *Journal of Mathematics and Physics*, 6 :164–189, 1927.

T. HOFMANN : Probabilistic latent semantic indexing. *In Proceedings of the 22nd Annual International ACM SIGIR Conference on Research and Development in Information Retrieval*, 1999.

G. HUANG, Z. LIU, L. van der MAATEN et K.Q. WEINBERGER : Densely connected convolutional networks. *In Proceedings of the IEEE Conference on Computer Vision and Pattern Recognition*, 2017.

A. INSELBERG : The plane with parallel coordinates. *The Visual Computer*, 1(2) :69–91, 1985.

Sergey IOFFE et Christian SZEGEDY : Batch normalization : accelerating deep network training by reducing internal covariate shift. *In Proceedings of the 32nd International Conference on Machine Learning*, 2015.

Michael J.M. et J.-M. ROBERT : Quantifying the space-efficiency of 2D graphical representations of trees. *Information Visualization*, 9 (2) :115–140, 2010.

T. JOACHIMS : Making large-scale SVM learning practical. *In* B. SCHÖLKOPF, C. BURGES et A. SMOLA, éditeurs : *Advances in kernel methods - support vector learning*, chapitre 11. MIT Press, Cambridge, MA, 1999.

S. JOHNSON : *The Ghost Map : the Story of London's Most Terrifying Epidemic and How it Changed Science, Cities and the Modern World*. Riverhead, 2006.

T.G. KOLDA et B.W. BADER : Tensor decompositions and applications. *SIAM Rev.*, 51(3) :455–500, 2009.

Erricos John KONTOGHIORGHES : *Handbook of parallel computing and statistics*. CRC Press, 2005.

A. KRIZHEVSKY, I. SUTSKEVER et G.E. HINTON : Imagenet classification with deep convolutional neural networks. *In Advances in Neural Information Processing Systems*, 2012.

M. KUPPERMAN : Probabilities of hypotheses and information-statistics in sampling from exponential-class populations. *Annals of Mathematical Statistics*, 9(2) :571–575, 1958.

I. LAPTEV : On space-time interest points. *International Journal on Computer Vision*, 64(2-3) :107–123, 2005.

G. LATOUCHE et V. RAMASWAMI : *Introduction to matrix analytic methods in stochastic modeling*. ASA-SIAM Series on statistics and applied probability. Philadelphia, Pa. SIAM, Society for Industrial and Applied Mathematics Alexandria, Va. ASA, American Statistical Association, 1999. ISBN 0-89871-425-7.

S.L. LAURITZEN : *Graphical models*. Clarendon Press, Oxford, United Kingdom, 1996.

Y. LeCUN et M. RANZATO : Deep learning tutorial, ICML, 2013.

D.D. LEE et H.S. SEUNG : Algorithms for non-negative matrix factorization. *In Advances in neural information processing systems*, 2001.

O. LEVY et Y. GOLDBERG : Neural word embedding as implicit matrix factorization. *In Advances in Neural Information Processing Systems 27*, 2014.

J.B. LOVINS : Development of a stemming algorithm. *Mechanical Translation and Computational Linguistics*, 11 :22–31, 1968.

D.G. LOWE : Distinctive image features from scale-invariant keypoints. *International Journal on Computer Vision*, 60(2) :91–110, novembre 2004. ISSN 0920-5691.

H. P. LUHN : The automatic creation of literature abstracts. *IBM Journal of Research and Development*, 2(2) :159–165, 1958.

J. MACKINLAY : Automating the design of graphical presentations of relational information. *ACM Trans. Graph.*, 5(2) :110–141, 1986.

W.S. McCULLOCH et Walter PITTS : A logical calculus of the ideas immanent in nervous activity. *The bulletin of mathematical biophysics*, 5(4) :115–133, Dec 1943.

E.W. MONTROLL : Random walks in multidimensional spaces, especially on periodic lattices. *Journal of the Society for Industrial and Applied Mathematics (SIAM)*, 4(4) :241 – 260, 1956.

T. MUNZNER : *Visualization analysis and design.* A.K. Peters Visualization Series, 2014.

V. NAIR et G.E. HINTON : Rectified linear units improve restricted Boltzmann machines. *In Proceedings of the 27th International Conference on Machine Learning*, 2010.

S. NAKAJIMA, M. SUGIYAMA et D. BABACAN : On bayesian pca : automatic dimensionality selection and analytic solution. *In Proceedings of the 28th International Conference on Machine Learning*, 2011.

Y. NESTEROV : *Introductory lectures on convex optimization : a basic course*, volume 87. Springer Science & Business Media, 2013.

A.B. NOVIKOFF : On convergence proofs on perceptrons. *In Proceedings of the Symposium on the Mathematical Theory of Automata*, 1962.

C.D. PAICE : Another stemmer. *SIGIR Forum*, 24(3) :56–61, 1990.

Marjorie PATERNOSTRE, Pascal FRANCQ, Julien LAMORAL, David WARTEL et Marco SAERENS : Carry, un algorithme de désuffixation pour le français. Rapport technique, Information Technology, 2002.

E.A. PATRICK, J.P. COSTELLO et F.C. MONDS : Decision-directed estimation of a two-class decision boundary. *IEEE Transactions on Information Theory*, 9(3) :197–205, 1970.

J. PEARL : Causal diagrams for empirical research. *Biometrika*, 82(4) : 669–710, 1995.

W. PENG et T. LI : On the equivalence between nonnegative tensor factorization and tensorial probabilistic latent semantic analysis. *Applied Intelligence*, 35(2) :285–295, 2011.

Boris POLYAK : Some methods of speeding up the convergence of iteration methods. *USSR Computational Mathematics and Mathematical Physics*, 4 :1–17, 12 1964.

Martin F. PORTER : An algorithm for suffix stripping. *Program*, 14(3) : 130–137, 1980.

M. RAJIH, P. COMON et R.A. HARSHMAN : Enhanced line search : a novel method to accelerate parafac. *SIAM Journal on Metric Analysis and Applications*, 30(3) :1128–1147, 2008.

A.S. RAZAVIAN, H. AZIZPOUR, J. SULLIVAN et S. CARLSSON : CNN features off-the-shelf : an astounding baseline for recognition. *In Proceedings of the 2014 IEEE Conference on Computer Vision and Pattern Recognition Workshops*, pages 512–519, 2014.

H. REIJNER : The development of the horizon graph. *In proc. Vis08 Workshop From Theory to Practice : Design, Vision and Visualization*, 2008.

C.P. ROBERT : *Le choix bayésien : principes et pratique.* Springer Science & Business Media, 2006.

C.P. ROBERT, G. CELEUX et J. DIEBOLT : Bayesian estimation of hidden Markov chains : a stochastic implementation. *Statistics & Probability Letters*, 16 :77–83, 1993.

F. ROSENBLATT : The perceptron : a probabilistic model for information storage and organization in the brain. *Psychological Review*, 1958.

J.S. ROSENTHAL : Parallel computing and monte carlo algorithms. *In Far East Journal of Theoretical Statistics*, 1999.

O. RUSSAKOVSKY, J. DENG, H. SU, J. KRAUSE, S. SATHEESH, S. MA, Z. HUANG, A. KARPATHY, A. KHOSLA, M. BERNSTEIN, A.C. BERG et L. FEI-FEI : ImageNet large scale visual recognition challenge. *International Journal of Computer Vision*, 115(3) :211–252, 2015.

T. SAITO, H.N. MIYAMURA, M. YAMAMOTO, H. SAITO, Y. HOSHIYA et T. KASEDA : Two-tone pseudo coloring : compact visualization for one-dimensional data. *In proc. InfoVis'05*, pages 173–180, 2005.

J. SANCHEZ, F. PERRONNIN, T. MENSINK et J. VERBEEK : Image classification with the Fisher vector : theory and practice. *International Journal of Computer Vision*, 105(3) :222–245, 2013.

R.E. SCHAPIRE : Theoretical views of boosting and applications. *In Proceedings of the 10th International Conference on Algorithmic Learning Theory*, pages 13–25, 1999.

H. SCHMID : Probabilistic part-of-speech tagging using decision trees. *In Proceedings of the International Conference on New Methods in Language Processing*, 1994.

B. SCHÖLKOPF et A.J. SMOLA : *Learning with kernels : support vector machines, regularization, optimization and beyond*. MIT Press, 2002.

H.-J. SCHULZ : Treevis.net : a tree visualization reference. *IEEE Computer Graphics and Applications*, 31(6) :11–15, 2011.

S. SHALEV-SHWARTZ, Y. SINGER, N. SREBRO et A. COTTER : Pegasos : primal estimated sub-gradient solver for SVM. *Mathematical Programming*, 127(1) :3–30, 2011.

B. SHNEIDERMAN : Tree visualization with tree-maps : 2-d space-filling approach. *ACM Trans. Graph.*, 11(1) :92–99, 1992.

B. SHNEIDERMAN : The eyes have it : a task by data type taxonomy for information visualizations. *In proc. Visual Languages*, 1996.

K. SIMONYAN et A. ZISSERMAN : Very deep convolutional networks for large-scale image recognition. *CoRR*, 2014.

J. SIVIC et A. ZISSERMAN : Video Google : a text retrieval approach to object matching in videos. *In Proceedings of the 9th IEEE International Conference on Computer Vision*, 2003.

N. SRIVASTAVA, G. HINTON, A. KRIZHEVSKY, I. SUTSKEVER et R. SALAKHUTDINOV : Dropout : a simple way to prevent neural networks from overfitting. *Journal of Machine Learning Research*, 15 :1929–1958, 2014.

R.J. STEELE et A.E. RAFTERY : Performance of bayesian model selection criteria for gaussian mixture models. *Frontiers of Statistical Decision Making and Bayesian Analysis*, 2 :113–130, 2010.

I. SUTSKEVER, J. MARTENS, G. DAHL et G. HINTON : On the importance of initialization and momentum in deep learning. *In Proceedings of the 30th International Conference on Machine Learning*, 2013.

C. SZEGEDY, W. LIU, Y. JIA, P. SERMANET, S. REED, D. ANGUELOV, D. ERHAN, V. VANHOUCKE et A. RABINOVICH : Going deeper with convolutions. *In Computer Vision and Pattern Recognition*, 2015.

M. SZUMMER et T. JAAKKOLA : Partially labeled classification with Markov random walks. *In Advances in Neural Information Processing Systems*, 2002.

A. TOSELLI et O.B. WIDLUND : *Domain decomposition methods : algorithms and theory.* Springer, 2005.

A. TREISMAN et G. GELADE : A feature-integration theory of attention. *Cog. Psycho.*, 12 :97–136, 1980.

T. Trouillon, J. Welbl, S. Riedel, E. Gaussier et G. Bouchard : Complex embeddings for simple link prediction. *In Proceedings of the 33nd International Conference on Machine Learning*, 2016.

J. Truett, J. Cornfield et W. Kannel : A multivariate analysis of the risk of coronary heart disease in Framingham. *Journal of Chronic Diseases*, 20(7) :511–524, 1967.

K.E.A. van de Sande, T. Gevers et C.G.M. Snoek : Evaluating color descriptors for object and scene recognition. *IEEE Transactions on Pattern Analysis and Machine Intelligence*, 32(9) :1582–1596, 2010.

V.N. Vapnik : *The nature of statistical learning theory (second edition)*. Springer-Verlag, 1999.

P. Verghese : Visual search and attention : a signal detection theory approach. *Neuron*, 31 :523–535, 2001.

B. Widrow et M.E. Hoff : Adaptive switching circuits. *In 1960 IRE WESCON Convention Record, Part 4*, New York, 1960. IRE.

T. Zhang et F.J. Oles : A probability analysis on the value of unlabeled data for classification problems. *In 17th International Conference on Machine Learning*, 2000.

S. Zhao, M.J. McGuffin et M.H. Chignell : Elastic hierarchies : combining treemaps and node-link diagrams. *In Proc. IEEE InfoVis 2005*, October 2005.

D. Zhou, O. Bousquet, T.N. Lal, J. Weston et B. Schölkopf : Learning with local and global consistency. *In Advances in Neural Information Processing Systems*, 2004.

X. Zhu et Z. Ghahramani : Learning from labeled and unlabeled data with label propagation. Rapport technique CMU-CALD-02-107, Carnegie Mellon University, 2002.

X. Zhu, Z. Ghahramani et J. Lafferty : Semi-supervised learning using gaussian fields and harmonic functions. *In 20th International Conference on Machine Learning*, 2003.

Index